教科書の公式ガイドブック

教科書ガイド

三省堂 版

現代の国語

完全準拠

中学国語

1年

教科書の内容がよくわかる

三省堂

現代の国語　教科書ガイド１　目次

ガ…教科書ガイド（本書）のページ
教…教科書のページ

教科書ガイドの活用法

授業の予習として

授業で新しい教材を学習する前に、教科書の各単元のタイトルの下にある学習目標を読んで、その教材でつけるべき力をつかんでおきましょう。

教科書の本文を読んでから、教科書ガイドの「内容を確認して、整理しよう」を読みましょう。教材のおおまかな内容を知ることができます。次に、「まとまりごとの展開を確認しよう」や「ポイントを確認しよう」で教材の構成や内容を確かめます。また、授業にさきだって「重要語句の確認」を読んでおくと、教材を理解しやすくなります。

授業の復習として

授業で新しく学んだことは、なるべく早く復習しておくと、学習内容の理解が確実になります。その日のうちに「ポイントを確認しよう」を読み返しておきましょう。

定期テストの前に

教科書の各単元の終わりにある「学びの道しるべ」の設問は、学習した教材のまとめです。教科書ガイドの「学びの道しるべ」を参考にして取り組んでみましょう。理解が十分でなかった部分は、「ポイントを確認しよう」をもう一度読むなどして理解を確実にしておきましょう。

漢字については、単元ごとに「新出漢字」「新出音訓」「新出熟字訓」がまとめてあります。テストの前に、書きや読みを確認して練習しておきましょう。（読みの中の＊がついているものは、中学校では学ばなくてもよい音訓です。）

この本の構成と使い方

内容を確認して、整理しよう

初めて教科書の各単元を読んだら、教材の話題やテーマは何かを考えましょう。その後、この「内容を確認して、整理しよう」と自分の読解を照らし合わせてみましょう。

上段では、各単元のおおまかな内容や、主題、押(お)さえておきたい特徴(とく)(ちょう)などがまとめてあります。吹(ふ)き出しの中は、簡潔にまとめたポイントです。時間がないときはここだけでも確認しましょう。

下段では、単元の内容を図や表でまとめています。単元全体をつかむのに役立てましょう。

まとまりごとの展開を確認しよう

ポイントを確認しよう

教材を読んで、文章の内容を詳(くわ)しく読み取るためのページです。

上段の「まとまりごとの展開を確認しよう」で、文章の構成をつかみ、まとまりごとの内容を捉(とら)えます。下段の「ポイントを確認しよう」では、本文の場面や段落ごとに、読解のポイントを設問と解答の形式で示しています。

各ページの上段に、文や語句、表などで場面や段落ごとのまとめが示してあり、それに対応して、下段に読解のキーとなる設問が載(の)っています。直後に解答（解答例）が載(の)っていますが、すぐには見ないで、まず自分なりに教科書本文を読み返して解答してみましょう。解答するときは、頭の中で考えるだけでなく、ノートなどに自分の言葉でまとめると、知らず知らずに文章の表現力が身につくようになります。

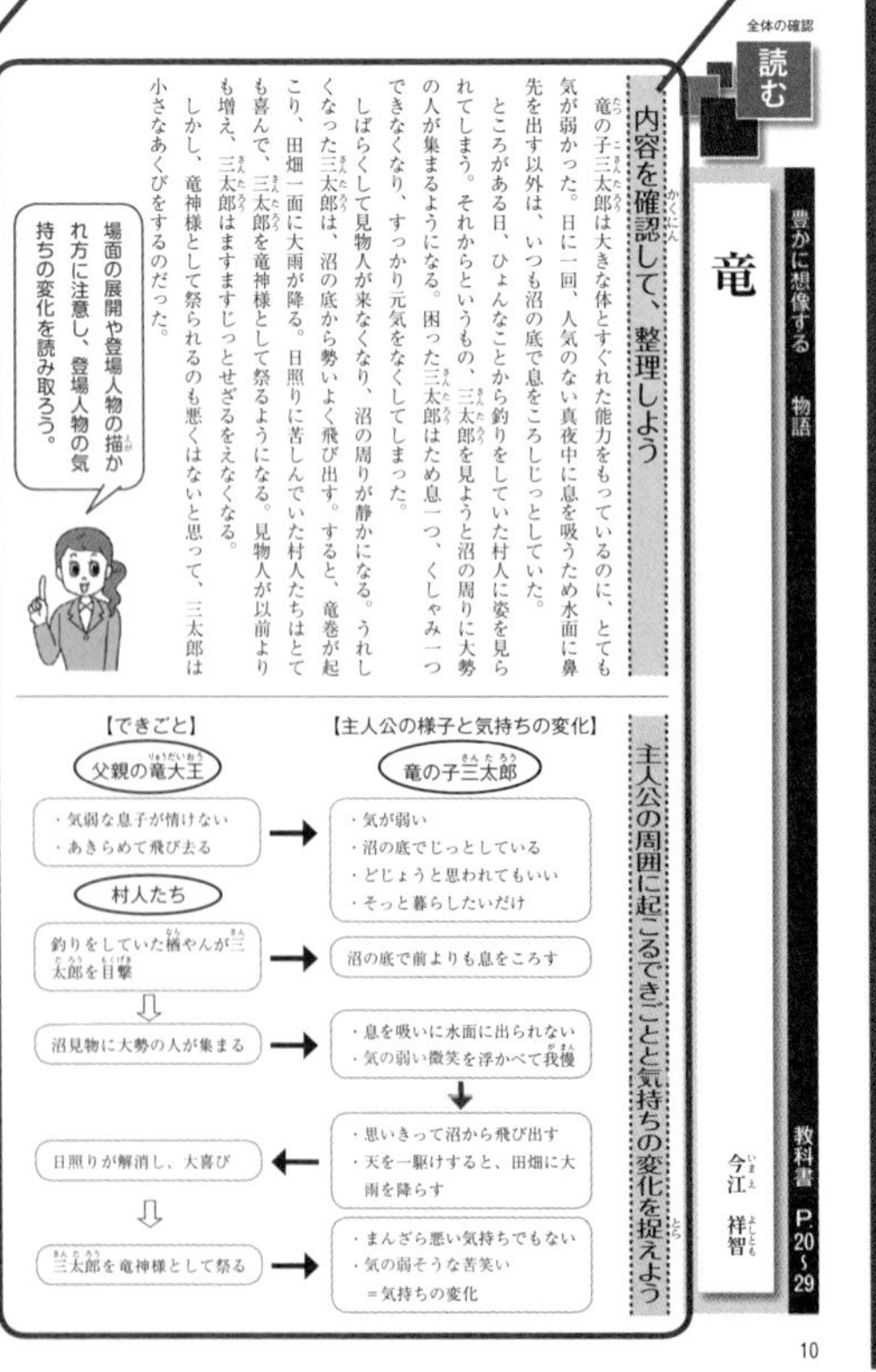

全体の確認

読む

豊かに想像する　物語

竜

今江(いまえ)　祥智(よしとも)

教科書 P.20～29

内容を確認して、整理しよう

竜の子三太郎は大きな体とすぐれた能力をもっているのに、とても気が弱かった。日に一回、人気のない真夜中に息を吸うため水面に鼻先を出す以外は、いつも沼の底で息をころしじっとしていた。

ところがある日、ひょんなことから釣りをしていた村人に姿を見られてしまう。それからというもの、三太郎を見ようと沼の周りに大勢の人が集まるようになる。困った三太郎はため息一つ、くしゃみ一つできなくなり、すっかり元気をなくしてしまった。

しばらくして見物人が来なくなり、沼の周りが静かになる。うれしくなった三太郎は、沼の底から勢いよく飛び出す。すると、竜巻が起こり、田畑一面に大雨が降る。日照りに苦しんでいた村人たちはとても喜んで、三太郎を竜神様として祭るようになる。見物人が以前よりも増え、三太郎はますますじっとせざるをえなくなる。

しかし、竜神様として祭られるのも悪くはないと思って、三太郎は小さなあくびをするのだった。

場面の展開や登場人物の描かれ方に注意し、登場人物の気持ちの変化を読み取ろう。

主人公の周囲に起こるできごとと気持ちの変化を捉えよう

【できごと】

父親の竜大王
・気弱な息子が情けない
・あきらめて飛び去る

村人たち
釣りをしていた楢やんが三太郎を目撃
⇩
沼見物に大勢の人が集まる

日照りが解消し、大喜び
⇩
三太郎を竜神様として祭る

【主人公の様子と気持ちの変化】

竜の子三太郎
・気が弱い
・沼の底でじっとしている
・どじょうと思われてもいい
・そっと暮らしたいだけ

沼の底で前よりも息をころす

・息を吸いに水面に出られない
・気の弱い微笑を浮かべて我慢
↓
・思いきって沼から飛び出す
・天を一駆けすると、田畑に大雨を降らす

・まんざら悪い気持ちでもない
・気の弱そうな苦笑い
＝気持ちの変化

10

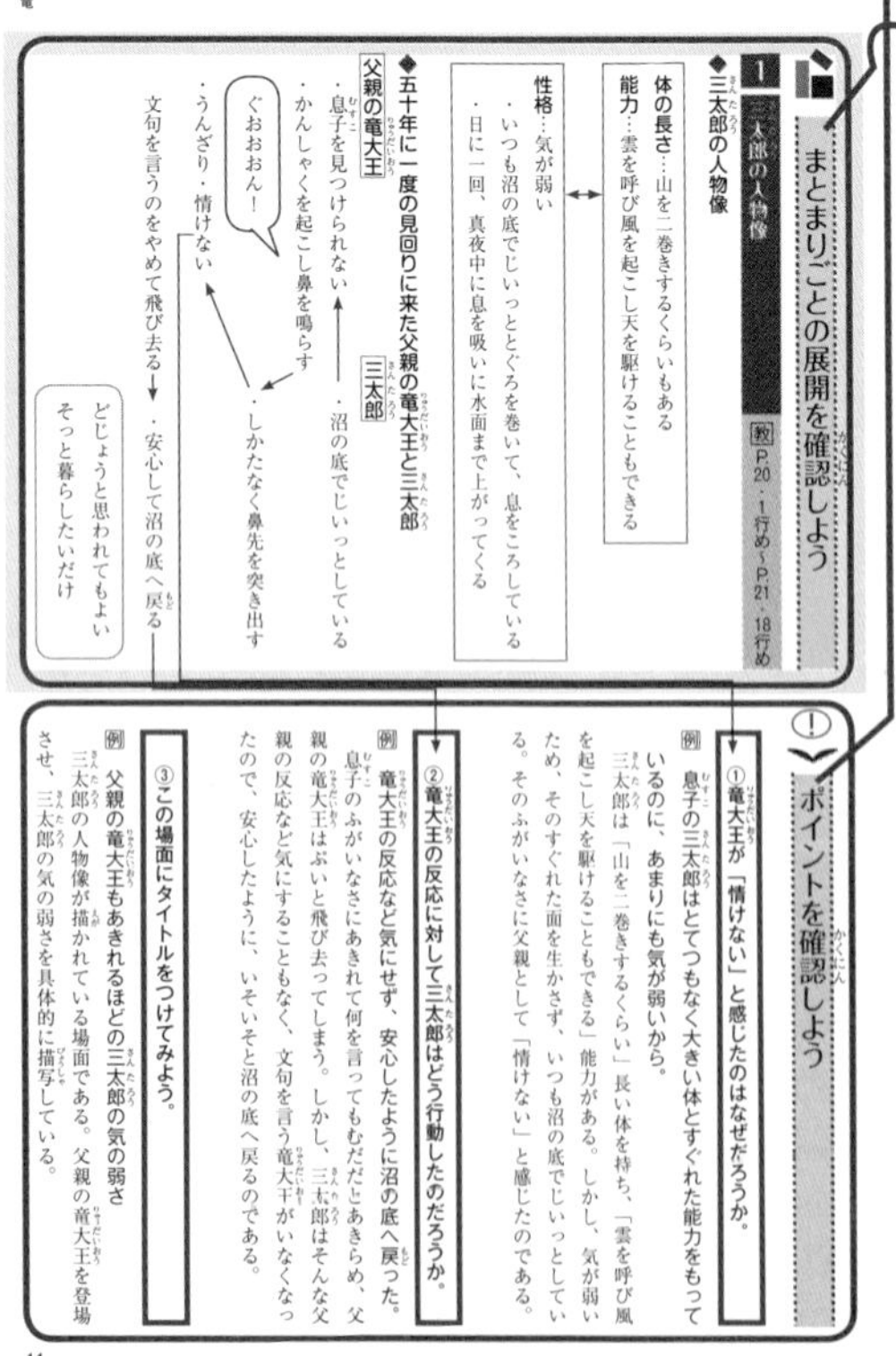

竜

まとまりごとの展開を確認しよう

1 三太郎の人物像　教 P.20・1行め～P.21・18行め

◆三太郎の人物像

体の長さ…山を二巻きするくらいもある
能力…雲を呼び風を起こし天を駆けることもできる

性格…気が弱い
・いつも沼の底でじいっととぐろを巻いて、息をころしている
・日に一回、真夜中に息を吸いに水面まで上がってくる

◆五十年に一度の見回りに来た父親の竜大王と三太郎

父親の竜大王
・息子を見つけられない
・かんしゃくを起こし鼻を鳴らす
ぐおおおん！
・うんざり・情けない
文句を言うのをやめて飛び去る

三太郎
・沼の底でじいっとしている
・しかたなく鼻先を突き出す
・安心して沼の底へ戻る
どじょうと思われてもよい
そっと暮らしたいだけ

ポイントを確認しよう

①竜大王が「情けない」と感じたのはなぜだろうか。

例 息子の三太郎はとてつもなく大きい体とすぐれた能力をもっているのに、あまりにも気が弱いから。

三太郎は「山を二巻きするくらい」長い体を持ち、「雲を呼び風を起こし天を駆けることもできる」能力がある。しかし、気が弱いため、そのすぐれた面を生かさず、いつも沼の底でじいっとしている。そのふがいなさに父親として「情けない」と感じたのである。

②竜大王の反応に対して三太郎はどう行動したのだろうか。

例 竜大王の反応など気にせず、安心したように沼の底へ戻った。

息子のふがいなさにあきれて何を言ってもむだだとあきらめ、父親の竜大王はぷいと飛び去ってしまう。しかし、三太郎はそんな父親の反応など気にすることもなく、文句を言う竜大王がいなくなったので、安心したように、いそいそと沼の底へ戻るのである。

③この場面にタイトルをつけてみよう。

例 父親の竜大王もあきれるほどの三太郎の気の弱さ

三太郎の人物像が描かれている場面である。父親の竜大王を登場させ、三太郎の気の弱さを具体的に描写している。

11

学びの道しるべ

教科書の各単元の終わりにある「学びの道しるべ」の設問について、「ポイントを確認しよう」のどこを見ればよいかと、解答（解答例）を示しています。「ポイントを確認しよう」のページに戻って参考にし、取り組んでみましょう。

ここでは、単元全体の総まとめとして、学習目標に関連した設問になっています。自分の学習到達度確認の参考にしましょう。なお、設問によっては、解答・解答例が示されていないものもあります。

重要語句の確認

注目すべき表現の工夫や、意味のわかりにくい語句について説明してあります。間違って覚えていた語句や、よく考えずに読み飛ばしてしまっていた表現はないか、ここでチェックしましょう。そして、ここを確認しながら、もう一度、丁寧に教科書の本文を読んでみましょう。

教科書の脚注欄で、意（辞書で意味を調べる）のマークがついている語については、意味を示しています。また、類対のマークは教科書に載っている類義語・対義語です。あわせて覚えておきましょう。

新出漢字のチェック✓

右側に、上から教科書ページ、総画数、筆順を載せています。漢字の色がついている部分は部首にあたる部分です。漢字の下には読みがあります。カタカナで書いてあるものは音読みで、ひらがなは訓読みです。＊画数や部首、字体や筆順、送りがななどは辞書によって異なる場合があります。

学びの道しるべ

学びの道しるべ

▼教科書 P.214〜215

1 現在の場面（はじめ〜204ページ・7行め）、過去の場面（204ページ・8行め〜終わり）について、それぞれ登場人物を書き出し、その関係を整理しよう。 ↓P.164

2 「二年たって」（206ページ・18行め）の前までの過去の場面（204ページ・8行め〜206ページ・17行め）から、「僕」が「エーミール」について語っている言葉を抜き出し、「僕」が「エーミール」をどう思っているか、まとめよう。 ↓P.166②

3 「二年たって」から終わりまでの、「僕」の心情が語られている表現に着目して、「僕」の心情の変化を捉えよう。 ↓P.167

4 「そしてチョウを一つ一つ取り出し、指でこなごなに押し潰してしまった」（212ページ・7行め）ことは、「僕」にとってどのような意味をもつ行為だろうか。考えを発表し合おう。 ↓P.169③

5 あなたは、「エーミール」についてどのように思うか、まとめよう。

■解答例■

私は、エーミールは模範少年を装った悪漢だと思う。「僕」がエーミールへ謝罪をし、自分のチョウの収集を全部やると言ったのに対し、「僕は君の集めたやつはもう知っている」と言った。「僕」は二年前にコムラサキを見せたきり、エーミールには一度も収集を見せていない。その間に収集は増えているはずなのに、「全部知っている」と言うのは、「僕」を正当に評価しようとせず、はじめから自分より劣っていると決めつけているからである。謝罪を受け入れず、「僕」をただ軽蔑し続けるエーミールこそが悪漢だと思う。

6 現在の場面は、この作品においてどのような役割を果たしているだろうか。考えたことを話し合おう。

■解答例■

現在は大人になった「客」が、チョウを見て不愉快でもあるかのような態度をとり、「話すのも恥ずかしい」と言っている。このような記述によって、少年の日の思い出が単なる過去の話ではなく、長い年月を経た現在でも心に暗い影を残しているできごとだということがわかる。

170

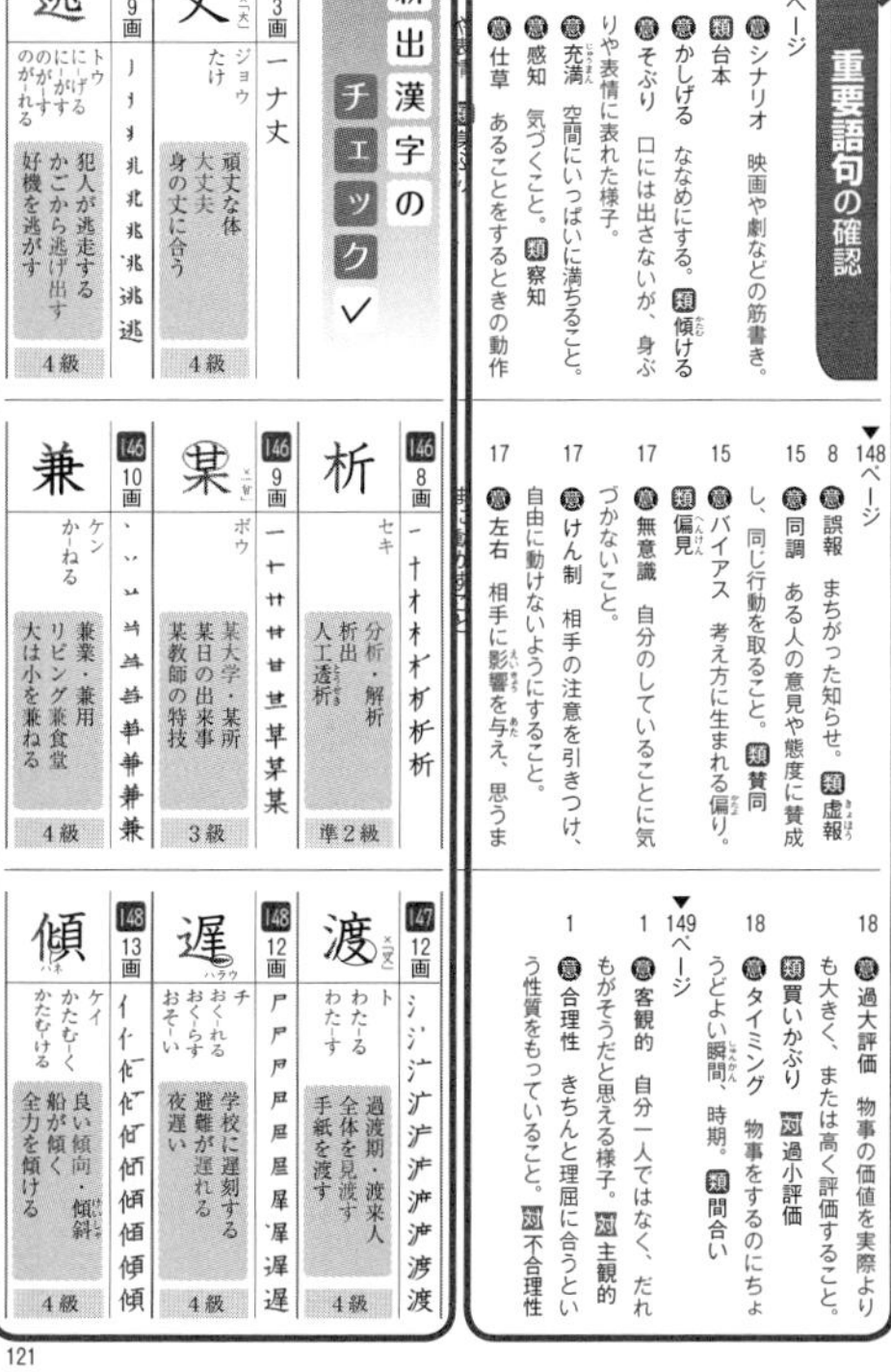

「みんなでいるから大丈夫」の怖さ

重要語句の確認

▼147ページ

4 意 シナリオ　映画や劇などの筋書き。類 台本

5 意 かしげる　ななめにする。類 傾ける

5 意 そぶり　口には出さないが、身ぶりや表情に表れた様子。

9 意 充満　空間にいっぱいに満ちること。

10 意 感知　気づくこと。類 察知

14 意 仕草　あることをするときの動作

▼148ページ

8 意 誤報　まちがった知らせ。類 虚報

15 意 同調　ある人の意見や態度に賛成し、同じ行動を取ること。類 賛同

15 意 バイアス　考え方に生まれる偏り。類 偏見

17 意 無意識　自分のしていることに気づかないこと。

17 意 けん制　相手の注意を引きつけ、自由に動けないようにすること。

17 意 左右　相手に影響を与え、思うままに動かすこと。

18 意 過大評価　物事の価値を実際よりも大きく、または高く評価すること。類 買いかぶり 対 過小評価

18 意 タイミング　物事をするのにちょうどよい瞬間、時期。類 間合い

▼149ページ

1 意 客観的　自分一人ではなく、だれもがそうだと思える様子。対 主観的

1 意 合理性　きちんと理屈に合うという性質をもっていること。対 不合理性

新出漢字のチェック✓

ページ	漢字	画数	読み	用例	級
146	丈	3画	ジョウ／たけ	頑丈な体／大丈夫／身の丈に合う	4級
146	逃	9画	トウ／に-げる／に-がす／のが-す／のが-れる	犯人が逃走する／かごから逃げ出す／好機を逃がす	4級
146	析	8画	セキ	分析・解析／析出／人工透析	準2級
146	某	9画	ボウ	某大学・某所／某日の出来事／某教師の特技	3級
146	兼	10画	ケン／か-ねる	兼業・兼用／リビング兼食堂／大は小を兼ねる	4級
147	渡	12画	ト／わた-る／わた-す	過渡期・渡来人／全体を見渡す／手紙を渡す	4級
148	遅	12画	チ／おく-れる／おく-らす／おそ-い	学校に遅刻する／避難が遅れる／夜遅い	4級
148	傾	13画	ケイ／かたむ-く／かたむ-ける	良い傾向・傾斜／船が傾く／全力を傾ける	4級

丈の筆順：一ナ丈

121

豊かに想像する　詩

朝のリレー

谷川（たにかわ）俊太郎（しゅんたろう）

教科書 P.16〜19

まとまりごとの整理

第一連

カムチャッカの若者（夜） ⇔ メキシコの娘（むすめ）（朝）
ニューヨークの少女（夜） ⇔ ローマの少年（朝）
対句（ついく）法

＝

この地球では／いつもどこかで朝がはじまっている

朝をリレーする／経度から経度へと　倒置（とうち）

第二連

→ 交替（こうたい）で地球を守る
（地球に生きるそれぞれの人がつながる
→人々の連帯）

眠（ねむ）る前→遠くで目覚時計（めざましどけい）のベルが鳴ってる

＝

あなたの送った朝→誰（だれ）かがしっかりと受けとめた証拠（しょうこ）
（朝をリレーするように、人々の心がつながっていく）

ポイントを確認（かくにん）しよう

① 「カムチャッカの若者が／きりんの夢を見ているとき」と似た表現（対句（ついく））になっているのは、どの部分だろうか。

ニューヨークの少女が／ほほえみながら寝（ね）がえりをうつとき

同様に、「メキシコの娘（むすめ）は／……待っている」と「ローマの少年は／……ウインクする」の部分が似ている。（P.131）

② 「交替（こうたい）で地球を守る」とは、どんなことを表しているのだろうか。

例　それぞれの人がつながっていくこと。
人々の連帯を訴（うった）えかけていると考えられる。

③ 「あなたの送った朝」を「誰（だれ）かがしっかりと受けとめた」とは、どういうことだろうか。

例　地球上に次々と朝が訪（おとず）れるように、あなたが感じた日々の希望や夢を伝えれば、誰（だれ）かが受け取り、つながりができるということ。
自転とともに次々に朝が訪（おとず）れるイメージを、人々のつながりとしてイメージする。

重要語句の確認

▼16ページ

1　**カムチャッカ**　ロシア連邦東端の北太平洋に突出した半島。

3　**メキシコ**　北アメリカ大陸の南部に位置する国。

4　**朝もや**　朝方に立ち込める霧。

5　**ニューヨーク**　アメリカ合衆国北東部に位置するアメリカ最大の都市(州)。

6　**ほほえむ**　声を出さずににこりと笑う。

6　**寝がえりをうつ**　寝たまま体の向きをかえる。

7　**ローマ**　ヨーロッパの南部に位置するイタリアの首都。

8　**柱頭**　柱の頭部。西洋建築の石柱の頂上にある彫刻。

8　**ウインク**　片目を閉じて相手に合図を送ること。

▼17ページ

3　**経度**　地球上の東西の位置を表す座標。

5　**ひととき**　しばらくの間。いっとき。

5　**耳をすます**　聞こうと集中する。

学びの道しるべ

▼教科書 P.18〜19

2　朝と夜の様子を表す表現に着目し、表現の巧みさについて考えよう。→P.8①

■解答例1■

「きりんの夢を見ている」「ほほえみながら寝がえりをうつ」が夜、「朝もやの中でバスを待っている」「柱頭を染める朝陽にウインクする」が朝を表している。夜から朝を「……しているとき」とつないでいることから、これらが同時に起こっていることだとわかり、世界がつながっていることを読み取ることができる。

■解答例2■

夜眠りについている人は、「きりんの夢」や「ほほえみながら」という表現から、気持ちよく眠っていることがわかり、その日送った一日がよいものであったと考えられる。また、これから一日が始まろうとする人の朝は、「朝もや」や「柱頭を染める朝陽」などのすがすがしさあふれる表現によって、新しい一日に対する期待や希望が伝わるものになっている。

3　「ぼくらは朝をリレーするのだ」とは、どういうことか。考えたことを共有しよう。→P.8③

■解答例■

誰かが眠りにつく頃には、世界のどこかで朝が始まっていて、朝が途切れることはない。眠りにつく人の送った一日を受け継ぐように誰かの朝が始まるという循環が地球上で繰り広げられているということ。

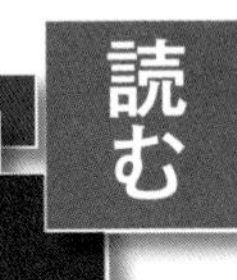

豊かに想像する　物語

竜

今江祥智

教科書 P.20～29

内容を確認して、整理しよう

竜の子三太郎は大きな体とすぐれた能力をもっているのに、とても気が弱かった。日に一回、人気のない真夜中に息を吸うため水面に鼻先を出す以外は、いつも沼の底で息をころしじっとしていた。

ところがある日、ひょんなことから釣りをしていた村人に姿を見られてしまう。それからというもの、三太郎を見ようと沼の周りに大勢の人が集まるようになる。困った三太郎はため息一つ、くしゃみ一つできなくなり、すっかり元気をなくしてしまった。

しばらくして見物人が来なくなり、沼の周りが静かになる。うれしくなった三太郎は、沼の底から勢いよく飛び出す。すると、竜巻が起こり、田畑一面に大雨が降る。日照りに苦しんでいた村人たちはとても喜んで、三太郎を竜神様として祭るようになる。見物人が以前よりも増え、三太郎はますますじっとせざるをえなくなる。

しかし、竜神様として祭られるのも悪くはないと思って、三太郎は小さなあくびをするのだった。

場面の展開や登場人物の描かれ方に注意し、登場人物の気持ちの変化を読み取ろう。

主人公の周囲に起こるできごとと気持ちの変化を捉えよう

【できごと】		【主人公の様子と気持ちの変化】
父親の竜大王		竜の子三太郎
・気弱な息子が情けない ・あきらめて飛び去る	→	・気が弱い ・沼の底でじっとしている ・どじょうと思われてもいい ・そっと暮らしたいだけ
村人たち		
釣りをしていた楢やんが三太郎を目撃	→	沼の底で前よりも息をころす
⇩		
沼見物に大勢の人が集まる	→	・息を吸いに水面に出られない ・気の弱い微笑を浮かべて我慢

日照りが解消し、大喜び	←	・思いきって沼から飛び出す ・天を一駆けすると、田畑に大雨を降らす
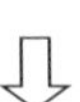		
三太郎を竜神様として祭る	→	・まんざら悪い気持ちでもない ・気の弱そうな苦笑い ＝気持ちの変化

まとまりごとの展開を確認しよう

1 三太郎の人物像 教 P.20・1行め～P.21・18行め

◆三太郎の人物像

体の長さ…山を二巻きするくらいもある
能力…雲を呼び風を起こし天を駆けることもできる

↔

性格…気が弱い
・いつも沼の底でじいっととぐろを巻いて、息をころしている
・日に一回、真夜中に息を吸いに水面まで上がってくる

◆五十年に一度の見回りに来た父親の竜大王と三太郎

父親の竜大王
・息子を見つけられない
・かんしゃくを起こし鼻を鳴らす
ぐおおおん！
・うんざり・情けない
文句を言うのをやめて飛び去る →

三太郎
・沼の底でじいっとしている
・しかたなく鼻先を突き出す
・安心して沼の底へ戻る
どじょうと思われてもよい
そっと暮らしたいだけ

ポイントを確認しよう

①竜大王が「情けない」と感じたのはなぜだろうか。

例 息子の三太郎はとてつもなく大きい体とすぐれた能力をもっているのに、あまりにも気が弱いから。

三太郎は「山を二巻きするくらい」長い体を持ち、「雲を呼び風を起こし天を駆けることもできる」能力がある。しかし、気が弱いため、そのすぐれた面を生かさず、いつも沼の底でじいっとしている。そのふがいなさに父親として「情けない」と感じたのである。

②竜大王の反応に対して三太郎はどう行動したのだろうか。

例 竜大王の反応など気にせず、安心したように沼の底へ戻った。

息子のふがいなさにあきれて何を言ってもむだだとあきらめ、父親の竜大王はぷいと飛び去ってしまう。しかし、三太郎はそんな父親の反応など気にすることもなく、文句を言う竜大王がいなくなったので、安心したように、いそいそと沼の底へ戻るのである。

③この場面にタイトルをつけてみよう。

例 父親の竜大王もあきれるほどの三太郎の気の弱さ

三太郎の人物像が描かれている場面である。父親の竜大王を登場させ、三太郎の気の弱さを具体的に描写している。

2 村人に目撃される三太郎

教 P.22・1行め～P.23・7行め

木こりの楢やん＝釣りてんぐの一人

沼のまん中で釣りを始める
↓
多くの魚が釣れ、調子にのる
↓
夜半近く、疲れて手を休める
↓
途方もなく大きなうなぎを発見 →（実は）三太郎のひげ

三太郎　ちょいと顔を突き出す
（気が大きくなっていた？）

楢やん「こらまあ、つきについとるど……。」
↓
沼の水面に大きな穴が二つ
なま暖かい空気がぶわあっと広がる →（実は）三太郎の吐いた息
↓
驚いて見開いた楢やんの目
ふだんの十倍ほど ⇔ 何百倍も大きい
三太郎の目
↓
驚いて腰を抜かす

楢やん「わああっ」
↓
脅かされた＝三太郎の誤解

三太郎「きゃっ」
飛び上がる＝三太郎の驚き
↓
沼の水が逆巻く → 沼の底に沈み息をころす
舟ごと岸にふっ飛ばされる

①楢やんが腰を抜かしたのはなぜだろうか。

例　自分の目よりも何百倍も大きい三太郎の目を見てとても驚いたから。

夜半まで釣りをしていた楢やんは、大きなうなぎが泳いでいるのに気づく。しかし、そのうなぎは息を吸いに水面まで出てきた三太郎のひげであった。さらに顔を突き出した三太郎のあまりにも大きな目を見て、楢やんは腰を抜かすほど驚いたのである。

②楢やんのわめき声に対して、三太郎はどんな反応をしたのだろうか。

例　楢やんに見つかっただけでなく、わああっと脅かされたと思い、きゃっとわめいて飛び上がった。

楢やんは三太郎の姿を見て、驚きのあまり大きなわめき声を上げた。それを三太郎は自分が脅かされたと思ったのである。

③この場面にタイトルをつけてみよう。

例　楢やんと鉢合わせをして驚く三太郎

はからずも楢やんに自分の姿を見られてしまった三太郎は、沼の底深く沈み、以前にもまして息をころして過ごす。しかし、このできごとが次の展開につながっていくのである。

3 息もできずに沼の底

教 P.23・8行め～P.24・14行め

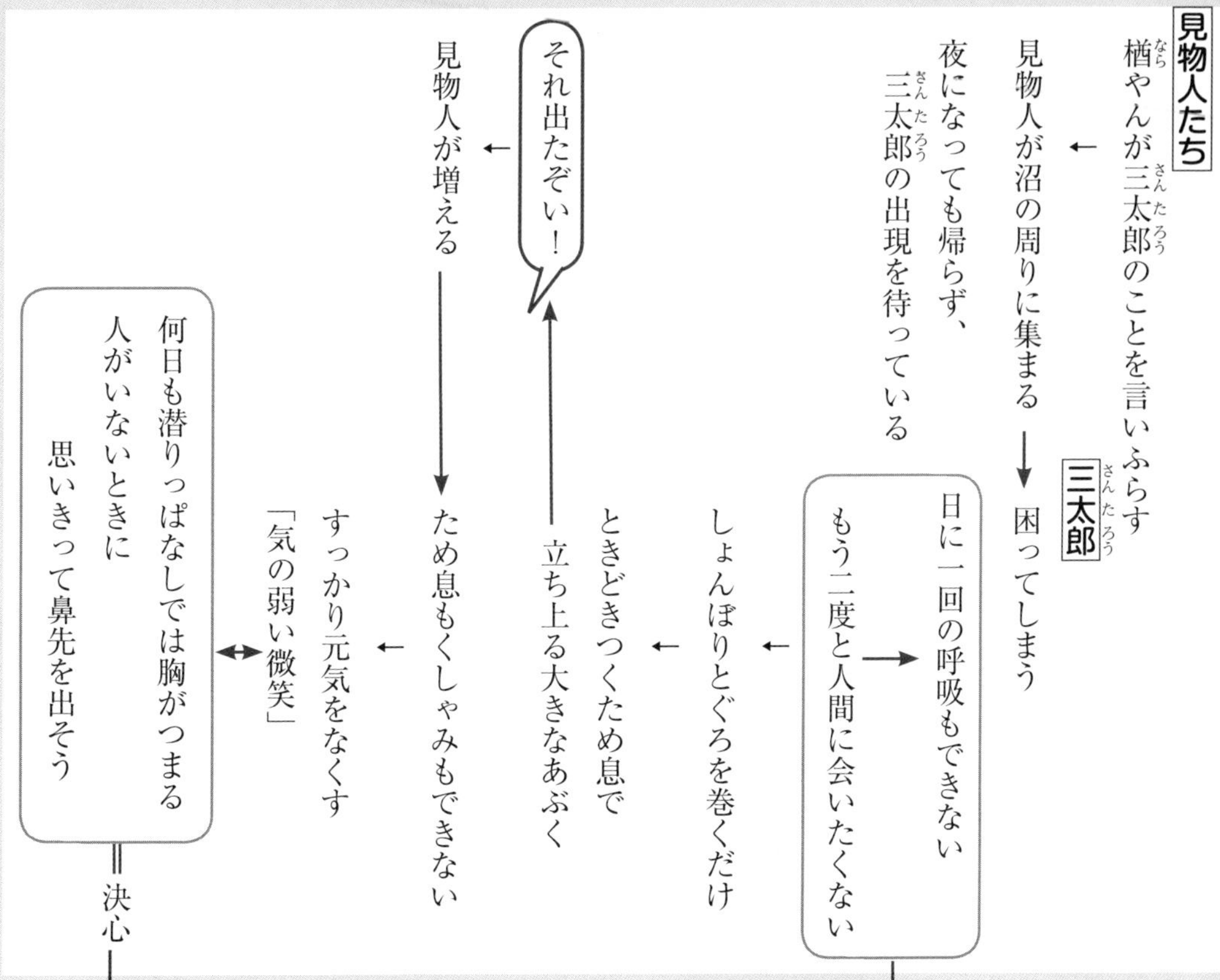

見物人たち

楢やんが三太郎のことを言いふらす

←見物人が沼の周りに集まる

夜になっても帰らず、三太郎の出現を待っている

三太郎

困ってしまう

日に一回の呼吸もできない → もう二度と人間に会いたくない

← しょんぼりとぐろを巻くだけ

← ときどきつくため息で立ち上る大きなあぶく

「それ出たぞい！」

← 見物人が増える → ため息もくしゃみもできない

← すっかり元気をなくす「気の弱い微笑」

↔ 何日も潜りっぱなしでは胸がつまる 人がいないときに 思いきって鼻先を出そう

＝決心

①三太郎が困ってしまったのはなぜだろうか。

例 見物人のせいで日に一回の胸の空気の入れ換えもできないから。

三太郎は、楢やんの件にこりて、もう一度人間と顔突き合わせることなどしたくないと思っていた。しかし、日に一回の胸の空気の入れ換えを行うには、沼の水面に鼻先を出さなければならず、見物人に見つかるおそれがあるので困ってしまったのである。

②このあと三太郎はどう決心したのだろうか。

例 何日も潜りっぱなしでは胸がつまってくるので、人がいないときに思いきって鼻先を出そうと決心した。

見物人のせいでため息もくしゃみもできなくなった三太郎は、すっかり元気をなくしてしまう。かといって、胸の空気の入れ換えもせず沼の底にいたままだと胸がつまってくる。そこで、見物人に見つからないように息を吸いに水面に上がろうと決心したのである。

③この場面にタイトルをつけてみよう。

例 人の目を避け沼の底で縮こまる日々

三太郎のことを楢やんが言いふらしたせいで、沼に多くの見物人が集まるようになる。三太郎がついたため息一つでも、立ち上った大きなあぶくに村人たちは大騒ぎ。そのため、三太郎は日に一度の呼吸もできず、沼の底でじっとしているほかなかったのである。

4 恵みの雨を降らす三太郎

教 P.24・15行め〜P.26・10行め

三太郎

沼の周りが静かなことに気づく
↓
用心深く、夜半に息を吸いに水面に上がる
↓
（夜の空気がうまい）
何日も人の気配がない
↓
すっかりうれしくなる
↓
（ひとつ思いきって飛び出してやろう　雲に乗って一駆けしてさっぱりしよう）＝決心
↓
三日後の真夜中
ものすごい勢いで沼の底から飛び出す
↓
竜巻を起こし、雲を呼んで空を駆け
田畑一面に大雨を降らす
↓
さっぱりした気持ちで
沼の底に戻る

百姓たち（村人たち）

躍り上がって喜ぶ
（日照りに悩んでいた）

「竜神様が降らせてくれた」
「竜神様を祭ろう」

①あれほど見物人が多かった沼の周りが静かになった原因は何だったのだろうか。

例 村では日照りが続いていて、竜見物どころではなくなっていたから。

三太郎が思いきって沼から飛び出したおかげで、竜巻が起こり雨雲ができ、村に大雨が降る。すると百姓たちは躍り上がって喜ぶ。なぜなら、かれらは日照り続きに頭を抱えていたからなのである。

②このあと、どういうことが起こったのだろうか。

例 竜巻が起こり、天を駆ける三太郎が雲を呼んだので、田畑一面に大雨が降った。

この物語の最初に、三太郎の能力として「雲を呼び風を起こし天を駆けることもできる」とあった。三太郎が呼んだ雲が大雨を降らせたということである。

③この場面にタイトルをつけてみよう。

例 思いきって飛び出した三太郎が雨を降らせる

この場面では、沼の底でじっとしていることに耐え切れず、思い切って沼から飛び出し、天を一駆けしようと決心する三太郎の気持ちの変化が描かれる。それを実行した結果、日照りで悩んでいた百姓にとっての恵みの雨を降らせることになるのである。

5 その後の三太郎　教 P.26・11行め～P.27・4行め

百姓たち（村人たち）
・沼の周りにしめ縄
・いきさつを書いた立て札
→ 三太郎を神様として祭る

← 見物衆がさらに増える

三太郎
以前よりも小さくなっていなければならない

まんざら悪い気持ちでもない ↔ 「気の弱そうな苦笑い」を浮かべ小さなあくび＝気持ちの変化

①この場面にタイトルをつけてみよう。

例　神様として祭られる三太郎

以前は、つらい状況をただ我慢して受け入れるしかなかった三太郎が、勇気を出して沼から飛び出したことがきっかけで、この不自由な生活に対する思いも変化したのである。日照りの村に雨を降らせてくれた三太郎を百姓たちが竜神様として祭った。そのことを三太郎は「まんざら悪い気持ちでもない」と思った。そして、この不自由な生活もただつらいだけでなく、神様として祭られているのだからしかたないかと思えるくらいになったのである。

学びの道しるべ　▼教科書 P.28～29

1　それぞれの場面のできごとについてまとめて、場面ごとにタイトルをつけよう。

→P.11③・P.12③・P.13③・P.14③・P.15①

2　「気の弱い微笑」（24ページ・8行め）と、「気の弱そうな苦笑い」（27ページ・2行め）について、二つの表現に表れた三太郎の変化を捉えよう。

■解答例■
「気の弱い微笑」は、本当に気が弱く不自由な生活をあきらめている気持ちを表しているが、「気の弱そうな苦笑い」は、以前ほどの気の弱さがなくなり、神様と祭られるのも悪くないのでこの不自由な生活もしかたがないという気持ちが読み取れる。

3　この物語の中から擬声語・擬態語を探し、その表現の効果について考えよう。

■解答例■
「しずしず」という擬態語は、三太郎が沼の外に鼻先を出して、空気を入れ換えてから沼の底に戻っていくときの様子を表したものである。この表現によって、三太郎が人と接することを恐れ、気づかれないように静かに生活していることがわかる。

重要語句の確認(かくにん)

▼20ページ

3 〔意〕息をころす　身動きせず、物音一つ立てないようにする。〔類〕息をこらす

5 〔意〕しずしずと　静かに動作を行う様子。

5 〔意〕とぐろを巻く　蛇(へび)などがからだを渦巻(うずま)きのようにぐるぐる巻く。

8 〔意〕骨が折れる　何かをするのに苦労する。

9 〔意〕ひっそり　しいんとして静かな様子。

9 〔意〕かんしゃく　ちょっとしたことにもすぐ腹を立てること。

▼21ページ

5 〔意〕うんざり　がまんができないほどいやになる様子。〔類〕げんなり

9 〔意〕さも　本当にそれらしく。いかにも。

10 〔意〕いそいそ　うれしさで心がうき立つ様子。

▼22ページ

3 〔意〕推(お)す　今までに知っていることを元にして、たぶんこうだろうと考える。〔類〕推量する

6 〔意〕はや　はやくも。〔類〕もう

6 〔意〕夜半　〔類〕夜中

8 〔意〕途方(とほう)もない　ふつうでは考えられないほどだ。〔類〕とんでもない

10 〔意〕つき　運がよいこと。〔類〕幸運

14 〔意〕よほど　ずいぶん。〔類〕かなり

14 〔意〕気が大きい　細かいことを気にしない。

16 〔意〕いうまでもない　いちいち言う必要もない。当然だ。

18 へたへたと　力が抜(ぬ)けてくずれるように座りこむ様子。

18 〔意〕腰(こし)を抜(ぬ)かす　立てなくなるほどびっくりする。

▼23ページ

4 〔意〕逆巻く　わき上がるように渦(うず)を巻く。〔類〕たぎる

12 〔意〕気長　のんびりしてあせらない様子。〔類〕悠長(ゆうちょう)　〔対〕気短

▼24ページ

1 あぶく　泡(あわ)。

6 見物衆　見物にやって来た人々。

6 〔意〕始末　物事の結果。

7 〔意〕うっかり　忘れたり気がつかなかったりする様子。〔類〕うかうか

8 〔意〕微笑　声を立てずにわずかに笑うこと。〔類〕ほほえみ

9 〔意〕巨大　とても大きいこと。〔対〕微小(びしょう)

17 〔意〕用心深い　小さなことにも十分気をつけて注意している様子。

▼25ページ

1 明くる日　次の日。

4 〔意〕決心　こうしようと心を決める。〔類〕決意

6 〔意〕くすぶる　家から出ないで特にたいしたこともせず過ごす。

9 〔意〕おびただしい　程度がひどい。

17 〔意〕頭を抱(かか)える　とても困ったことにぶつかって、考えこんで悩(なや)む。

▼26ページ

12 〔意〕いきさつ　物事がそうなった事情、流れ。〔類〕経緯(けいい)

17 〔意〕けがの功名　間違(まちが)ってしたことや何気なくしたことから、偶然(ぐうぜん)によい結果が生まれること。

17 〔意〕まんざら　必ずしも。

18 〔意〕申しわけ　いいわけ。自分の行動などについての説明。〔類〕申し開き

▼27ページ

2 〔意〕赤らむ　赤くなる。

2 苦笑い　おこるわけにもいかず、笑いたくはないが、無理に笑うこと。

新出漢字のチェック✓

竜　20ページ　10画
リュウ／たつ
恐竜　竜頭蛇尾(りゅうとうだび)　竜の首の上
準2級

駆　20　14画
ク／か-ける／か-る
先駆者・四輪駆動　馬が草原を駆ける　衝動(しょうどう)に駆られる
4級

沼　20　8画
*ショウ／ぬま
沼　沼地　泥沼
4級

突　20　8画
トツ／つ-く
突然・唐突(とうとつ)　ゴールに突進する　突き出す
4級

換　20　12画　×「大」
カン／か-える／か-わる
交換・換金　入れ換える　配置が換わる
3級

潜　20　15画　×「白」
セン／ひそ-む／もぐ-る
潜伏(せんぷく)期間　息を潜める　海底に潜る
3級

隠　20　14画　×「日」
イン／かく-す／かく-れる
隠喩(いんゆ)（＝暗喩(あんゆ)）　悲しみを隠す　人混みに隠れる
4級

釣　22　11画
*チョウ／つ-る
釣果を自慢する　釣りを楽しむ　えびでたいを釣る
準2級

湿　22　12画
シツ／しめ-る／しめ-す
湿度・陰湿(いんしつ)　湿り気　ガーゼを湿す
3級

匹　22　4画　×「匹」
ヒツ／ひき
百人に匹敵する　一匹のメダカ　三匹の子豚
4級

腰　22　13画　×「西」
*ヨウ／こし
腰痛が悪化する　腰をかがめる　腰がある麺(めん)
4級

抜　22　7画　×「丈」
バツ／ぬ-く／ぬ-ける／ぬ-かす・ぬ-かる
資料からの抜粋　見抜く・一抜け　腰を抜かす
4級

沈　23　7画　×「大」
チン／しず-む／しず-める
沈着・沈黙(ちんもく)が続く　夕日が沈む　海の底に沈める
4級

微　24　13画　×「王」
ビ
微妙な感覚　微力・微笑　微生物を観察する
4級

浮　24　10画
フ／う-く・う-かれる／う-かぶ／う-かべる
浮遊・浮世(うきよ)離れ　入賞して浮かれる　舟(ふね)を浮かべる
4級

新出音訓の確認(かくにん)

推　22ページ
お-す　推し量る

笑　24
ショウ　微笑
え-む　ほほ笑む

豊かに想像する

グループディスカッション　話題や展開にそって話し合いをつなげる

教科書　P.30〜33

内容を確認して、整理しよう

【グループディスカッションとは？】

●あるテーマについて、異なる立場や考えの人たちが少人数で意見を交換すること。

●考えを広げたり深めたりするのに役立つ。

【グループディスカッションにおいて気をつけること】

1 「話し合いのこつ」を見つける

◆「話し合いのこつ」の具体例

《テーマ》「竜」のサブタイトルを考えよう

石原　「竜」のサブタイトル、何がいいかな？
野村　サブタイトルだから……
松山　そうだね！
田中　じゃあ、「竜の子三太郎」なんてどうかな。
野村　シンプルでいいね！　……
松山　野村さんが考えるサブタイトルは？
野村　「気弱な神様の話」とかはどうかな。

野村さんの意見を受け、田中さんがアイデアを出している。

野村さんの発言を促している。

石原　どうして？
野村　だって、主人公の性格が……
松山　ああ、いいサブタイトルだね。
田中　なるほどね。……まだ意見を言っていない石原さんの案は？
石原　何か謎めいているのがいいなあ。
野村　それって、どういう意味？
石原　野村さんが言っていたような……
松山　ああ、最後の場面が……
野村　確かにそうだね。
田中　そしたら、「神様も悪くない」にしようよ。
石原　あ！　それすごくいいね。
松山　うんうん、物語の内容が……
野村　いいと思う！

野村さんの発言理由を問いかけている。

石原さんの発言を促している。

石原さんの発言内容を確認している。

その前の三人の意見を受け、田中さんがアイデアを出している。

話し合いがスムーズに進んでいるのがわかるかな？

2 グループで話し合いをする

◆「話し合いをつなげるこつ」のまとめ

① アイデアを出すとき＝提案の言葉

例 ・だったら、……はどうかな
・そしたら……にすればいいと思う

② 発言内容を確かめるとき＝確認（かくにん）の言葉

例 ・……ってどういうこと？
・それって……という意味なの？

③ 理由を問いかけるとき＝質問の言葉

例 ・どうして？
・なんでそう思ったの？

④ 相手の発言を促（うなが）すとき＝促（うなが）しの言葉

例 ・○○さんはどう思う？
・○○さんの案は？

右にあげた「話し合いをつなげるこつ」の他に、〝反論〟や〝理由づけ〟〝受容〟〝言い換え〟などの「話し合いを深めるこつ」、〝計画〟〝展開〟〝軌道修正（きどうしゅうせい）〟〝整理〟などの「話し合いを計画的に進めるこつ」もあるよ。

◆話し合いのやり方と注意

○ 八人一組になり、四人が話し合っている間、残りの四人は話し合いを観察する。

○ 話し合いをするグループは、他の人の意見を聞くとき、うなずいたり、相づちをうったり、発言者のほうに顔を向けたりなど、相手が話しやすい聞き方を心がける。

○ 話し合いを観察するグループは、話し合いの中で効果的だと思った発言と発言者をメモしておき、話し合いが終わってから「話し合いのこつ」とその効果について自分の考えをまとめる。

3 話し合いでの発言を振（ふ）り返る

○ 発言メモを参考にして、具体的な発言に着目した振（ふ）り返りをする。

◆振（ふ）り返りのポイント

・どのような「話し合いのこつ」が出てきたか。
・話し合いをつなげるため、特に効果的だったのはどの「話し合いのこつ」か。

「話し合いのこつ」には、それぞれ効果的なタイミングがあるよ。どのようなときに、なんのために使うのかを意識する必要があるね。

言葉

豊かに想像する

言葉発見① 音声のしくみとはたらき

教科書 P.34〜37

内容を確認して、整理しよう

日本語の音節

◆ 音節とは？

声に出して読んだとき、指を折って数えられる音の単位。

例 リサイクル（五音節） 未来のための（七音節） 努力です（五音節）

※ 音節の数は、だいたい仮名文字の数と同じになる。

五音と七音のまとまりは、声に出して読んだときに調子がよいね。

◆ 音節を数えるときの注意点

・小さい「ゃ」「ゅ」「ょ」「ぁ」「ぃ」「ぅ」「ぇ」「ぉ」を含んでいる音は、二文字で一音節。

例 「キャ」→一音節　「ちょうし（調子）」→三音節

・「ー」（長音）は一音節。 例 カード→三音節

・「っ」（促音）は一音節。 例 カット→三音節

五十音図のしくみ

◆ 母音と子音

・母音…ローマ字のa・i・u・e・oの音。

・子音…ローマ字のa・i・u・e・o以外の音。

例 あきのかぜ
a ki no ka ze（a・i・o・a・e ←母音、k・n・k・z ←子音）

◆ 五十音図とは？

日本語の音節を整理し、母音ごと、子音ごとに仮名を規則的に表に並べたもの。

段＼行	あ	か	さ	た	な	は	ま	や	ら	わ	ん
	あ	か	さ	た	な	は	ま	や	ら	わ	ん
	い	き	し	ち	に	ひ	み	（い）	り	（い）	
	う	く	す	つ	ぬ	ふ	む	ゆ	る	（う）	
	え	け	せ	て	ね	へ	め	（え）	れ	（え）	
	お	こ	そ	と	の	ほ	も	よ	ろ	を	

五十音図の仮名を、ローマ字に直してみよう。「行」（縦の列）には、同じ子音を持つ仮名が並ぶよ。「段」（横の列）には、同じ母音を持つ仮名が並ぶよ。

◆**いろいろな音節**

・清音…基本的な音節。五十音図のア行からワ行にある音節。
・濁音…ガ・ザ・ダ・バ行の音節。「ガ」「ジ」「デ」など。
・半濁音…パ行の音節。「パ」「ピ」「プ」「ペ」「ポ」。
・拗音…小さい「ゃ」「ゅ」「ょ」を含む音節。「キャ」「シュ」「チョ」など。
・撥音…はねる音。「ン」と書く。
・促音…つまる音。「ッ」と書く。
・長音…のばす音。片仮名では「ー」と書く。

◆**外来語などを表すのに使われる音節**

外来語（人名や地名を含む）などを表すときには、次のようなさまざまな音節が使われる。

「シェ」「ジェ」「ツァ」「ツェ」「ツォ」「チェ」「ファ」「フィ」「フェ」「フォ」「ティ」「ディ」「デュ」など。

例　「シェイク」「ジェット」「モーツァルト」「チェロ」

外来語ではさまざまな音節が使われているよ。

例　シェルター　ジェントルマン　ピッツァ　コンツェルン
カンツォーネ　チェンジ　ファイト　フィナーレ　フェルト
フォルテ　ティッシュ　ディナー　デュオ

確かめよう

1　次の語は幾つの音節からできているか、数えよう。また、ローマ字で書いて、母音と子音に分けてみよう。（母音はローマ字に――を引いて示している。）

①ほうき…三音節　houki
②ランドセル…五音節　randoseru
③地球…三音節　tikyū（chikyū）
④文明開化…七音節　bunmeikaika
⑤愛着…四音節　aityaku（aichaku）
⑥学校行事…七音節　gakkōgyōzi（gakkōgyōji）
⑦観覧車…五音節　kanransya（kanransha）
⑧表現…四音節　hyōgen
⑨リズム…三音節　rizumu
⑩ファッション…四音節　fassyon（fasshon）

2　次の言葉は幾つの音節からできているか、数えよう。

①今日こそは　きっと優勝　決定だ…十七音節
②挨拶で　広がる友の輪　地域の輪…十八音節

3　次の□にあてはまる五音節の言葉を考えよう。

□　言葉がつなぐ　人と人

■解答例■
笑顔だね　あたたかい　広げよう

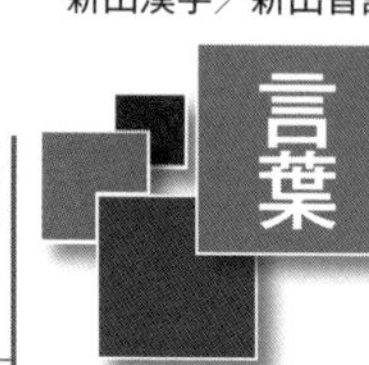

豊かに想像する

漢字を身につけよう❶

教科書 P.38

ページ	画数	漢字	筆順	読み	用例	級
38	11画	紹	𠃋 幺 幺 糸 糸 糸 紹 紹 紹 紹 紹	ショウ	親に紹介する／自己紹介	4級
38	4画	介（ハラウ）	ノ 人 介 介	カイ	紹介する・介助犬／政府が介入（ふくにゅう）する／介護福祉士	4級
38	9画	冒（×「日」）	丨 冂 日 日 日 目 冒 冒 冒	ボウ／おか-す	冒険する／冒頭部分を読む／身の危険を冒す	4級
38	13画	飾（×「食」）	ノ 𠆢 今 今 今 食 食 飠 飣 飾 飾 飾 飾	ショク／かざ-る	装飾・服飾品／人形を飾る／有終の美を飾る	4級
38	6画	旨（×「目」）	一 匕 匕 旨 旨 旨	シ／＊むね	要旨・論旨／主旨を述べる／倹約（けんやく）を旨とする	4級
38	10画	捉	一 十 扌 扌 扣 扣 扣 拃 捉 捉	ソク／とら-える	把捉（はそく）／敵を捕捉する／要点を捉える	2級
38	12画	募（×「刀」）	一 艹 艹 艹 芇 苩 苩 草 莫 莫 募 募	ボ／つの-る	従業員募集の広告／募金する／寄付金を募る	3級
38	11画	掲	一 十 扌 扌 扣 扣 扣 抈 掲 掲 掲	ケイ／かか-げる	掲示・掲載事項／国旗掲揚（けいよう）／のぼりを掲げる	3級
38	5画	込	ノ 入 入 込 込	こ-む／こ-める	引き込む・煮込む／申し込み／香りが立ち込める	4級
38	13画	楷	一 十 木 木 杆 杜 杜 枇 枇 楷 楷 楷 楷	カイ	楷書・楷式・楷則	2級
38	8画	姓（×「ヰ」）	𡿨 女 女 女 女 妌 姓 姓	セイ／ショウ	氏姓・易姓／姓名を名乗る／百姓・百姓一揆（いっき）	4級
38	7画	秀（×「禾」）	一 二 千 千 禾 秀 秀	シュウ／＊ひい-でる	優秀な人材／秀作な絵画／秀でた才能	4級
38	16画	獲（×「亠」）	ノ 犭 犭 犭 犭 犷 犷 犷 犷 犷 獲 獲 獲 獲 獲 獲	カク／え-る	獲得／獲物を探す／山で鳥を獲る	4級
38	10画	振（ハネ）	一 十 扌 扌 扩 扩 扩 振 振 振	シン／ふ-る／ふ-るう／ふ-れる	振幅（しんぷく）・不振／振り向く／磁石が右に振れる	4級

似た意味に注意しよう。

「介護」と似た意味の熟語で「看護」があるよ。「介」は「たすける」、「看」は「みまもる」という意味だよ。

38ページ 越 12画（ハネ）
エツ　こ-す　こ-える
超越（ちょうえつ）・優越感
難関を越す
国境を越える
4級

38 汚 6画
オ　＊けが-す　＊けが-れる　＊けが-らわしい　よご-す　よご-れる　きたな-い
汚染・汚名
服が汚れる
水が汚い
4級

38 鮮 17画
セン　あざ-やか
新鮮な魚介類
朝鮮半島
色鮮やかな新緑
4級

新出音訓の確認

ページ	漢字	読み	用例
38	臨	のぞ-む	海に臨む
38	技	わざ	返し技
38	競	きそ-う	競い合う
38	音	イン	母音
38	基	もと	事実に基づく
38	認	ニン	確認
38	夫	フウ	工夫
38	蒸	む-す　む-れる　む-らす	茶葉を蒸らす
38	羽	ウ	羽毛

38 菌 11画（×「䒑」）
キン
殺菌作用
除菌・抗菌製品
菌類・細菌
準2級

38 扱 6画（×「攵」）
あつか-う
取り扱い・客扱い
慎重（しんちょう）に扱う
扱い方を間違（まちが）える
4級

38 彙 13画
イ
語彙・語彙力検定
2級

教科書問題の答え

1
① しょうかい
② ぼうとう　かざ
③ ようし　とら
④ ぼしゅう　けいじ
⑤ こ　かいしょ　せいめい
⑥ ゆうしゅう　かくとく
⑦ ふしん　こ
⑧ おめい
⑨ しんせん
⑩ さっきん
⑪ あつか
⑫ ごい

2
① のぞ
② わざ　きそ
③ いん
④ もと
⑤ にん
⑥ ふう
⑦ む
⑧ う

読む

わかりやすく伝える　説明

ペンギンの防寒着

上田一生

教科書 P.40〜43

内容を確認して、整理しよう

厳しい寒さの中で暮らしている南極のペンギンたちは、どのようにして寒さをしのいでいるのだろうか。彼らの体に備わった保温のしくみを探っていこう。

一つめは小さくびっしりと生え、全体が一枚の布のようにつながる羽根である。これは外からの寒さを防ぎ、皮膚との間に空気を閉じ込めて体温の低下を防ぐ。二つめは脂肪層である。羽根の生えそろっていないヒナはこのしくみにより体温を保つほか、成鳥のペンギンにとっても重要である。三つめは、羽根に塗る脂である。ペンギンは、尾羽根のつけ根の器官から出る脂を羽根の表面に塗りつける。この脂がなければ、水中で熱を奪われる量は倍増するという研究データがある。

ペンギンは、脂肪層、皮膚、空気層、羽根、羽根に塗られた脂という五枚の層によってつくられた防寒着に身を包んで、寒さから身を守っているのである。

問いと答えの関係に注目して、説明文の基本構造を確かめよう。

構成を捉え、段落構成図をつくろう

（1〜8は形式段落の番号）

読み方を学ぼう　説明文の基本構造

序論（1・2段落）
1段落＝背景説明
2段落＝問い（問題提起）
「ペンギンはどのようにして寒さをしのいでいるのか」

↓

本論

本論1（3段落）	本論2（4〜6段落）	本論3（7段落）
保温のしくみ1 ＝羽根	4段落 予想される反論 5・6段落 保温のしくみ2 ＝脂肪層	保温のしくみ3 ＝羽根に塗る脂

↓

結論（8段落）
答え（保温のしくみ）のまとめ
五枚の層によってつくられた防寒着

まとまりごとの展開を確認しよう

1 序論 教 P.40・1行め～5行め

◆背景説明
○ペンギンたちは、厳しい寒さの中で暮らしている。
・マイナス六〇度
・人間であれば……外に出ることさえできない寒さ
○どのようにして厳しい寒さをしのいでいるのか。→問題提起

2 本論1 教 P.40・6行め～P.41・6行め

◆保温のしくみ1―羽根の働き
しくみ
○一枚一枚の羽根が小さくびっしり生えている
○体をほぼ隙間なく覆っている
○全体が一枚の柔らかい布のようにつながる
⇧
○防水性のコートやウエットスーツの役目
効果
・外からの寒さを防ぐ
・皮膚との間に体温の低下を防ぐ空気の層をつくる

3 本論2 教 P.41・7行め～15行め

◆予想される反論―羽根の生えていないヒナの場合は？
◆保温のしくみ2―脂肪層の働き
○ヒナ（例キングペンギン）→保温効果の主役
○成鳥（例エンペラーペンギン）→重要（子育て時）

ポイントを確認しよう

①「厳しい寒さ」をわかりやすく伝えるために、筆者は、どんな工夫をしているだろうか。

例 具体的な数字を示したり、人間であればどうなのかという想像しやすいたとえを用いたりして説明している。

読者は、具体的な数字によって寒さの度合いをはっきりと知ることができる。また、「人間であれば……外に出ることさえできない寒さ」から、その厳しさが実感できる。

②ペンギンの羽根のしくみは、どんな効果を生んでいると筆者は述べているだろうか。

例 外からの寒さを防ぐとともに、皮膚との間に空気を閉じ込めて、体温の低下を防ぐ効果。

防水性のコートやウエットスーツの役目とは何かを読み取る。

③脂肪層に関して、ヒナと成鳥で、それぞれ何を例に挙げて説明しているだろうか。

例 ヒナではキングペンギンのヒナを例に挙げ、成鳥ではエンペラーペンギンを例に挙げて説明している。

ペンギンの名前を例に挙げて説明することで、より説得力が増すのである。

4 本論3 教P.42・1行め〜7行め

◆保温のしくみ3——羽根に塗る脂

○くちばしで羽根の乱れを直す
○尾羽根のつけ根の器官から出る脂を羽根の表面に塗りつける

ペンギンの行動

⇩

○冷たい海の中に潜って魚をとるとき→重要性を増す

⇧

○羽根を覆う脂がなければ
→水中で熱を奪われる量は倍増

研究データ

5 結論 教P.42・8行め〜10行め

◆五枚の層によってつくられた高性能の防寒着

寒さ

羽根に塗られた脂

羽根

空気層

皮膚

脂肪層

①ペンギンは、どんな目的のために、羽根に脂を塗るという行動をするのだろうか。

例 水中で熱を奪われないようにするという目的のため。

「羽根の表面を覆う脂がなければ、水中で熱を奪われる量は倍増してしまう」という研究データから、羽根の表面を覆う脂があるから熱を奪われにくいということがわかる。

②筆者は、どんなねらいで「研究データ」の話を書いたのだろうか。

例 羽根に脂を塗るというペンギンの行動は、冷たい海の中に潜って餌となる魚をとるときにはいっそう重要性を増すということの根拠を示すため。

研究データなどの根拠を示すことは、具体的な数字を示すのと同じように、説得力を高める効果がある。

③「高性能の防寒着」とは、何をたとえた表現だろうか。

例 脂肪層、皮膚、空気層、羽根、羽根に塗られた脂という、ペンギンの体に備わった保温のしくみ。

筆者は、「序論」で提起した問い（ペンギンたちはどのようにして厳しい寒さをしのいでいるか）に対する答えを、本論1〜本論3で一つずつ述べている。結論は、本論1〜本論3をまとめている。

重要語句の確認

▼40ページ
1 南極　地球の南端とその周辺の地域。
8 覆う　むき出しにならないように、全体にかぶせる。

▼41ページ
8 抱く　考えとして持つ。

▼42ページ
2 尾羽根　尻尾にはえている羽根。
5 羽づくろい　鳥が羽を整えること。
6 奪われる　無理に取り上げられる。

新出漢字のチェック✓

彼（40ページ・8画）ヒ／かれ・かの　彼我・彼岸花／彼らの言い分／彼女の行動　4級
部首に注意しよう。「彼」の部首は「彳（ぎょうにんべん）」だよ。「亻」ではないので注意しよう。

違（40ページ・13画）イ／ちが-う・ちが-える　違反・違法／話が違う・間違う／見違える　4級

抱（41ページ・8画）ホウ／だ-く・いだ-く・かか-える　辛抱・抱き寄せる／大志を抱く／問題を抱える　4級

脂（41ページ・10画）シ／あぶら　脂肪層／皮脂／脂っこい　4級
同訓異字に注意しよう。「脂」は「常温で固体のもの」、「ごま油」などと用いる「油」は「常温で液体のもの」という違いがあるよ。

肪（41ページ・8画）ボウ　脂肪層／中性脂肪／体脂肪率が高い　4級
形の似た漢字に注意しよう。「予防」「火事を防ぐ」などと用いる「防」とは、左の偏が異なるよ。注意しよう。

占（41ページ・5画）セン／し-める・うらな-う　市場の独占／大半を占める／手相占い　3級

塗（42ページ・13画）ト／ぬ-る　塗装／ペンキを塗る／恥の上塗り　3級
漢字の形に注意しよう。「塗」の下の部分は「土」だよ。「工」ではないので注意しよう。

餌（42ページ・14画）＊ジ／えさ・え　食餌実験／餌をやる／ヘビの餌食になる　2級
漢字の形に注意しよう。「餌」の左側は「𩙿」だよ。「食」ではないので注意しよう。

奪（42ページ・14画）ダツ／うば-う　略奪・争奪戦／体温を奪われる／宝物を奪い取る　3級

わかりやすく伝える　説明

クジラの飲み水

大隅清治

教科書 P.44~51

内容を確認して、整理しよう

海は、飲み水という面から見ると水が乏しい環境である。では、クジラは、どのようにして飲み水を得ているのだろうか。

クジラは海水を飲むことができるのではないか。しかし、クジラの体には、海水を淡水に変えるはたらきはない。つまり、クジラは海水を飲むことはできない。では、食べ物となる生物の体の中に含まれる水分を利用しているのではないか。クジラは捕らえた食べ物を口の中や喉で絞り、海水を吐き出している。実は、クジラは、食べ物を消化して脂肪などを分解するときにできる水を利用しているのである。また、体内の脂肪を分解して水を得ることもできる。クジラの体は、貴重な水分を有効に使うため、できるだけ余分な水分を失わないようになっている。

クジラは、生きるために必要な水を体内で作り、その水分をできるだけ失わないようにして暮らしているのである。

文章の構成を捉え、内容を読み取ろう。また、筆者の表現の工夫に注意しよう。

全体の構成を捉えよう

（[1]~[18]は形式段落の番号）

序論	本論			結論
[1]~[4] 背景説明 [5] 問い（問題提起） ●クジラはどのようにして飲み水を得ているのか	本論1 [6] 仮説① 海水を飲むことができるのではないか ↓× [7] 仮説①の否定	本論2 [8] 仮説② 食べ物となる生物の体の中の水分を利用しているのではないか↑根拠[9] ↓× [10] 仮説②の否定 [11]~[12] 予想される反論と、それに対する答え	本論3 [13] 仮説③（答え）●クジラは自らの体内で水を作る [14]~[15] 答えの説明　食べ物や体内に蓄えた脂肪を分解するときに生まれる水を利用している [16]~[17] 補足の説明　クジラの体はできるだけ水分を失わないようになっている	[18] まとめ ・体内で水を作る ・水分を失わないようにして暮らす

まとまりごとの展開を確認しよう

1 序論　教 P.44・1行め～P.45・9行め

◆**背景説明**

○海には水が不足している
＝哺乳類に属する動物にとって、飲み水という面から見ると、海は水が乏しい環境

○哺乳類にとっての水の重要性
・体内の水を失うと危険
・汗や排せつや呼吸によって水分を失う
・飲み物や食べ物で水分を補う

ヒト（成人の場合）の水分の体外への出方とその割合
体外へ
呼吸・発汗など 36%
排せつ 64%

・海水は塩分濃度が高く、飲み水には適さない
・海水を飲むと危険→逆に喉が渇いてしまう

○哺乳類であるクジラにとっての問題
・飲み水をどのようにして得るか
→非常に大きな問題

◆**問い（問題提起）**
○いったいクジラはどのようにして飲み水を得ているのであろうか

ポイントを確認しよう

①筆者が「海には水が不足している」と言うのは、なぜだろうか。

例　海が大きな水の塊であることは事実だが、塩分の多い海水は、哺乳類の飲み水として適したものではないから。
「海には水が不足している」の「水」は、海水のことではなく、哺乳類の飲み水としての「水」であることを捉える。

②このグラフに関係の深い部分を教科書の文章中から抜き出しなさい。

私たちは毎日、汗や排せつや呼吸によって約二〇〇〇～二五〇〇ミリリットルの水分を失っている。

グラフを用いて表すと、文章の内容をわかりやすく伝えることができる。また、「約二〇〇〇～二五〇〇ミリリットルの水分」と具体的な数字を挙げることも、わかりやすく伝える効果がある。

③クジラにとって、飲み水をどのようにして得るかということが大きな問題になるのはなぜだろうか。

例　人間と同じ哺乳類であるクジラは、飲み水に乏しい海の中で、失った水分を補う必要があるから。
クジラにとって、海水は飲み水には適していないからである。

2 本論1 教 P.45・10行め〜P.46・2行め

◆第一の仮説

○クジラは、塩分の多い海水を飲むことができるのではないか

海水を飲むことができる
＝
海水を飲み水として利用できる

◆クジラの体

否定の根拠（こんきょ）となる事実

①体液中の塩分
＝海水と同じような割合になっていない
→**海水より塩分の割合が低い**
↓海水を飲むと喉（のど）が渇く

②海水を淡水（たんすい）に変えるような体のはたらき
＝備わっていない
→**海水を飲み水に変えることができない**

否定

◆第一の仮説

・**クジラは海水を飲んで喉（のど）の渇きを癒（い）やすことはできない**
＝
○海水を飲み水として利用することができない

①第一の仮説を、「飲み水」「利用」という言葉を使って答えなさい。

例 クジラは、塩分の多い海水を飲み水として利用できるのではないか。

この文が「序論」で出された「いったいクジラはどのようにして飲み水を得ているのであろうか。」という問いに対する仮説（仮の答え）となっている。

②筆者が第一の仮説を立てた根拠（こんきょ）になっているものは何だろうか。

例 クジラの体は、環境に適応して形やはたらきが変化したこと。

筆者が仮説を立てた根拠（こんきょ）を探す。クジラの体の変化をもとに、そのような体のつくりをしているのではないか、と考えたのである。

③筆者が、クジラは海水を飲んで喉（のど）の渇きを癒（い）やすことができないと考える根拠（こんきょ）を二つに分けて答えなさい。

例 ・クジラの体液中の塩分は海水と同じような割合になっていないこと。

・クジラには、海水を淡水（たんすい）に変えるような体のはたらきが備わっていないこと。

クジラも飲み水に関しては陸にいる哺乳類と変わらないので、海水を飲むことができないのである。

3 本論2 教P.46・3行め～P.47・6行め

◆第二の仮説

○クジラは食べ物となる生物の体の中に含まれる水分を利用しているのではないか

仮説の根拠（こんきょ）となる事実

○クジラの食べ物
八〇パーセント近くが水分

○アダックス（陸上の哺乳類）
食べ物にする植物に含まれる水分を利用

◆第二の仮説 否定

○クジラにはこの方法は使えない

否定の根拠（こんきょ）となる事実

○含まれる塩分の量が、植物と動物とでは違う
・植物……塩分が少ない
・クジラの食べ物（動物プランクトンやイカ）
……塩分の割合が海水とほぼ同じ

◆新たな疑問

○塩分を多く含んだ食べ物を食べても平気なのか？

◆新たな疑問の答え

○海水は吐（は）き出し、食べ物だけを胃に送っている

①筆者がクジラの食べ物に含まれる水分の割合とアダックスの例を挙げたのは、それぞれどのような考えからだろうか。

例
・水分の割合…水分の割合が高ければ、飲み水の代わりに利用しやすいだろうという考え。
・アダックス…アダックスが食べ物に含まれている水分を利用できるのならば、クジラにも同じことができるだろうという考え。

クジラの食べ物に含まれる水分の割合やアダックスの例が、第二の仮説の根拠（こんきょ）となっている。

②「この方法」とは、どんな方法だろうか。

例
食べ物に含まれる水分を飲み水の代わりに利用して生活するという方法。

食べ物の水分を利用する、アダックスの方法のことである。

③「クジラにはこの方法は使えない」とあるが、なぜ使えないのだろうか。

例
アダックスが食べ物にする植物とは違って、クジラの食べ物となる動物プランクトンやイカなどの体液は、塩分の割合が海水とほぼ同じだから。

クジラの食べ物の体液は、塩分の割合が海水と同じくらい高いので、その水分を飲み水の代わりに利用することはできないのである。

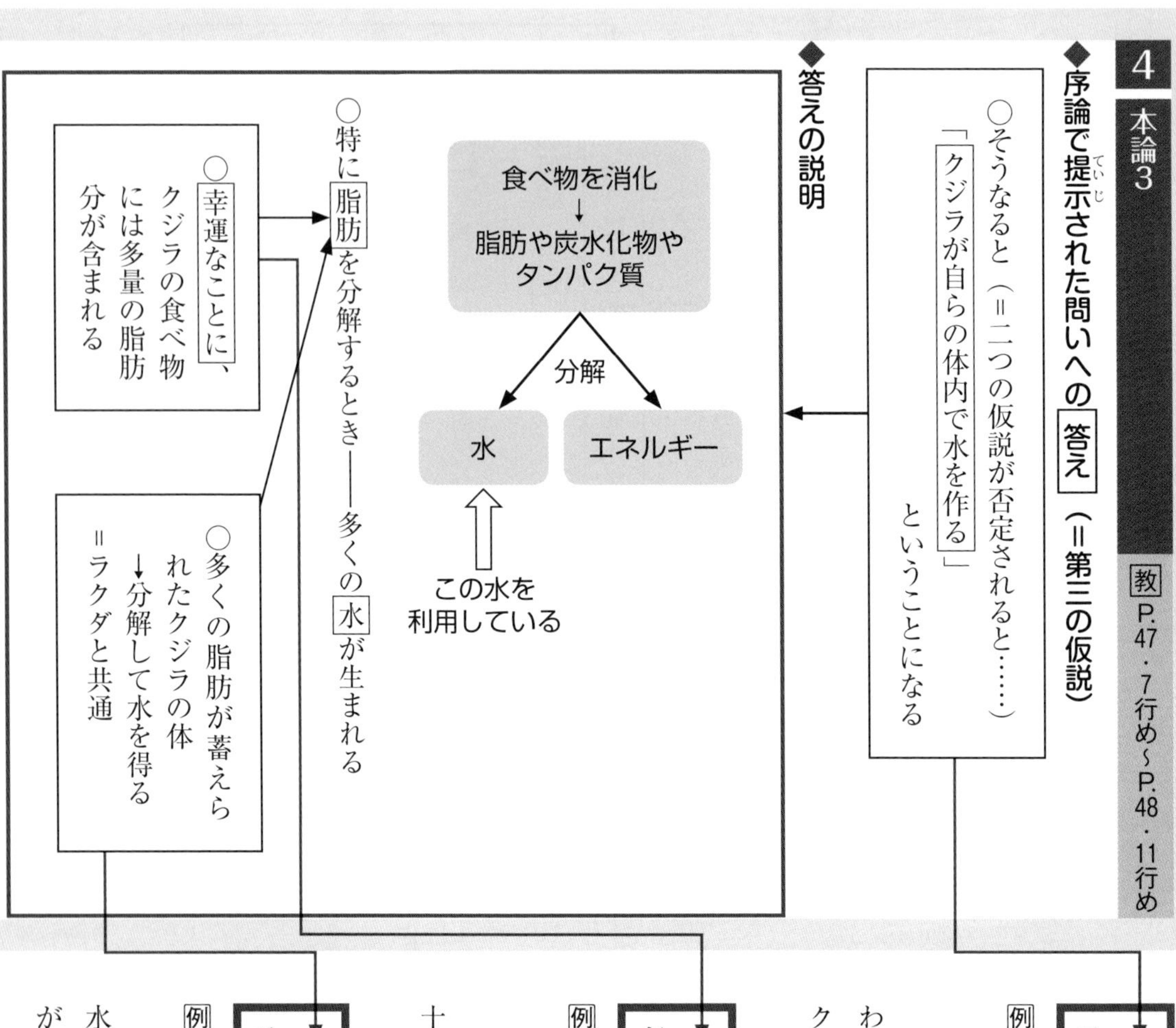

4
本論3
教 P.47・7行め〜P.48・11行め
◆序論で提示された問いへの答え（＝第三の仮説）
○そうなると（＝二つの仮説が否定されると……）
「クジラが自らの体内で水を作る」
ということになる
◆答えの説明
食べ物を消化
↓
脂肪や炭水化物やタンパク質
分解
水
エネルギー
この水を利用している
○特に脂肪を分解するとき――多くの水が生まれる
○幸運なことに、クジラの食べ物には多量の脂肪分が含まれる
○多くの脂肪が蓄えられたクジラの体
↓分解して水を得る
＝ラクダと共通

① 「クジラが自らの体内で水を作る」とは、どういうことだろうか。

例 クジラが脂肪や炭水化物やタンパク質を分解するときに出る水を飲み水として利用しているということ。

ここでの「水」とは、本文で話題になっている「飲み水」、すなわち水分のことを表している。一般的な動物でも炭水化物やタンパク質の分解の際にエネルギーと水ができる。

② どのようなことが、「幸運なこと」だと筆者は述べているだろうか。

例 クジラの食べ物に、水を得るのに必要な多量の脂肪分が含まれていること。

もし、クジラの食べ物に脂肪分があまり含まれていなかったら、十分な水を手に入れることができなかっただろう。

③ 砂漠にいるラクダは、クジラとどのような点で共通していると筆者は述べているだろうか。

例 体内に蓄えた脂肪を分解して水を得ることができるという点。

この共通の特性のおかげで、クジラは食べ物を食べないときでも水を得ることができるし、ラクダは長時間水を飲まずに暮らすことができるのである。

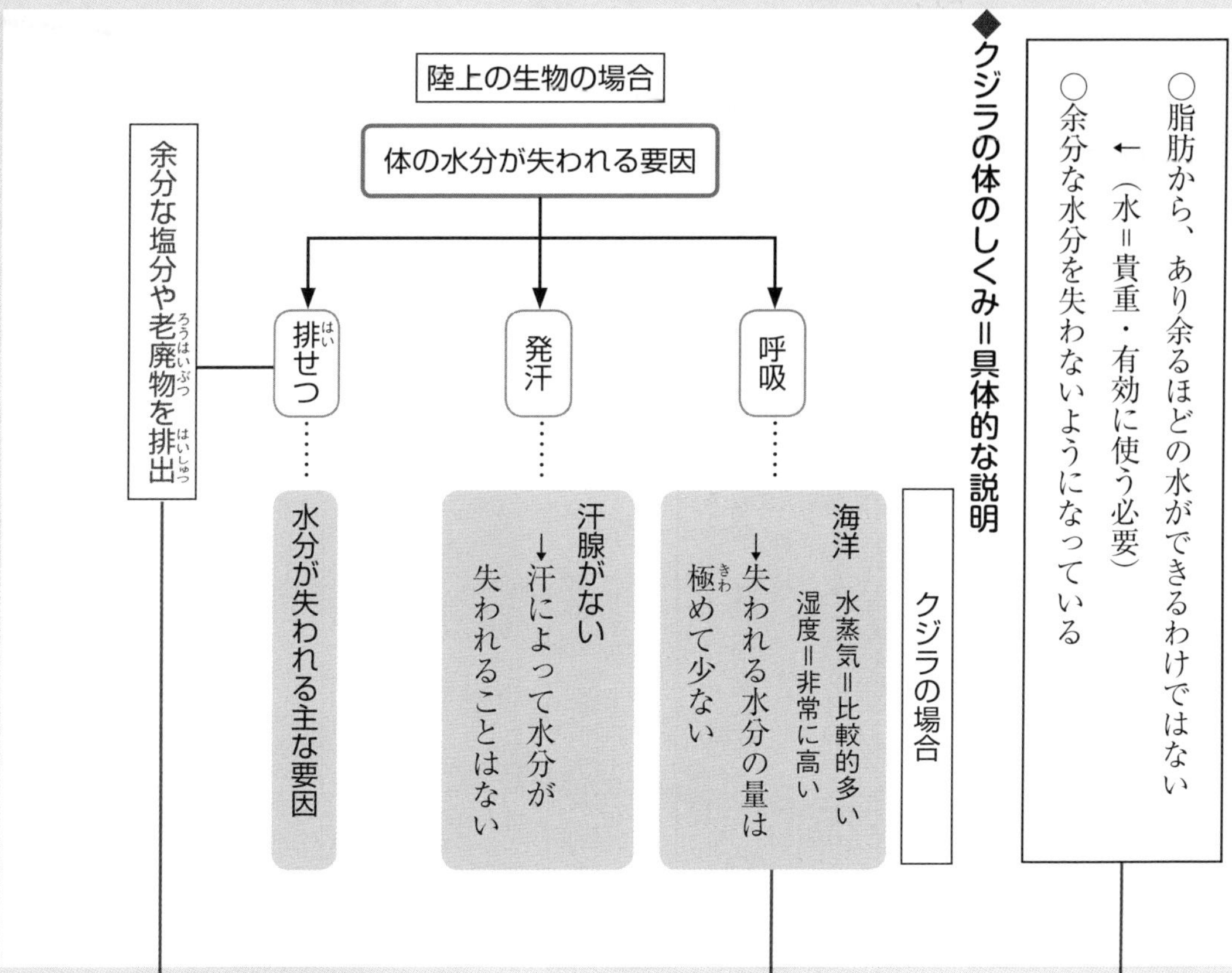

◆クジラの体

○脂肪から、あり余るほどの水ができるわけではない
←（水＝貴重・有効に使う必要）
○余分な水分を失わないようになっている

◆クジラの体のしくみ＝具体的な説明

クジラの場合

陸上の生物の場合

体の水分が失われる要因

呼吸……海洋　水蒸気＝比較的多い　湿度＝非常に高い
↓失われる水分の量は極めて少ない

発汗……汗腺がない
↓汗によって水分が失われることはない

排せつ……水分が失われる主な要因

余分な塩分や老廃物を排出

①「クジラの体はできるだけ余分な水分を失わないようになっている」のは、なぜだと筆者は述べているだろうか。

例　食べ物や体内に蓄えた脂肪から、あり余るほどの水ができるわけではないので、その貴重な水分を有効に使う必要があるから。

「あり余るほどの水ができるわけではない」ことと、「貴重な水分を有効に使う」ことの二つを、関連づけて考える。

②クジラの場合、「呼吸によって失われる水分の量は極めて少ない」のは、なぜだろうか。

例　海洋では水蒸気が比較的多く、湿度が非常に高いから。

ここでは、陸上と海洋の環境の違いについて述べているので、クジラの体とは直接の関係はない。しかし、教P.45・13行め～15行め「クジラの体は、海の環境に適応して体の形やはたらきがいろいろに変化した」とあるように、海洋で暮らせる体を持っているという点で、海洋と間接的には関係がある。

③排せつには、どのような役目があるのだろうか。

例　体内に取り込んでしまう余分な塩分や老廃物を排出するという重要な役目。

水分が失われるのは「もったいない話のように思える」が、排せつはどうしても必要なのである。

5 結論 教 P.48・12行め～16行め

◆答え（本論）のまとめ

クジラは、「飲み水」としての水を飲まない

○生きるために必要な水は体内で作る
○水分をできるだけ失わないようにして暮らしている

①この文章を通して、筆者は、読み手にわかりやすく伝えるために、どんな工夫をしているだろうか。

例
・具体的な数字を挙げて説明している。
・本文に関係のあるグラフを示している。
・アダックスやラクダという具体的な例を挙げて説明している。
・予想される疑問を示して、読者を引き込んでいる。

根拠（こんきょ）となる事実の説明をする上での工夫が多いことに着目しよう。

学びの道しるべ

▼教科書 P.50～51

1 手がかりになる言葉に注意して、文章全体を「序論」「本論」「結論」の部分に分けよう。 →P.28

2 筆者が立てた「問い」に対する「仮説（仮の答え）」を見つけよう。 →P.28

3 筆者が立てた「問い」に対する「答え」について、文章の内容を捉え、二〇〇字程度の文章にまとめよう。

■解答例■

クジラの食べ物には多くの脂肪分が含まれており、この脂肪を分解するときに水を生成する。また、クジラの体内には多くの脂肪が蓄えられていて、この脂肪を分解して水を得ることもできる。そして体内で生成した水を有効に使うため、呼吸・発汗・排（はい）せつによって体内から水分が失われないような暮らしをしている。つまり、クジラは水を飲むことはなく、必要な水分は全て体内で作り出している。

4 筆者が読み手にわかりやすく伝えるためにしている工夫を探して、その効果を考えよう。 →P.34①

5 「クジラの飲み水」と「ペンギンの防寒着」を読み比べて考えたことを発表し合おう。

■解答例■

クジラとペンギンはどちらも体内に脂肪を多く含む生き物でありながら、脂肪の用途（ようと）が異なる。クジラは分解して水を得るため、ペンギンは防寒や保温のための脂肪である。

重要語句の確認

▼44ページ

2 **塊** 一つに固まったもの。

3 **哺乳類** 脊椎動物。脊柱（背骨）を持つ動物。肺で呼吸し、母親の胎内で一定期間発育して生まれ、母乳で育てられる動物。

3 **属する** その種類または範囲のうちにある。

4 [意]**乏しい** 足りない。貧しい。[対]富む

4 [意]**環境** 人間や生物を取り巻くまわりの状況。

6 [意]**排せつ** 生物が栄養をとった後に、不要なものを体外に出すこと。[類]排便

9 **遭難** 登山や航海などで思いがけず命を失うような危険に出会うこと。

10 **体液** 血液やリンパ液など、動物の体内にあるすべての液体の総称。

▼45ページ

1 **渇く** 喉にうるおいがなくなって、飲料を欲する。

2 **クジラ** 海にすむ大型の哺乳類。約五千年前、手をヒレ状に、足は退化させ尾びれへと形を変えたクジラの先祖が登場した。

13 [意]**適応** 生物の形態や習性が、その生活環境に合致していること。

16 **淡水** 塩分を含まない水。

▼46ページ

1 [意]**癒やす** 飢えや心の悩みなどを解消する。

5 **動物プランクトン** 光合成を行わず、植物プランクトンを直接的または間接的に捕まえて食べる小さな生物で、クジラなどの食べ物となる。水中をふわふわとただよって生活している。

8 **乾燥地帯** 雨量が少なく、砂漠が広がっていたり、草原が広がっていたりする地域。

9 **アダックス** ウシ科の哺乳類。一か月以上水を飲まなくても生活できる。

▼47ページ

8 **炭水化物** 三大栄養素である「脂質・糖質・タンパク質」の「糖質」のこと。主に白米やパン、イモ類に含まれている。

8 **タンパク質** 動物や植物の主な成分。栄養素の一つ。主に肉や魚介類、卵に含まれている。

12 [意]**蓄える** 後に役立てるために、ためておく。[類]**貯蔵する**

13 [意]**分解する** 一つのものを個々の要素に分けること。

16 **あり余る** 必要よりも多くある。

17 [意]**貴重** とても大切なこと。[類]**得がたい**

▼48ページ

2 **発汗** 汗を出すこと。汗をかくこと。

3 **比較的** 一般的基準と比べて。他と比べて。

3 **湿度** 大気中に含まれている水蒸気の割合。

5 **汗腺** 体温調節のために汗を分泌する腺。

8 **もったいない** 無駄になるのが惜しい、悔しい。

10 **老廃物** 栄養素を体内に取り込んだあと、古くなって役に立たなくなった物質。

17 **書きおろし** 雑誌などに載せずにそのために書かれたもの。

新出漢字のチェック✓

ページ	画数	漢字	読み	用例	級
44	13画	塊（×「ヒ」）	カイ／かたまり	氷塊・団塊の世代／土の塊	3級
44	10画	哺（忘れない）	ホ	哺乳類の特徴(とくちょう)／哺乳瓶(びん)	2級
44	13画	漠	バク	広漠／漠然／砂漠を観光する	準2級
44	17画	環	カン	厳しい環境／話の一環／環太平洋造山帯	4級
44	6画	汗（×「千」）	カン／あせ	汗血馬・制汗剤／額に汗して働く／汗ばむ季節	4級
44	11画	渇（ハネ）	＊カツ／かわ-く	資源が枯渇(こかつ)する／飢(う)えと渇きに苦しむ／喉(のど)が渇く	準2級
44	7画	含	ガン／ふく-む／ふく-める	包含・含有／塩分が含まれる／人数に含める	4級
46	11画	乾（ハネ）	カン／かわ-く／かわ-かす	室内が乾燥する／洗濯物(せんたくもの)が乾く／髪(かみ)を乾かす	4級

同訓異字に注意しよう。

「乾く」は「水分やうるおいがなくなる」、「渇く」は「喉(のど)がかわく」という意味だよ。

ページ	画数	漢字	読み	用例	級
46	17画	燥（×「扌」）	ソウ	無味乾燥／焦燥感(しょうそうかん)に駆られる	4級
46	16画	頼	ライ／たの-む／たの-もしい／たよ-る	仕事を依頼(いらい)する／頼もしい後輩(こうはい)／友人を頼る	4級
47	14画	緒（×「自」）	ショ／チョ／お	一緒／異国情緒／玉の緒	準2級
47	13画	蓄	チク／たくわ-える	蓄電池／備蓄米／食料を蓄える	3級
48	13画	較	カク	比較的簡単だ／比較文字	4級

形の似た漢字に注意しよう。

「学校」「校舎」などと用いる「校」とは左の偏(へん)が異なるよ。注意しよう。

ページ	画数	漢字	読み	用例	級
48	13画	腺（×「日」）	セン	汗腺／消化腺	2級
48	7画	尿	ニョウ	排尿(はいにょう)／尿を出す	3級

言葉

わかりやすく伝える

漢字のしくみ１ 活字と手書き文字・画数・筆順

教科書 P.52～53

内容を確認して、整理しよう

1 活字と手書き文字

◆活字とは？

本や新聞などの印刷物に使われる文字の型。目的に応じてさまざまなデザインのもの（フォント）があり、それぞれ字形が異なる。画数や画と画との接し方などが楷書の手書き文字と異なる場合もある。

◆さまざまな活字と手書き文字

・明朝体（みんちょうたい）…新聞の本文など、最も広く使われている書体。

例 長　北　入　弓　辺

・ゴシック体…強調したいところなどによく使われる。

例 長　北　入　弓　辺

・教科書体…教科書で使われている字体。楷書の手書き文字に近い。

例 長　北　入　弓　辺

・手書き文字（楷書）…人が手で書いた字体。

例 長　北　入　弓　辺

漢字学習のときには、楷書の手書き文字に近い教科書体を手がかりにするとわかりやすいよ。

2 画数

◆画…漢字の各部分で、一筆で書く一つ一つの線や点。

◆画数…画の合計。

※画数がわかると、漢和辞典を引くときに、「総画索引（そうかくさくいん）」を利用することができる。ただし、活字の書体によっては画数を正確に数えにくい場合があるので注意する。

3 筆順

◆筆順とは？

漢字の画を書く順序。筆順に注意して書くと、書きやすく読みやすい文字を書くことができる。

◆筆順の原則

・上から下へ　例 三　工　豆
・左から右へ　例 川　外　休
・横から縦へ　例 十　土　千
・外側から内側へ　例 同　問　国
・中→左→右へ　例 小　水　承

◆筆順の意義

・効率よく速く書ける。
例 下（①②③）
・字形を正しく整えて書ける。
例 大（①②③）
・同じ形は同じ筆順なので覚えやすい。
例 弓…①→②→③弓
引　弟　弱
※弓の部分は同じ書き順

確かめよう

1 次の明朝体（みんちょうたい）で示された漢字を手書きで書き、文字の形を比べよう。（上が明朝体（みんちょうたい）、下が手書きである。）

①乙―乙　②亜―亜　③為―為
④恥―恥　⑤需―需　⑥祈―祈

2 次の漢字は何画だろうか。はじめに予想を立ててから、漢和辞典で調べよう。

①邦…7画　②踊…14画　③飽…13画　④猿…13画　⑤岳…8画
⑥姫…10画

3 次の漢字の筆順を漢和辞典で調べよう。

①忙…丶→忄→忄→忙→忙
②唾…丨→口→口→叿→吚→吚→啞→唾→唾
③倫…丿→亻→亻→仒→仱→伶→倫→倫→倫
④抵…一→扌→扌→扌→扺→抵→抵
⑤渦…丶→氵→氵→氵→沪→沪→涡→涡→渦→渦→渦→渦
⑥邪…一→匚→牙→牙→邪→邪→邪

4 身のまわりからさまざまなデザインの活字を探そう。

例 ポップ体　丸ゴシック
空　空

新出漢字のチェック✓

ページ	画数	漢字	筆順	読み	用例	級
53	1画	乙	乙	オツ	甲乙・乙種	3級
53	7画	亜	一 丆 丙 亓 亓 亜 亜	ア	亜細亜(アジア)・東亜 亜熱帯	準2級
53	9画	為	丶 ソ 为 为 為 為 為 為 為	イ	行為・作為・有為	4級
53	10画	恥	一 厂 F F E 耳 耳 耳 恥 恥	チ は-じる・はじ は-じらう は-ずかしい	厚顔(こうがん)無恥・罪を恥じる 恥をさらす 気恥ずかしい	4級
53	14画	需	一 厂 㓁 雨 雨 雨 雨 雨 雫 雫 需 需 需 需	ジュ	需要・外需 内需	4級
53	8画	祈（×「ネ」）	丶 ラ ネ ネ 礻 祈 祈 祈	キ いの-る	祈願・祈念 神に祈る	4級

ページ	画数	漢字	筆順	読み	用例	級
53	7画	邦	一 = 三 丰 丰 邦 邦	ホウ	邦人・邦楽・邦画	3級
53	14画	踊	丨 口 ロ 足 足 足 踊 踊 踊 踊 踊 踊 踊 踊	ヨウ おど-る おど-り	舞踊 盆踊り	3級
53	13画	飽	ノ 𠆢 今 今 食 食 飠 飠 飠 飠 飽 飽 飽	ホウ あ-きる あ-かす	飽食・飽和 飽きないながめ	3級
53	13画	猿（×「土」）	ノ 犭 犭 犭 猿 猿 猿 猿 猿 猿 猿 猿 猿	エン さる	猿人の化石 猿の尻笑い 猿知恵・猿回し	準2級
53	8画	岳	ノ 厂 F 斤 丘 丘 岳 岳	ガク たけ	山岳 谷川岳 岳父⇔岳母	3級
53	10画	姫（×「巨」）	く 女 女 女 女 女 姫 姫 姫 姫	ひめ	美しい姫 織姫(おりひめ)・姫君 姫路城(ひめじ)の天守閣	3級

ページ	画数	漢字	筆順	読み	用例	級
53	6画	忙	丶 丶 忄 忄 忙 忙	ボウ いそが-しい	多忙・忙殺 目が回るほど忙しい	4級
53	11画	唾	丨 口 口 口 口 口 口 唾 唾 唾 唾	ダ つば	唾液 唾棄する 唾を飲み込む	2級
53	10画	倫	ノ 亻 亻 伶 伶 伶 倫 倫 倫 倫	リン	倫理・人倫・不倫	準2級
53	8画	抵	一 十 扌 扌 扌 扺 抵 抵	テイ	抵抗・抵触・大抵	4級
53	12画	渦	丶 氵 氵 氵 氵 氵 氵 渦 渦 渦 渦 渦	＊カ うず	渦巻く 渦潮を見る	準2級
53	8画	邪	一 ㄷ エ 牙 牙 牙 邪 邪	ジャ	無邪気・邪悪 邪推する 邪悪⇔善良	3級

わかりやすく伝える

レポート　調べたことを整理してわかりやすくまとめる

教科書 P.54～59

内容を確認して、整理しよう

【レポートとは?】

●レポートの定義＝調べたり研究したりしたことを報告するために、文章を中心にまとめたもの。

●レポートの効果＝他の人に伝えることで、調査などによって得られた知識・情報が広く活用できるものになる。

【レポートのまとめ方】

1 課題を決める

◆課題を決めるときのポイント

① 身近なものや身のまわりのできごとの中から、自分が関心のある事柄を選ぶ。

② 「なぜ?」「どうなっているのか?」などの「問い」を手がかりにする。

例・日本のお米の消費量が減っているのはなぜか。
・どうして猫は暗闇でも目が見えるのか。

③ 具体的にその事柄の何を調べるのか、内容をしぼり込む。

例×お米について→○日本人がお米を食べなくなった理由
×猫について→○猫の目のしくみと構造

④ 読み手にも関心をもってもらえそうな課題を選ぶ。

2 予想を立てる

◆調査に入る前に予想を立ててみる。
→調べる内容をしぼることができる。
間違っていても構わない。

例・パンや麺類を食べる人が増えたからかな?
・黒目の部分が大きくなることに関係があるのかな?

3 情報を集めて整理する

◆情報収集・整理のポイント

① 情報源や情報を得る方法を考えて調査を行い、調べた情報はカードやノートに記録する。

・カード一枚に一つの内容を記録（一枚に収まらないときは、タイトルに「その1」「その2」などと番号をつけて分ける）。

・引用する場合や箇条書きにして要約する場合は、人名・地名・事物の名前、年号や統計などの数値を正確に記録。

・書籍は、書名・著者名・出版社名・発行年・ページを記録。

・ウェブページは、ページアドレス、閲覧した年月日を記録。

② 観点を明確にして、集めた情報を分類し、整理する。

〔観点1〕はじめに立てた予想をもとにして、レポートに取り上げる情報を取捨選択し、組み立てを考える。

例 **予想** お米以外の食品を食べる人が増えたからかな？

情報1 日本のパンの消費量

情報2 日本の麺類の消費量

〈観点2〉予想をもとに進めるのが難しいときは、集めた情報から分類の観点を考える。

例 **集めた情報**　〈食べ物の種類による分類〉

・日本のお米の消費量
・最近の日本のお米の価格
・日本のお米の価格の推移
　} お米

・日本のパンの消費量
・日本の麺類の消費量
　} お米以外

※統計などの情報だけでなく、専門家による見解なども調べておくとよい。

③ レポートで取り上げる情報を組み立てる。

4 レポートにまとめる

◆レポートの形式（まとめる内容と順番）

① 見出し＝「はじめに」
・課題を設定したきっかけや目的を示す。

② 見出し＝「調査方法」
・調べた方法をまとめて示す。

③ 見出し＝「調査結果」
・調べてわかったことをまとめる。
・調査の項目ごとに小見出しをつけてわかりやすくする。
・グラフや表、イラストなど、図表を効果的に用いる。
・専門家の見解などの引用部分は、自分の言葉と区別するために「　」でくくる。
・引用や要約をするときの表現にも注意する。

〈引用の場合〉例・○○によると、「〜（引用部分）」だという。
・この点について、○○は次のように述べている。
「〜（引用部分）」。

〈要約の場合〉例・○○の内容を要約すると、次のようになる。
〜（要約内容）。
・○○によると、〜（要約内容）だという。

④ 見出し＝「まとめ」
・調査活動を振り返り、わかったことをまとめる。
・課題として残ったことがあったら、それも書いておく。

⑤ 見出し＝「参考資料」
・参考資料や引用の出典を挙げておく。
・使用した順に番号をつけて一覧にするとわかりやすい。

◆レポート評価のポイント

○書き終わったら互いに読み合い、次のような観点で評価する。
・課題とまとめがきちんと対応しているか。
・レポートの形式に従って書かれているか。
・図表の用い方は効果的か。
・引用の仕方は適切か。

ここでの学習を、理科や社会科など、他教科のレポートにも活用しよう。

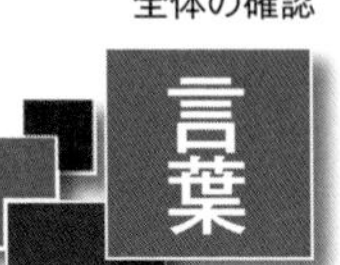

わかりやすく伝える

言葉発見② 話し言葉と書き言葉

教科書 P.60～61

内容を確認して、整理しよう

1 話し言葉の特徴

① 次のような言葉や表現が用いられる。
・相手に呼びかける言葉　例「あのね」
・間合いをおく言葉　例「えっと」
・短縮した表現や発音の変化した表現
　例「～ってる」「～って」「～でしょ」「～んだって」など
・同意を求める言葉　例「ね」
② 状況に応じて内容を省略できる。
③ 言葉の順序の逆転（倒置）、言い直すことができる。
④ 同音異義語に注意が必要。

次のような言葉が使われやすいよ。
「すごく」「一番」「どんどん」
「ちょっと」「やっぱり」「でも」

話し言葉の例

あのう、昨日のことなんですけど、うちの犬が逃げ出しちゃいまして。ちゃんとつないでおいたはずなんですけど、夕食のあと、ひょいと庭を見たら、どこにもいなかったんですよ。で、家族で探しに出たんですけど、もう、びっくりでしたね。隣のお宅の座敷に上がりこんでたんですよ。

2 書き言葉の特徴

① 文字で伝えるため記録として残る。
② 話し言葉のように相手の反応を見ながら情報を追加したり、変えたりすることができないため、どんな人が読んでも正確に内容が伝わるように推敲することが大切。

必要な情報を漏らさずに、漢字や平仮名を使い分けて読みやすく書くのが大切だよ。

書き言葉の例

昨日のことだ。わが家の犬が逃げ出してしまった。きちんとつないでいたはずだが、夕食のあと、何気なく庭を見たら、どこにもいなかったのである。そこで、家族全員で探しに出た。おどろいたことに、犬は隣の家の座敷に上がりこんでいたのだった。

3 イントネーション・プロミネンス

◆イントネーションとは

話すときの文末の上げ下げの口調

例1 九時前には、目的地に着きます。

・文末を下げて言うと→ふつうの言い方。
・文末を上げて言うと→相手に問いかける言い方。

例2 お父さん、テレビ、見られる。

・文末を下げて言うと→テレビが正常に映ることを伝える意味。
・文末を上げて言うと→テレビが正常に映るかどうか、相手に尋(たず)ねる意味。

例3 このお菓子、食べちゃだめ。

・文末を下げて言うと→お菓子を食べることを禁止する意味。
・文末を上げて言うと→お菓子を食べていいかどうか、相手に尋(たず)ねる意味。

◆プロミネンスとは

ある部分を強調して発音すること。ある部分を強調して発音すると、その言葉を強調して伝える意味合いがでてくる。

例1 「田中さんは何を持っていますか。」
「田中さんは、**ペンを**持っています。」
※「ペンを」を強調することで、「ほかの物ではなくペンを」という意味合いが強くなる。

例2 「だれがペンを持っていますか。」
「**田中さんが**ペンを持っています。」
※「田中さんが」を強調することで、「ほかの人ではなく田中さんが」という意味合いが強くなる。

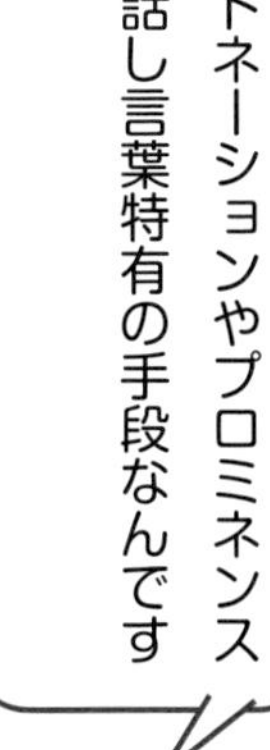

イントネーションやプロミネンスは、話し言葉特有の手段なんですね。

■次の話し言葉を書き言葉に書きかえよう。

①知ってる
例 知っている

②ちょっと
例 少し

③いろんな本があったんで、何借りるか迷っちゃった。
例 いろいろな本があったため、何を借りるか迷ってしまった。

わかりやすく伝える

漢字を身につけよう❷

教科書 P.62

漢字	ページ・画数	筆順	読み	用例	級
卑 ×「廾」	62 9画	′ ľ 卢 巾 由 由 申 卑 卑	ヒ *いや-しい *いや-しむ *いや-しめる	卑近・卑しい行い 友の行動を卑しむ 自分を卑しめる	3級
煩	62 13画	火 灯 灯 炉 炘 炘 炘 烦 煩	ハン *ボン わずら-う わずら-わす	煩雑・煩悩（ぼんのう）を断つ 言い煩う 他人の手を煩わす	準2級
訂（ハネ）	62 9画	丶 亠 亖 言 言 言 言 訂 訂	テイ	訂正（＝修正） 増訂 辞書の改訂	3級
陳	62 11画	阝 阝 阝 阡 阿 陌 陌 陣 陣 陳	チン	陳謝・陳列棚（だな） 新陳代謝がよい 冒頭陳述	3級
虎 ×「九」	62 8画	丨 ⺊ 卜 广 卢 卢 虍 虎	コ とら	虎穴（こけつ） 動物園の虎 虎の威（い）を借る狐（きつね）	2級
描 ×「扌」	62 11画	一 扌 扌 扌 扌 拙 措 措 描	ビョウ えが-く か-く	細かい描写 理想像を心に描く 人物画を描く	4級
柿（ハネ）	62 9画	一 十 才 木 木 杧 杧 柿 柿	かき	柿の木を植える 渋柿（しぶがき）・柿山伏（やまぶし）	2級
鈴	62 13画	𠆢 𠆢 牟 伞 金 金 釒 鈴 鈴 鈴	レイ リン すず	予鈴（⇔本鈴） 呼び鈴を鳴らす 鈴なりに実がなる	準2級
蜜	62 14画	丶 宀 宀 宓 宓 宓 宻 審 蜜 蜜	ミツ	蜜蜂の巣 蜜月の時期	2級
蜂（トメル）	62 13画	虫 虫 虫 蚁 蚁 蜂 蜂 蜂	ホウ はち	養蜂場・武装蜂起 蜜蜂・女王蜂	2級
雌	62 14画	卜 止 止 此 此 此 雌 雌 雌 雌	シ め めす	雌雄の見分け方 雌花と雄花・雌牛 雌猫・雌の特徴	4級
菊 ×「艹」	62 11画	一 艹 艹 芍 芍 芍 菊 菊 菊	キク	菊の花・白菊 観菊会を開く 菊花の候	3級
頃	62 11画	ノ 匕 匕 匕 匕 頃 頃 頃 頃	ころ	正午頃 日頃・先頃 頃合いを見る	2級
随	62 12画	阝 阝 阝 阶 阶 阼 陏 随 随 随	ズイ	随時開催する 半身不随 随所・追随	3級
掃 ×「日」	62 11画	扌 扌 扫 扫 扫 扫 掃 掃 掃	ソウ は-く	在庫を一掃する 掃除機（そうじき） 道路を掃く	3級

62ページ 塁 12画
丨 冂 罒 田 田 罒 罒 畾 畾 塁 塁
ルイ
満塁・出塁・本塁
盗塁に成功する
塁上をにぎわす
準2級

62 虹 9画 ×「土」
丨 口 口 中 虫 虫 虫 虹 虹
にじ
虹・虹のふもと
虹の色を表す
2級

62 架 9画
フ カ カ 加 加 加 架 架 架
カ
か-ける
か-かる
十字架・担架
吊り橋を架ける
虹の架かった空
3級

62 仰 6画 ×「リ」
ノ イ 仁 化 仰 仰
ギョウ
コウ
あお-ぐ
＊おお-せ
びっくり仰天
仏教を信仰する
天を仰ぐ
4級

形の似た漢字に注意しよう。

「仰」と字形が似た漢字には「迎（ゲイ）」や「柳（やなぎ）」がある。「仰」は、「見上げる」、「うやまう」という意味があるよ。

62 斗 4画
丶 ㇀ 三 斗
ト
北斗七星
一斗は十升（しょう）
斗酒をあおる
3級

新出音訓の確認

	漢字	読み	例
62ページ	度	タク たび	支度
62	調	ととの-う ととの-える	味を調える
62	街	カイ	街道
62	幸	さち	海の幸
62	焼	ショウ	焼失
62	優	やさ-しい すぐ-れる	優れた技術
62	速	すみ-やか	速やかな対応
62	万	バン	万能
62	声	こわ	声色

教科書問題の答え

1
① ひきん
② はんざつ
③ ていせい　ちんしゃ
④ とら　えが(か)
⑤ かき　すず
⑥ みつばち　め
⑦ きく
⑧ ひごろ
⑨ ついずい
⑩ いっそう　にるい
⑪ にじ　か
⑫ あお　ほくと

2
① たく　ととの
② かい
③ さち
④ しょう
⑤ すぐ
⑥ すみ
⑦ ばん
⑧ こわ

ものの見方・感性を養う　物語

空中ブランコ乗りのキキ

別役　実

教科書　P.64〜76

内容を確認して、整理しよう

空中ブランコ乗りのキキは、サーカスでいちばんの人気者だった。キキは人々の評判の中でいつも幸福だったが、誰か他の人が三回宙返りを始めたらと考えると少し心配になった。

四回宙返りの練習をするキキのところにロロがやってきた。「誰かが三回宙返りをやって、人気が落ちたって死にゃしない。」というロロに、キキは、「お客さんに拍手してもらえないくらいなら、私は死んだほうがいい」と答えた。

ある夜、キキは、痩せたおばあさんに出会った。おばあさんは、金星サーカスのピピが三回宙返りをやったことをキキに教えた。それを聞いたキキは、死んでもいいから四回宙返りをやろうと決意した。おばあさんは、飲めば一度だけ四回宙返りができるが、それで終わりになってしまうという薬をキキに手渡した。

次の日、キキは、四回宙返りに挑戦した。宙返りは見事に成功したが、そのままキキはどこにもいなくなってしまった。翌朝、白い大きな鳥が海の方へ飛んでいった。

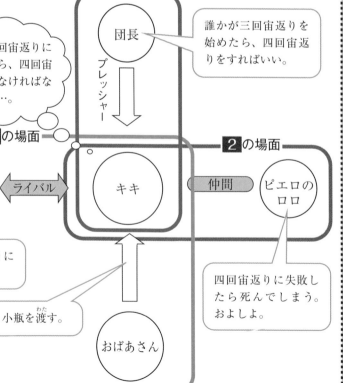

場面の展開に注意し、それぞれの場面での登場人物の描かれ方を捉えよう。

登場人物のかかわりを整理しよう

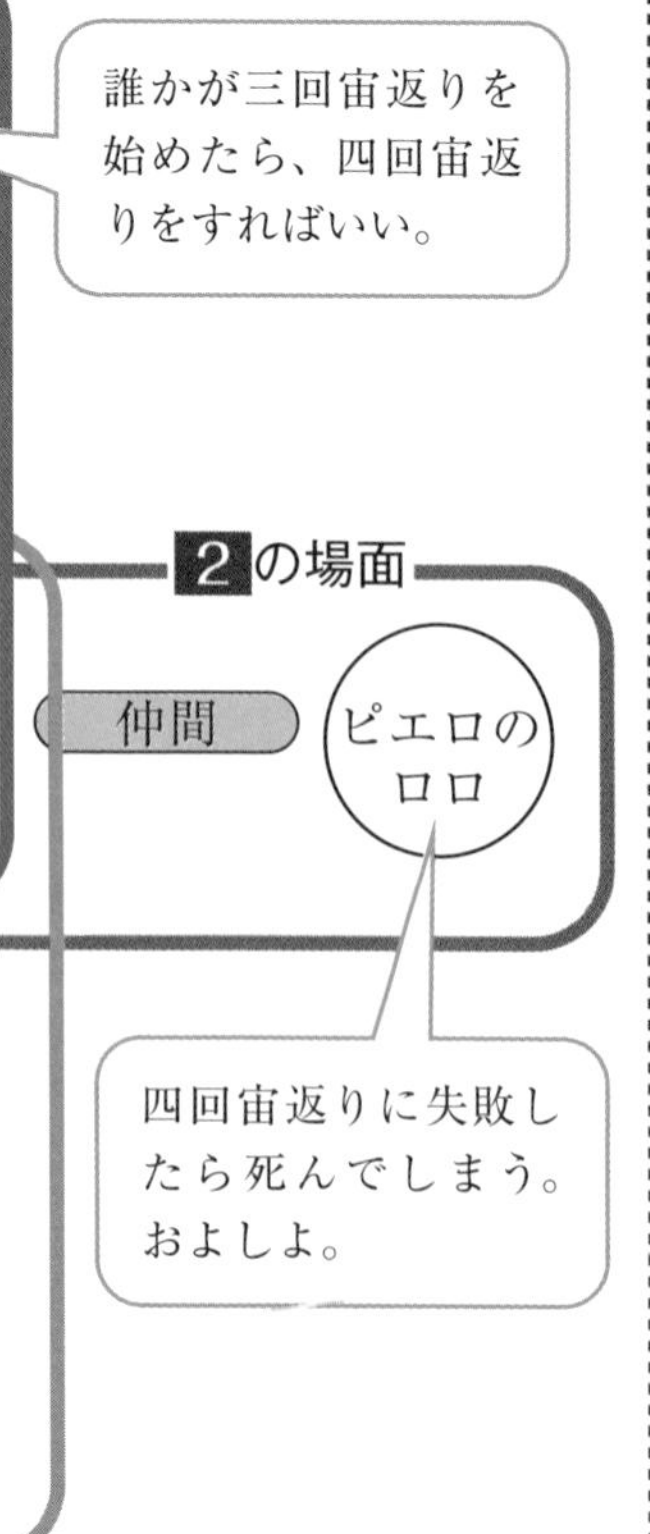

ピエロのロロ

四回宙返りに失敗したら死んでしまう。およしよ。
小瓶を渡す。

まとまりごとの展開を確認しよう

1 人気者のキキ　教 P.64・1行め～P.66・2行め

◆空中ブランコ乗りのキキ

・そのサーカスでいちばん人気があった
・三回宙返りをするキキ
↓
観客は割れるような拍手をする

◆団長さんとキキとの会話

団長さん「キキ以外、誰も三回宙返りはできない。」⇔ キキ「いつかは誰かが三回宙返りをやるだろう。」

団長さん「もし誰かがやり始めたら、キキは四回宙返りをやればいい。」⇔ キキ「鳥でもない限り四回宙返りなんて無理だ。」

◆キキの気持ち

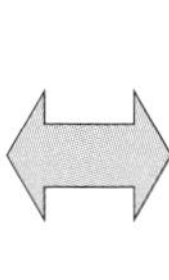

「いつも幸福でした」
「そのときだけ少し心配になるのでした。」

ポイントを確認しよう

①キキはなぜ、いちばん人気があったのだろうか。

例 キキが三回宙返りをしながら飛ぶことができたから。
観客は、キキの三回宙返りを見るためにサーカスにやってきたのであり、三回宙返りをしたキキに割れるような拍手をおくった。

②キキは、なぜいつも幸福だと感じていたのだろうか。

例 人々がキキの三回宙返りを評判にしてくれて、人気者としてあつかってくれるから。
「人々の評判」をキキは幸福に感じていたのである。

③「そのとき」とは、どんなときだろうか。

例 誰か他の人が三回宙返りを始めたら、と考えるとき。
キキは、誰かが三回宙返りを始めたら、四回宙返りをしなければならないのだろうかと心配している。

＊＊＊＊＊＊＊＊＊＊＊＊＊＊＊＊＊＊＊

◇この場面での人物の関係性を読み取ろう

人気者の空中ブランコ乗り
キキ
↑ プレッシャー
団長さん

団長の言葉はキキにどのような影響を与えたのかな

2 キキとロロとの会話

教 P.66・3行め～15行め

◆四回宙返りの練習をするキキ

○サーカスの休みの日、誰もいないテントの中
○いつももう少しというところで、ブランコに届かずに落ちてしまう

◆キキとロロとの会話

ロロ：四回宙返りなんて無理さ。

ロロ：人気なんて落ちたって死にやしない。ブランコから落ちたら死ぬんだよ。

対照的な考え方

キキ：誰かが、三回宙返りを始めたら、私の人気は落ちてしまうよ。

キキ：人気が落ちるということは、きっと寂しいことだと思うよ。

キキ：お客さんに拍手してもらえないくらいなら、私は死んだほうがいい（覚悟があれば、四回宙返りをすることを迷わない）……。

①キキは、なぜ四回宙返りの練習をしていたのだろうか。

例 誰かが三回宙返りを成功させたら、自分の人気が落ちてしまうと思ったから。

誰かが三回宙返りに成功したらと考えるだけで心配になってしまうことから、キキは人気が落ちてしまうことをおそれている。

②キキとロロの考え方は、どのように違うだろうか。

例 キキは、お客さんから拍手をしてもらえる人気者であることが大切だと考えているが、ロロは、生きていることが何よりも大切だと考えている。

教 P.66・10行め～15行めの二人の会話から、それぞれの考え方を整理しよう。

キキ	ロロ
人気者でいることの方が大切だ	人気よりも生きていることの方が大切だ

＊＊＊＊＊＊＊＊＊＊＊＊＊＊＊＊＊＊＊＊＊

◇この場面での人物の関係性を読み取ろう

人気が大切
キキ
仲間
ロロ
命が大切

2 のロロは、キキとどのような関係だろう？

3 キキとおばあさんとの会話

教 P.66・16行め～P.69・10行め

◆キキとおばあさんとの会話

おばあさん：金星サーカスのピピが、三回宙返りをやったよ。

キキ：そうですか……。

おばあさん：おまえさんの三回宙返りの人気も、今夜限りさ……。

人気が落ちることに対する不安

◆キキの決意

キキは黙ってぼんやりと海の方を見ました。しかしまもなく振り返ってほんのちょっとほほえんでみせると、そのままゆっくり歩き始めました。

おばあさん：明日の晩四回宙返りをやるつもりだね。

キキ：ええそうです。

おばあさん：おまえさんは、お客さんから大きな拍手をもらいたいという、ただそれだけのために死ぬのかね。

◆おばあさんがくれた小瓶

「おまえさんに四回宙返りをやらせてあげよう。」

「一度しかできないよ。」

① 「でもね、おばあさん。……二人しかいないんですよ。」と答えたとき、キキは、どんな気持ちだったのだろうか。

例 自分の人気が落ちることを認めたくないという気持ち。

それまで「そうですか……。」、「そうですね……。」と答えていたキキが、ここでは「でもね」と反論している。キキは、人気が落ちてしまうことへのおそれと不安を抱いている。

② キキの決意はどんなものだろうか。

例 どんなことがあっても、四回宙返りを飛ぶこと。

キキは人気が落ちることを心配しており、「ほんのちょっとほほえんでみせる」は、キキの決意を表した部分である。「四回宙返りをやるつもりだね。」「ええそうです。」というやり取りからもキキの決意が固いことが読み取れる。

③ おばあさんがくれた、小瓶に入った澄んだ青い水は、飲むとどのような効果があるだろうか。

例 一回だけ四回宙返りができるようになる効果。

「澄んだ青い水の入った小瓶」をキキに渡す場面前後のおばあさんの言葉から考える。「おまえさんに四回宙返りをやらせてあげよう。」「一度しかできないよ。」とあることから、四回宙返りを成功させるものであることがわかる。

4 四回宙返りを飛ぶキキ

教 P.69・11行め～P.72・10行め

◆次の日の港町の様子

金星サーカスのピピが三回宙返りに成功したという話題でもちきり

ピピへの関心の高まり

キキしかできないと思われていた三回宙返りをした

← キキの心配が的中

今夜、キキは、四回宙返りをやります。

ピピのことを口にする者は誰もいなくなった

◆キキを止めようとする口口と団長さん

口口「おい、およしよ。死んでしまうよ。」

団長さん「練習でも、まだ一度も成功していないんだろう？」

キキ「だいじょうぶですよ。」

①なぜ、ピピのことを口にする者は誰もいなくなったのだろうか。

例 看板を見て、人々の興味の対象が、三回宙返りに成功したピピから、四回宙返りをするキキに移ったから。

教 P.69・16行め「その看板を見たあと」から、看板に書かれていたことが原因で、人々の気持ちが変化したことが読み取れる。

②「だいじょうぶですよ。」と答えたときのキキは、どんな気持ちだったのだろうか。

例 おばあさんからもらった薬を飲めば、あとで自分は死ぬかもしれないが、四回宙返りはきっと成功するに違いないし、必ず成功させようという気持ち。

教 P.71・4行め「薬を口の中に入れました。」とあるので、このときキキがおばあさんからもらった薬を飲んで四回宙返りに挑戦するつもりでいたことがわかる。

＊＊＊＊＊＊＊＊＊＊＊＊＊＊＊＊＊＊＊＊＊

◇この場面での人物の関係性を読み取ろう

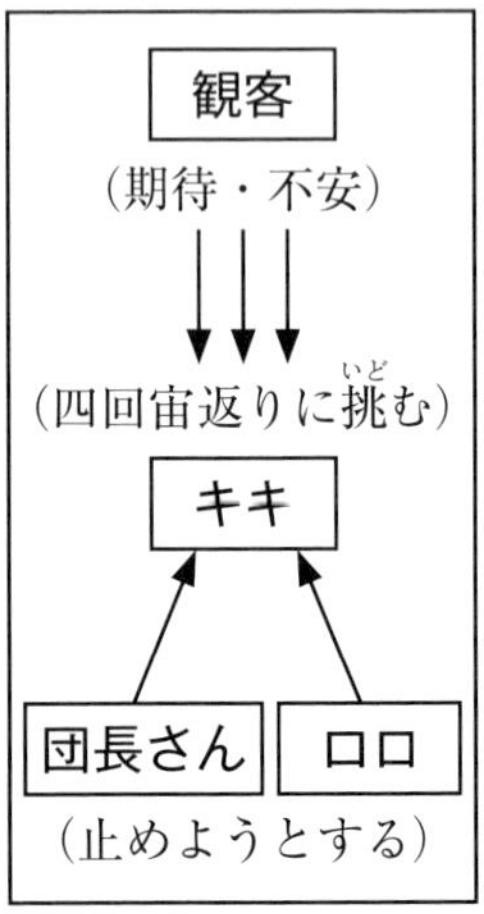

観客
（期待・不安）
↓↓↓
（四回宙返りに挑む）
キキ
↑　↑
団長さん　口口
（止めようとする）

◆四回宙返りに挑戦する直前のキキ

○白鳥のようにとび出してゆきました。

○天に昇ってゆく白い魂のように見えました。

キキ「見ててください。四回宙返りは、この一回しかできないのです。」

○世界全体がゆっくり揺れているように思えました。（不安）

⬅ 薬を口に入れる

◆四回宙返りをするキキの描写

真っ暗な天井の奥へ向かって——とび出す

大きな白い鳥が滑らかに空を滑るように むちのようにしなって——一回転

花が開くように手足が伸びて 抱き抱えるようにつぼんで——二回転

水から跳び上がるお魚のように跳ねて——三回転

ひょうのような手足を弾ませると——四回転

⬅

◆人々の反応

・人々のどよめきが潮鳴りのように町中を揺るがして、古い港町を久しぶりに活気づけた。

・人々はみんな思わず涙を流しながら、辺りにいる人々と肩をたたき合った。

①キキは、なぜ四回宙返りに挑んだのだろうか。

例 たとえ四回宙返りを成功させたあとで、死ぬことになったとしても、世界で一番の空中ブランコ乗りとしてお客さんからの拍手を受けようと覚悟を決めたから。

3 の場面のおばあさんとの会話も参考にしよう。

②「真っ暗な天井の奥」という表現は、このあとキキに起こるどんなできごとにつながっているだろうか。

例 キキがこのあと、どこにもいなくなってしまうこと。

「真っ暗」という言葉が、四回宙返りに成功したあとのキキの未来が暗いものになることを暗示している。

「鳥」「お魚」「ひょう」の三つのたとえは、**1** の場面にも出ていたね。ここでは、「白鳥」「白い鳥」のように「白」に結びつけて「鳥」というたとえがくり返されている点に注意しよう。

③このとき、人々はどんな気持ちだったのだろうか。

例 息をのんで見守っていたキキの四回宙返りが成功したことに感動し、自分のことのように喜ぶ気持ち。

「活気づけた」「肩をたたき合った」という表現から、喜んでいることがわかる。

◆結末（翌朝）

○キキがいなくなった。
○サーカスの大テントのてっぺんに白い大きな鳥が止まっていた。
○鳥は悲しそうに鳴きながら、海の方へと飛んでいったという。
○その鳥がキキだったのかもしれないと、町の人々はうわさした。

① 「白い大きな鳥」は何を表現しているだろう。自分の考えを書きなさい。

例　鳥のように見事に四回宙返りを飛んだキキの、何よりも人気者であることにこだわった悲しさや、最後までその気持ちを貫いた純粋さ。

ブランコからブランコへ飛ぶキキの様子は、くり返し白い鳥にたとえられている。「白」は、ほかの色に染まらない純粋な色だと言える。

学びの道しるべ

▼教科書 P.74～75

1　この物語の登場人物を書き出し、キキとの関わりを整理しよう。 →P.46

2　キキの気持ちを、次の四つの場面ごとに捉えよう。

①三回宙返りのスターだったとき →P.47②
②ロロから四回宙返りを止められたとき →P.48②
③波止場でおばあさんに出会って会話をしているとき →P.49①
④本番で四回宙返りに挑むとき →P.50②

3　キキはなぜ四回宙返りに挑んだのか、考えよう。 →P.51①

4　「白い大きな鳥」（72ページ・5行め）は、何を表しているのだろうか。理由をあげながら、考えたこと、想像したことを話し合おう。 →P.52①

5　キキの行動や考え方について、自分の考えを一〇〇字程度の文章にまとめよう。書いた文章をもとに話し合って、互いの考えを共有しよう。

■解答例■

私は、世界で一番の空中ブランコ乗りであるために薬の力を借りてしまったキキの考え方や行動を、悲しく、残念に思う。しかし、同時に、自分の信念を最後まで貫いた生き方には、美しく立派なところがあるとも感じた。

重要語句の確認

▼64ページ

9 **あゆ**　清流にすみ、縄張(なわば)りをもつ、スピード感あふれる泳ぎをする川魚。

▼65ページ

1 **大入(おおい)り**　興行場などで客がいっぱいに入ること。

▼66ページ

5 **用心**　困ったことにならないように、あらかじめ注意すること。

5 意 **本番**　あらかじめ行う練習やリハーサルではなく、本式に行うこと。 対 **リハーサル**

6 意 **スター**　特に人気のある役者や歌手、運動選手。 類 **花形**

14 **寂(さび)しい**　孤独(こどく)がひしひしと感じられる。心細い。

16 **港町**　港にある町。港によって発展した町。

▼67ページ

1 意 **波止場(はとば)**　港の堤(つつみ)がある場所。船着き場。

1 **片隅(かたすみ)**　中心から離(はな)れたすみっこ。

7 **惜(お)しい**　無念だ。もったいない。

10 意 **あいかわらず**　以前と同様に。平常と特に変化なく。 類 **依然(いぜん)**

10 **建ち並ぶ**　いくつも並んで立つ。

▼68ページ

1 **定期船**　一定の航路を決まった時刻に従って運行する船。

10 **黙(だま)る**　ものを言うのを止める。無言になる。

▼69ページ

6 意 **澄(す)む**　不純なものを含まず、濁(にご)りがなくなる。 対 **濁(にご)る**

9 **盛大(せいだい)**　集会などが盛(さか)んで大きいさま。

12 意 **もちきり**　始めから終わりまでその状態が続くこと。

16 **一斉(いっせい)**　同時にそろって何かをすること。

16 意 **つぐむ**　口を閉じてものを言わない。

17 意 **口にする**　口に出して言う。 類 **言う**

▼70ページ

3 **よす**　やめる。とどめる。

8 **陽気**　明るい性質であること。

12 **高らか**　声や音が高く響(ひび)くさま。

14 **縄(なわ)ばしご**　縄(なわ)を編んで渡(わた)したはしご。

18 意 **つぶやく**　ぶつぶつと小声でいう。独(ひと)り言(ごと)をいう。

▼71ページ

7 **瞬間(しゅんかん)**　またたく間。ごく短い時間。

10 意 **しなう**　弾力(だんりょく)があって、そり曲がった状態になる。しなやかにたわむ。 類 **たわむ**

11 **つぼむ**　開いているものが閉じる。しぼむ。

12 **息をのむ**　はっと驚(おどろ)いて息をとめる。

13 **緩(ゆる)やか**　ゆとりのあるさま。動きなどがゆっくりしているさま。

13 **弾(はず)む**　物に当たる勢いではね返る。

15 意 **どよめき**　ざわざわと騒(さわ)ぎ立てる声。

15 意 **潮鳴り**　遠くから響(ひび)きわたってくる潮の音。

15 **揺(ゆ)るがす**　大きな動揺(どうよう)を与(あた)える。

▼72ページ

1 意 **がらんと**　広々として何もないさま。

3 **捜(さが)し回る**　見えなくなった人や物などを見つけ出そうとほうぼうをまわる。

4 **無駄(むだ)**　役に立たないこと。

新出漢字のチェック ✓

ページ	画数	漢字	筆順	読み	用例	級
64	8画	拍（ハネ）	一 寸 扌 扌 扎 拍 拍 拍	ハク／ヒョウ	会場は拍手の嵐だ／脈拍・心拍数／拍子抜けする	4級
64	13画	跳	口 早 𧾷 𧾷 跀 跙 跳 跳 跳	チョウ／は-ねる／と-ぶ	高い跳躍力／バッタが跳ねる／走り幅跳び	4級
65	15画	誰	丶 言 訁 訃 訃 誀 誰 誰	だれ	誰かが呼ぶ／誰とでも話す／誰彼の区別なく話しかける	2級
65	20画	懸（×「系」）	目 且 県 県 県 県 縣 縣 縣 懸 懸	ケン／＊ケ／か-ける／か-かる	一生懸命／命を懸けた試合／優勝が懸かる	準2級
66	14画	網	幺 糸 糽 糽 網 網 網 網 網 網	モウ／あみ	連絡網・包囲網／地引き網／報道陣が網を張る	4級
66	11画	寂（×「攵」）	丶 宀 宀 宀 宇 宇 宋 宋 寂 寂	ジャク／＊セキ／さび／さび-しい／さび-れる	閑寂／寂のある茶わん／寂しい夜道	4級
67	12画	隅（×「亻」）	７ 阝 阝 阝 阝 阝 隅 隅 隅 隅	グウ／すみ	大都会の一隅／部屋の片隅に置く	準2級
67	7画	吹（×「攵」）	丨 口 口 口 吖 吵 吹	スイ／ふ-く	吹奏楽部／楽器を吹く／吹き荒れる	4級
68	15画	黙	丨 口 日 甲 里 野 默 默 默 黙	モク／だま-る	沈黙〈＝暗黙〉／突然黙る	4級
69	15画	澄	氵 氵 氵 氵 氵 氵 澄 澄 澄	＊チョウ／す-む／す-ます	明澄な響き／川の水が澄む／研ぎ澄ます	4級
69	11画	瓶	丶 丷 䒑 䒑 并 并 瓶 瓶 瓶 瓶	ビン	小瓶・空き瓶／土瓶蒸し／一升瓶	準2級
69	8画	斉（トメ）	丶 亠 ナ 文 产 产 斉 斉	セイ	一斉に立ち上がる／均斉のとれた体形／斉民	準2級
70	11画	陰	７ 阝 阝 阝 阝 险 险 险 陰 陰 陰	イン／かげ／かげ-る	陰気（⇔陽気）／陰に隠れる／表情が陰る	4級
70	8画	昇（×「廾」）	丨 口 日 日 旦 旦 昇 昇	ショウ／のぼ-る	昇降口／主任に昇進する／日が昇る	3級
71	12画	揺（×「缶」）	扌 扌 扌 扌 扌 扌 揺 揺 揺	ヨウ／ゆ-れる・ゆ-る／ゆ-らぐ・ゆ-るぐ／ゆ-する／ゆ-さぶる／ゆ-すぶる	動揺を隠す／大地が揺れる／揺さ振りをかける	3級
71	18画	瞬	丨 目 目 目 目 目 瞬 瞬 瞬 瞬	シュン／＊またた-く	瞬間・瞬発力／一瞬の出来事／瞬時に判断する	4級

同訓異字に注意しよう。

「飛ぶ」は広く一般（いっぱん）に使われ、「跳ぶ」は「とくに、足で跳ね上がる、跳ねて越（こ）える」ときに使われるよ。

新出音訓の確認

ページ67 座 すわ-る 一人座る

ページ69 盛 セイ さか-る・さか-ん 盛大

ページ71 井 〈セイ〉ショウ 天井

ページ	漢字	画数	筆順	読み	用例	級
71	奥	12画 ×「ˇ」	ノ 冂 冋 冋 冋 冋 冋 冋 冋 奥 奥	＊オウ おく	奥義をきわめる 奥羽(おうう)山脈 穴の奥	4級
71	滑	13画 (ハネ)	氵 氵 氵 氵 氵 氵 氵 氵 滑 滑 滑	カツ コツ すべ-る なめ-らか	滑車・滑稽(こっけい)な口調 雪山を滑る 滑らかな表面	3級
71	伸	7画 (トメ)	ノ 亻 亻 仁 伯 伸 伸	シン の-びる の-ばす の-べる	延伸・屈伸(くっしん)運動 髪(かみ)が伸びる 背筋を伸ばす	3級
71	緩	15画	糸 糸 糸 糸 糸 糸 緩 緩	カン ゆる-い ゆる-やか ゆる-む ゆる-める	緩斜面・緩和医療(いりょう) 校則が緩い 緩やかな(⇔急な)球	3級
71	弾	12画 ×「巣」	㇕ ㇕ 弓 弓 弓 弓 弓 弓 弓 弾	ダン ひ-く はず-む たま	弾圧・弾力に富む ピアノを弾く 息を弾ませる	4級
71	裕	12画 ×「ネ」	丶 ラ ネ ネ ネ ネ ネ 衤 裕 裕 裕	ユウ	余裕がない 裕福(ゆうふく)に暮らす 寛裕(かんゆう)	準2級
71	涙	10画 ×「犬」	丶 丶 氵 氵 氵 沪 沪 浐 涙 涙	ルイ なみだ	感涙にむせぶ 涙を抑(おさ)える 涙がこぼれ落ちる	4級
71	肩	8画 (ハネ)	一 ㇇ 三 戸 戸 肩 肩 肩	＊ケン かた	強肩・肩章 肩をすぼめる 肩車・肩透(す)かし	4級
72	捜	10画 ×「由」	一 十 扌 扌 扣 扣 押 押 捜 捜	ソウ さが-す	捜査 捜索(そうさく)活動 落とし物を捜す	準2級
72	駄	14画 ×「犬」	丨 厂 Г 馬 馬 馬 馬 馬 駄 駄	ダ	駄菓子 無駄足になる 駄文	準2級

読み方を学ぼう　人物相関図　教P.76

人物相関図とは、**登場人物**たちの**関係を一枚の図にしたもの**である。物語全体の把握(はあく)に役立ち、理解を深める助けになる。

●人物相関図の作り方

① 登場人物を整理する
- 何人登場するか?
- それぞれどんな人物か?

② 主人公を中心に大きく書き、周囲に他の登場人物を書き出す

③ 主人公と他の登場人物との関係を、線や矢印などの記号や言葉を使って示す
- 「友だち」「親子」「兄弟姉妹」「ライバル」などの関係。
- 「はげます」「けんかをした」など、行動を表す言葉を書く。

ものの見方・感性を養う

文法の窓1　言葉の単位・文節の関係

教科書　P.77、226～230

内容を確認して、整理しよう

言葉の単位

◆文…考えや気持ち、できごとなどの事柄（ことがら）を表して、句点（。）でくぎられるひと続きの言葉のまとまり。

例　私は、毎朝九時に家を出る。／駅までは、歩いて二十分の道のりだ。／その道は、お年寄りの散歩コースでもある。

※この文章は、三つの文からできている。

◆文節…文を声に出して読むときに、不自然な意味にならないように、できるだけ小さくくぎったまとまり。「ネ」や「サ」が自然にはさまるところでくぎれる。

例　これは（ネ）｜とても（ネ）｜大きな（ネ）｜問題です。

※この文は、四つの文節からできている。

◆単語…意味をもった最も小さな言葉のまとまり。

一文節が一単語の場合もあるし、一文節がいくつかの単語にくぎれる場合もある。

例　母／は／とても／きれいな／人／です。

※この文は、六つの単語からできている。

文節の関係

◆主述の関係＝主語と述語の関係

・主語…「何・誰が」を表す文節。

・述語…「どうする」「どんなだ」「何だ」「ある・いる」を表す文節。

例　**兄が**　急いで　部屋に　**入る**。

（主語 ― 主述の関係 ― 述語）

◆修飾・被（ひ）修飾の関係＝修飾語と被（ひ）修飾語の関係

・修飾語…他の文節の内容を詳（くわ）しく説明する文節。

・被（ひ）修飾語…修飾語から説明される（修飾される）文節。

例　**白い**　鳥が

（修飾語 ― 修飾・被修飾の関係 ― 被修飾語）

大空を　飛ぶ。

（修飾語 ― 修飾・被修飾の関係 ― 被修飾語）

◆接続語…文と文、文節と文節とをつなぐはたらきをする文節。

例　努力を続けた。**だから**、よい結果が出たのだ。

◆独立語…それだけで独立している文節。

例　**はい**、それは私のペンです。

確認しよう（→教P.230）

※設問文は省略してあります。

1

① 真っ赤な／太陽が／東の／空から／ゆっくり／昇る。

② 家の／畑で／トマトが／たくさん／とれました。

③ だいき君は／この／クラスで／いちばん／背が／高い。

④ 歌舞伎は／日本の／代表的な／古典芸能です。

＊文節の切れ目…／

2

① 毎朝｜校庭｜に｜涼しい｜風｜が｜吹く。

② 明日｜から｜神戸｜に｜旅行｜に｜行く｜予定｜です。

③ 図書館｜で｜落語｜の｜本｜を｜借りる。

④ 学校｜の｜隣｜に｜郵便局｜が｜ある。

＊単語の切れ目…｜

3

①例 子ねこが　遊んだ。
木の実を　食べた。

②例 茶色の　子ねこが　庭先で　遊んだ。
りすが　小さな　木の実を　食べた。

③例 茶色の　りすが　ねずみと　庭先で　小さな
ボールを　楽しそうに　転がした。

4

① 祖父が　庭の　草を　刈った。

② 私の　弟は　小学校の　三年生だ。

③ 夜の　海は　とても　静かだ。

④ かごの　中に　リンゴが　たくさん　ある。

＊主語…——、述語………

5

① からすの　鳴き声が　遠くから　聞こえた。

② 花壇に　バラの　花が　咲いた。

③ 象の　親子が　草原を　ゆっくり　歩く。

6

① 雨だったので、家に　いた。そして　部屋を　掃除した。

② こんばんは、おばあさん、お元気ですか。

＊接続語…□、独立語…——

7

① 明日は　雨か　雪が　降るだろう。

② バスが　だんだん　近づいて　くる。

ものの見方・感性を養う　随筆

字のない葉書（はがき）

向田邦子（むこうだくにこ）

教科書 P.78〜84

内容を確認して、整理しよう

筆まめだった父は、初めて親元を離（はな）れた私に、三日にあげず手紙をよこした。その中の父の姿は、日頃の暴君ぶりとは対照的な、威厳と愛情にあふれた非の打ちどころのないものだった。父が私に優しい姿を見せたのは、この手紙の中だけである。

終戦の年の四月、小学校一年生の末の妹が甲府（こうふ）に疎開をすることになった。父は、葉書に自分宛（あ）ての宛名（あてな）を書いて妹に持たせ、「元気な日はマルを書いて、毎日一枚ずつポストに入れなさい。」と言ってきかせた。一週間ほどで大マルが書かれた葉書が届いたが、次の日からマルは急激に小さくなり、ついにバツに変わった。まもなくバツの葉書も来なくなった。母が迎（むか）えに行ったとき、妹は百日ぜきを患（わずら）って寝かされていたという。妹が帰ってくる日、私と弟は、妹を喜ばせようと家庭菜園のかぼちゃを全部収穫した。父は、はだしで表へ飛び出して妹を迎（むか）え、その痩（や）せた肩を抱いて、声をあげて泣いた。

二つのエピソードから、「父」の人柄（ひとがら）や愛情、家族のきずなを読み取ろう。

登場人物のかかわりを整理しよう

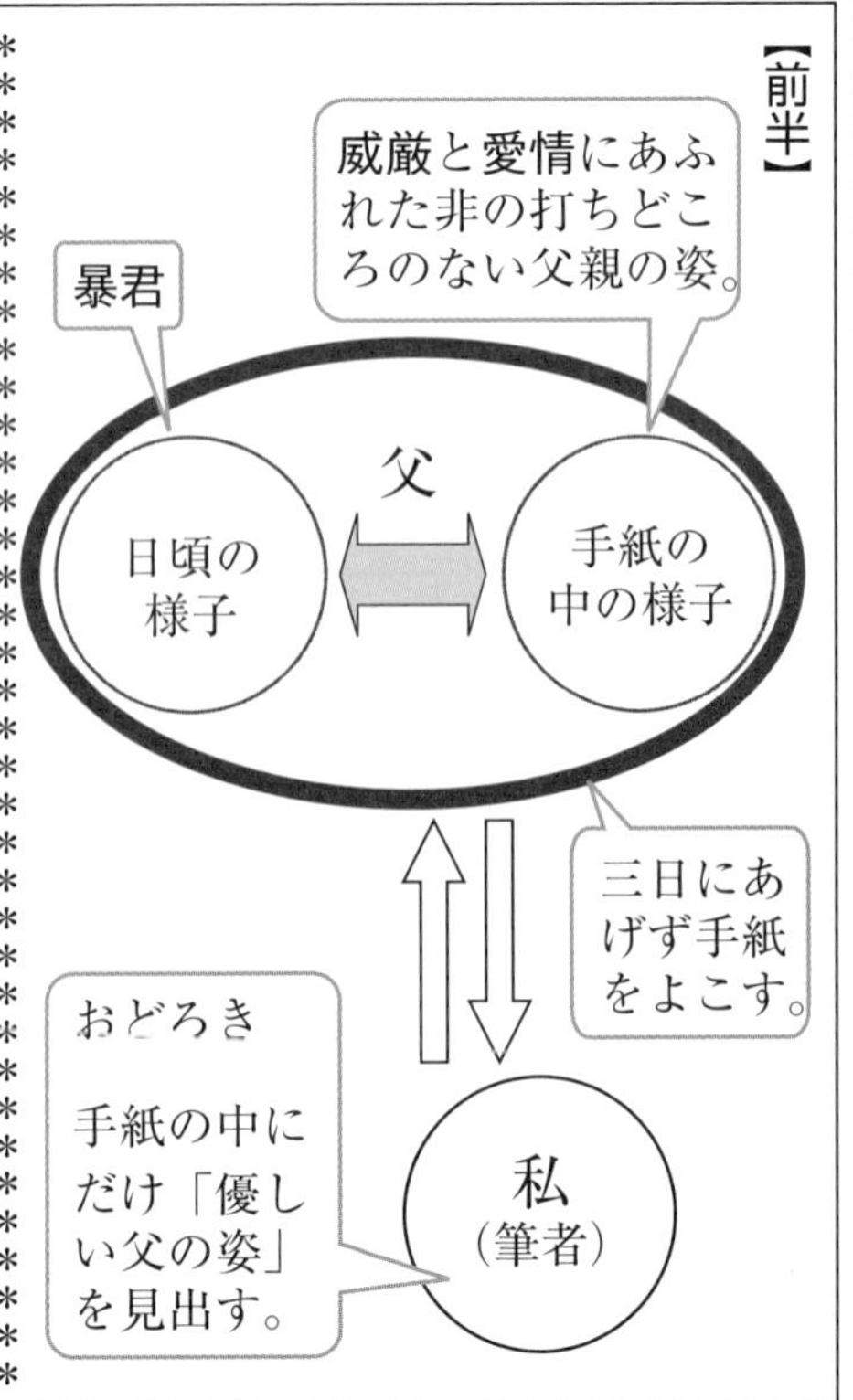

日頃の様子

手紙の中にだけ「優しい父の姿」を見出す。

宛名（あてな）だけ書いた葉書を妹にわたす。

まとまりごとの展開を確認しよう

1 前半部① 表書きにおどろく「私」 教P.78・1行め〜9行め

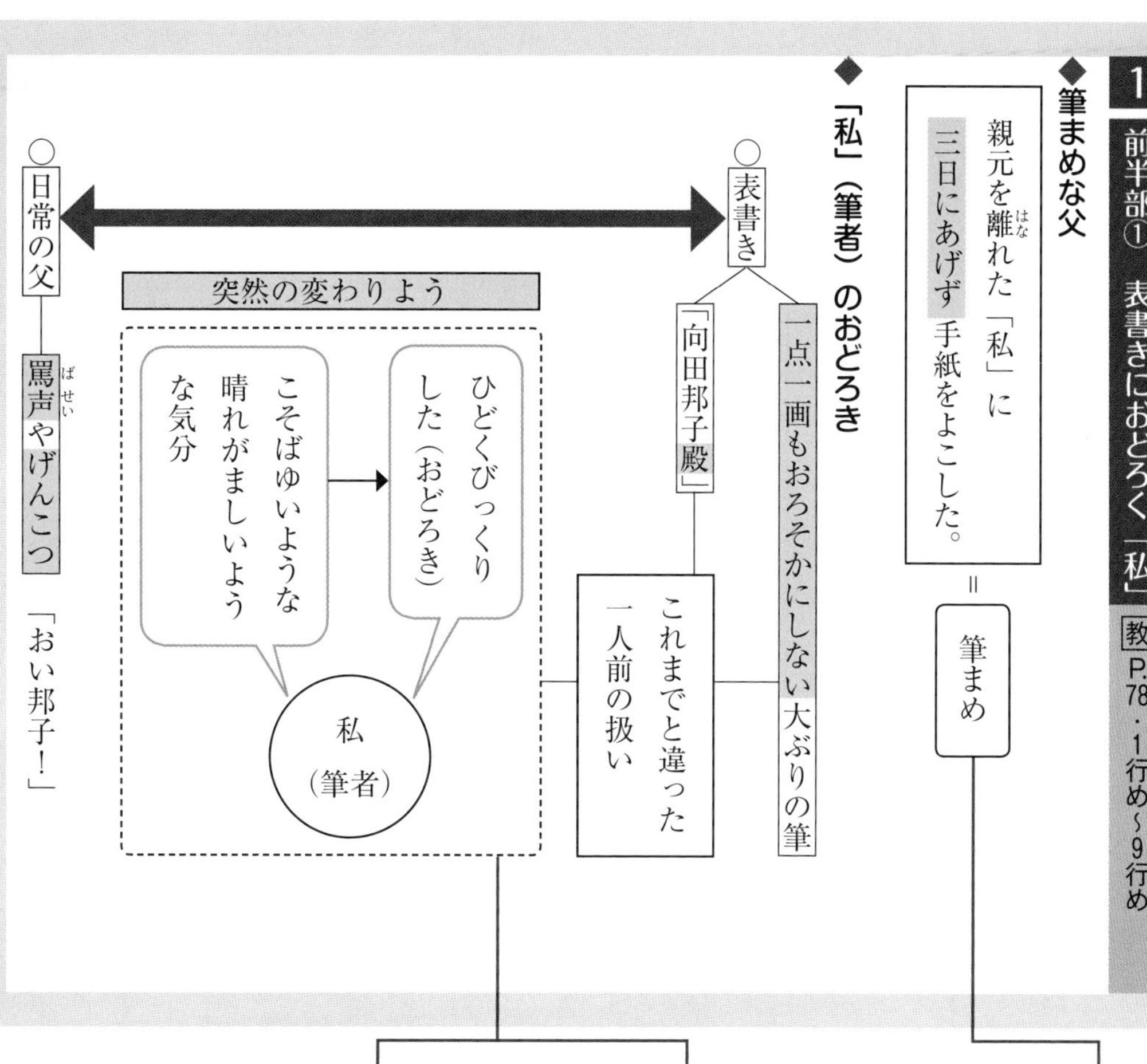
◆筆まめな父
親元を離れた「私」に
三日にあげず手紙をよこした。
＝
筆まめ
◆「私」（筆者）のおどろき
○表書き
一点一画もおろそかにしない大ぶりの筆
「向田邦子殿」
これまでと違った一人前の扱い
○日常の父
罵声やげんこつ
「おい邦子！」
突然の変わりよう
ひどくびっくりした（おどろき）
こそばゆいような晴れがましいような気分
私（筆者）

ポイントを確認しよう

①「死んだ父」が「筆まめ」であったことを示す事実として、どんなことが述べられているだろうか。

例 女学校一年で初めて親元を離れた筆者に、三日にあげず手紙を送ってきたこと。

「筆まめ」とは、「面倒がらずにきちんと手紙などをよく書くこと」である。「三日にあげず」は「間をあけず。毎日のように」という意味である。ほぼ毎日、手紙が来ていたのである。

②筆者は、何を見て「ひどくびっくりした」のだろうか。

例 一点一画もおろそかにしない大ぶりの筆で「向田邦子殿」と書かれた、父からの手紙の表書き。

父からの手紙の表書きの特徴として、「一点一画もおろそかにしない」点と、「殿」を使っている点をおさえる。

③筆者は、なぜ「ひどくびっくりした」のだろうか。

例 これまでの日常では筆者に罵声やげんこつを浴びせていたのに、手紙の表書きでは筆者を一人前に扱うという、父の突然の変わりように、こそばゆいような晴れがましいような気分を感じたから。

「こそばゆいような晴れがましいような気分」とは、父から急に一人前に扱ってもらった筆者の、照れくさい気持ちや落ち着かない気持ちを表している。

2 前半部② 手紙の文面に表れた父の姿

教 P.78・10行め～P.79・8行め

◆父の手紙の文面

○折りめ正しい時候の挨拶
○筆者（「私」）を「貴女」と呼ぶ
○訓戒も添えられている
→ 他人行儀

手紙の文面の中の父の姿

○威厳と愛情にあふれた非の打ちどころのない父親
＝
○日頃気恥ずかしくて演じられない父親
※手紙の中では、筆者への愛情を表現できる

↔ 対照的

日頃の父の姿

○ふんどし一つで……母や子供たちに手を上げる父の姿
＝
○暴君
※てれ性なので、日頃は家族への愛情を上手く表現できない

①「他人行儀という形でしか十三歳の娘に手紙が書けなかった」とあるが、筆者は父の手紙のどんなところを「他人行儀」と感じたのだろうか。

例 折りめ正しい時候の挨拶で始まっているところや、筆者を貴女と呼んでいるところ。また、訓戒が添えられているところ。

まだ十三歳だった筆者に対して、まるで一人前の大人への手紙のように書かれている点に着目する。

②筆者は、手紙の文面の中に、どのような父親の姿を見出したのだろうか。

例 てれ性な父が日頃は気恥ずかしくて演じられない、威厳と愛情にあふれた非の打ちどころのない父親の姿。

てれ性な父は、日頃は表現できない家族への愛情を、手紙の文面の中に表しているのである。

③「暴君」という言葉は、日頃の父のどんな様子を表しているのだろうか。

例 ふんどし一つで家中を歩き回り、大酒を飲み、かんしゃくを起こして母や子供たちに手を上げる様子。

手紙の中の理想的な父の姿と、日頃の父の姿が対照的に描かれていることをおさえよう。「暴君」とは、日頃の父の様子を表した言葉である。

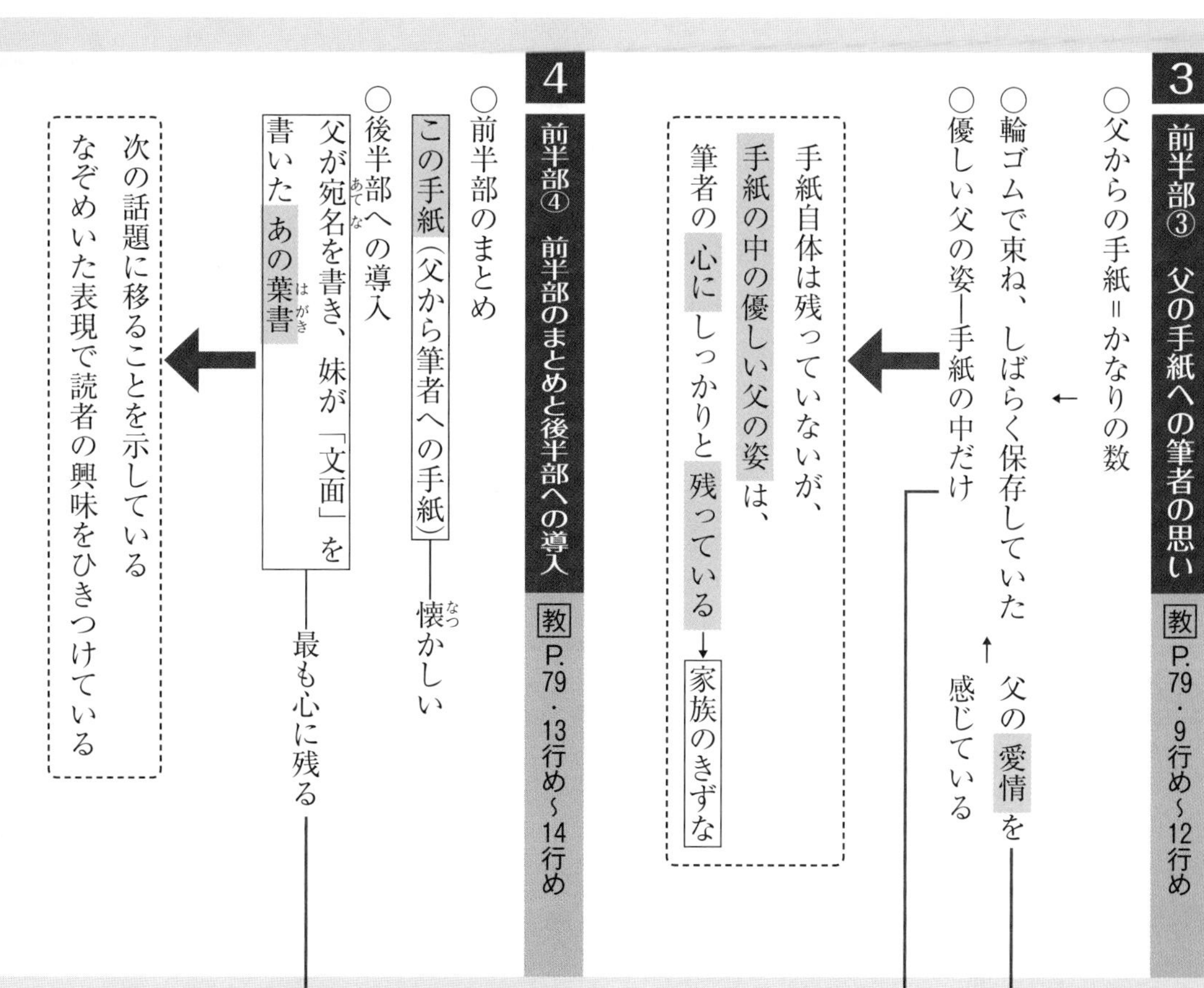

3 前半部③ 父の手紙への筆者の思い
教 P.79・9行め〜12行め
○父からの手紙＝かなりの数
○輪ゴムで束ね、しばらく保存していた
父の愛情を感じている
○優しい父の姿―手紙の中だけ
手紙自体は残っていないが、
手紙の中の優しい父の姿は、
筆者の心にしっかりと残っている
家族のきずな
4 前半部④ 前半部のまとめと後半部への導入
教 P.79・13行め〜14行め
○前半部のまとめ
この手紙（父から筆者への手紙）
懐かしい
○後半部への導入
父が宛名を書き、妹が「文面」を書いたあの葉書
最も心に残る
次の話題に移ることを示している
なぞめいた表現で読者の興味をひきつけている

①筆者が父からの手紙を「しばらく保存していた」のは、なぜだろうか。

例 手紙の中の優しい父の姿に、父から自分への愛情を感じていたから。

「輪ゴムで束ね」ていたことから、父からの手紙がなくならないように、という筆者の思いを読み取ることができる。

②「優しい父の姿を見せたのは、この手紙の中だけである」から、どんなことが読み取れるだろうか。

例 手紙自体は残っていないが、手紙の中に見た優しい父の姿は筆者の心に強く残っているということ。

「父からの手紙」は、筆者にとって「優しい父の姿」を感じることのできるただ一つの存在だったのだ。

③「父が宛名を書き、妹が『文面』を書いたあの葉書」という表現を前半の最後に用いることによって、どのような効果をもたせているのだろうか、説明しなさい。

例 「あの」という言葉によって、次の話題に移ることを読者に示している。また、なぞめいた表現によって、読者の興味をひきつける効果をもたせている。

「父が宛名を書き、妹が『文面』を書いた」というのは、普通ではあまりないことである。読者に、どんな葉書なのだろうと興味をもたせることができる。

5 後半部① 疎開する妹

教 P.79・15行め〜P.80・9行め

◆妹の疎開が決まる

○下の妹
——両親が手放さなかった。
理由 余りに幼く不憫だから。
疎開させなかった
○東京大空襲
——このまま一家全滅するよりは、と心を決めた。
理由 子供だけでも生き残ってほしい。
疎開させることにした

◆妹の出発
おびただしい葉書に自分宛ての宛名を書いた。

父：元気な日はマルを書いて、毎日一枚ずつポストに入れなさい。

理由 妹は、まだ字が書けなかったから。

遠足にでも行くようにはしゃいで出かけていった。

気持ち 妹の疎開先での様子を知りたい→愛情

妹は、戦争や疎開の意味が、まだよくわかっていない

① 「このまま一家全滅するよりは」のあとには、どんな言葉が省略されているだろうか。

例 余りに幼く不憫ではあるが、疎開させるほうがよい。
妹はまだ幼いので疎開させるのをためらっていたが、このまま東京にいると、空襲で一家全滅してしまうかもしれない。そうなるくらいならばと、妹の疎開を決意したのである。

② 父が「おびただしい葉書にきちょうめんな筆で自分宛ての宛名を書いた」のは、どんな気持ちからだろうか。

例 まだ字の書けない妹に、マルを書いただけの葉書を出させることで、疎開先での妹の様子を少しでも知りたいという、妹への愛情にあふれた気持ち。
妹は、まだ字は書けないが、マルならば書ける。そこで、先に葉書に自分宛ての宛名を書いて渡しておけば、妹は自分の無事を知らせる葉書が出せると考えたのである。

③ 妹が「はしゃいで出かけていった」のは、なぜだろうか。

例 まだ幼い妹には、戦争や、家族と離れて暮らす疎開生活の意味がわからず、疎開を遠足と同じような楽しいできごとと思い込んでいたから。
「小学校一年」、「余りに幼く不憫」、「まだ字が書けなかった」などから、妹が幼いので、戦争や疎開の意味を理解できていないことがわかる。

6 後半部② 妹からの「字のない葉書」 教 P.80・10行め～P.81・2行め

◆妹からの葉書と家族の気持ち・行動

妹からの葉書	家族の気持ち・行動・妹の様子
○威勢のいい赤鉛筆の大マル	○東京に比べれば大マルにちがいなかった（元気そうでよかった）→安心
○マルが急激に小さくなっていく	妹 元気がなくなる 寂しさ・不安・苦労
○情けない黒鉛筆の小マル（威勢のいい赤鉛筆の大マルとの対比的な表現）	（心配だが生きていることはわかる）
○バツ	○上の妹が会いに行った 妹 しゃぶっていた梅干しの種をぺっと吐き出して泣いた
○葉書が来なくなる	（心配な気持ちが強まる）○母が迎えに行った 妹 百日ぜきを患って、布団部屋に寝かされていた

① 「東京に比べれば大マルにちがいなかった」とあるが、このときの家族は、どんな気持ちだっただろうか。

例 元気そうでよかったと安心する気持ち。

家族と離れて疎開させるのをためらうほど幼い妹の元気な様子が葉書の大マルからわかり、安心したのである。

② 「情けない黒鉛筆の小マル」から、妹のどんな様子が読み取れるだろうか。

例 最初のうちの元気は消えて、家族と離れて暮らす疎開生活の寂しさや苦労で不安な様子。

このあと、妹が父からは教えられていない「バツ」を書いた葉書を出したことにも着目しよう。そのことから、妹の寂しさや不安、苦労がより強まったことが読み取れる。

③ 「バツの葉書も来なくなった」とあるが、このときの家族は、どんな気持ちだっただろうか。

例 妹が葉書を出したくても出せない状態になっているのではないかと、強く心配する気持ち。

葉書自体が来なくなったということで、葉書も出せないような大変な状態にあるのではないかと、家族の心配が頂点に達したことが想像できる。

7 後半部③ 妹の帰宅

教 P.81・3行め～11行め

筆者（私）と弟

かぼちゃを全部収穫し、一列に客間に並べた。
（妹を喜ばせたい）

↓

父

何も言わなかった。
（筆者（「私」）と弟の気持ちへの**理解**）

弟 出窓で見張っていた。
（**待ち遠しい**・**心配**）
「帰ってきたよ！」
（**喜び**・**安心**）

↓

はだしで表へとび出した。
（**少しでも早く会いたい**）

筆者 父が、大人の男が声をたてて泣くのを初めて見た。
（**おどろき**・父の家族への愛情に対する**感動**）

↓

痩せた妹の肩を抱き、声をあげて泣いた。
（**つらい思いをさせて申し訳ない**）
（**無事で帰ってきたことがうれしい**）

家族のきずな

8 後半部④ まとめ

教 P.81・12行め～13行め

◆あの字のない葉書→（あれから）一度も見ていない。

葉書自体は残っていないが、**父の愛情に満ちた優しい姿**は、心の中に残っている。

---

①「小さいのに手をつけると叱る父も、この日は何も言わなかった」とあるが、なぜ何も言わなかったのだろうか。

例 帰ってくる妹を少しでも喜ばせようという筆者（「私」）と弟の気持ちを理解していたから。

筆者と弟の行動の目的は、妹を喜ばせることにある。父は、その気持ちを理解していたので、何も言わなかったのである。

②「父が、大人の男が声をたてて泣くのを初めて見た」から、筆者（「私」）のどんな気持ちが読み取れるだろうか。

例 ふだんの様子からは想像もできない父の姿に、おどろきと愛情を感じ、家族の強いきずなをかみしめる気持ち。

声をたてて泣く父の姿からは、妹に対する強い愛情が感じられる。それを「初めて見た」筆者は、おどろくとともに、家族の強いきずなを感じ取ったと想像できる。

③妹の書いた「字のない葉書」に対して、筆者はどんな思いを持っているのだろうか。

例 葉書自体はあれから見ていないが、葉書にまつわる一件で見せた父の愛情あふれる姿と、そのとき感じた家族のきずなは、今も自分の心にしっかりと残っているという思い。

筆者がこの文章を書いたこと自体が、「字のない葉書」について強い思いをもっていることのあかしである。前半部で語られた手紙との共通性にも着目しよう。

学びの道しるべ

▼教科書 P.82〜83

1 手紙・葉書にまつわる二つの思い出について、それぞれの内容をまとめよう。

■解答例■［手紙］

女学校一年で親元を離れたときに、父から頻繁に手紙が送られてきた。暴君であった父からの手紙の「向田邦子殿」と書かれた表書きを初めて見たときはびっくりし、時候の挨拶に始まり、私を貴女と呼び、訓戒も添えられているような丁寧な手紙を、こそばゆいような晴れがましいような気分で受けとった。一学期の別居期間に父から届いた手紙は、かなりの数になった。威厳と愛情にあふれた非の打ちどころのない父親がそこにあった。

■解答例■［葉書］

終戦の年、小学校一年の妹が学童疎開をすることになり、父はきちょうめんな筆で自分宛ての宛名を書いたおびただしい葉書を妹に持たせ、元気な日はマルを書いてポストに投かんするように言いきかせた。最初の葉書は赤鉛筆の大マルだったが、次の日から急激に小さくなり、黒鉛筆の小マルはついに、バツに変わった。やがてバツの葉書も来なくなって母が迎えに行くと、妹は百日ぜきを患っていた。疎開から帰ってきた痩せた妹の肩を抱き、父は声をあげて泣いた。

2 後半部分（79ページ・15行め〜）について、父の行動の描写に着目して、心情の変化を読み取ろう。

■解答例■

・下の妹は余りに幼く、不憫に思い、疎開させたくなかった。
・一家全滅を避けるため、妹を疎開させることを決意した。妹が心配でおびただしい葉書に自分宛ての宛名を書いて持たせた。
・筆者と弟が帰ってくる妹を喜ばせたいと思い、小さいかぼちゃに手をつけても何も言わなかった。
・病気で痩せた妹が帰ってきたとき、いても立ってもいられず、はだしでとび出した。
・つらい思いをさせたことを申し訳なく思うとともに、再会できたことに感極まり、声をあげて泣いた。

3 今の「私」は、父に対して、どのような思いをもっているだろうか。昔の「私」の父に対する思いと比べながら考えよう。

■解答例■

昔の「私」は日頃の父の姿と全く違う面を見てとまどったが、今では不器用な父が自分なりの表現で「私」や妹を精いっぱい愛していたのだと感じている。

重要語句の確認

▼78ページ

1 **筆まめ**　面倒がらずにきちんと手紙や文章を書くこと。

2 **三日にあげず**　間をおかないで。

3 **一点一画**　漢字を構成する一つの点と一つの線。

3 **おろそか**　しなければいけないことを、いい加減にする様子。

3 **大ぶり**　大きめなこと。

5 **表書き**　封筒や手紙の表側に書かれた宛名や宛先。

8 **罵声**　ののしる声。

8 **突然**　物事が不意に起こる様子。

9 意 **こそばゆい**　照れくさい。

9 **晴れがましい**　表立って、はなやかな様子。

10 意 **折りめ正しい**　けじめがきちんとしていること。

10 **時候**　暑さや寒さなど四季それぞれの気候。

10 **社宅**　社員を住まわせるための会社所有の住宅。

10 **間取り**　部屋の配置。

▼79ページ

1 **字引**　辞書。漢和辞典、国語辞典など。

2 意 **訓戒**　教えさとし、いましめること。類 訓示

2 **添える**　補助として付け加える。

3 **かんしゃく**　怒り出すこと。

4 意 **威厳**　堂々としておごそかなこと。類 重々しさ

4 意 **非の打ちどころのない**　非難するところがない。欠点が何もない。

6 **暴君**　自分勝手で乱暴な人。

6 **反面**　別の面からみること。

6 **てれ性**　すぐにてれる性質。

6 意 **他人行儀**　親しい仲であるのに、他人に接するときのようによそよそしく振る舞うこと。類 よそよそしい

7 **気恥ずかしい**　なんとなく恥ずかしく感じる。

10 **いつとはなしに**　いつのまにか。

11 意 **かれこれ**　おおよそ。

16 **余りに**　過度に。普通よりもずっと。

16 意 **不憫**　かわいそうなこと。類 気の毒

▼80ページ

1 意 **命からがら**　命だけは失わずにかろうじて助かる様子。

1 **全滅**　すべて滅びること。

4 **おびただしい**　数や量が非常に多い。

5 意 **きちょうめん**　真面目ですみずみまで気をつけ、きちんとしている様子。対 だらしない

8 **かさ高**　かさばる様子。

9 **はしゃぐ**　浮かれてさわぐ。

11 意 **威勢**　元気や勢いがある様子。類 元気

12 **歓迎**　好意をもって迎えること。

14 **急激**　行動や変化などが突然で激しい様子。

▼81ページ

1 **患う**　病気になる。

4 **一抱え**　両手をひろげて抱えるほどの大きさ。

7 **出窓**　建物の外壁から突き出した窓。

9 **茶の間**　家族が食事や団らんをする、台所の続き部屋。

新出漢字のチェック✓

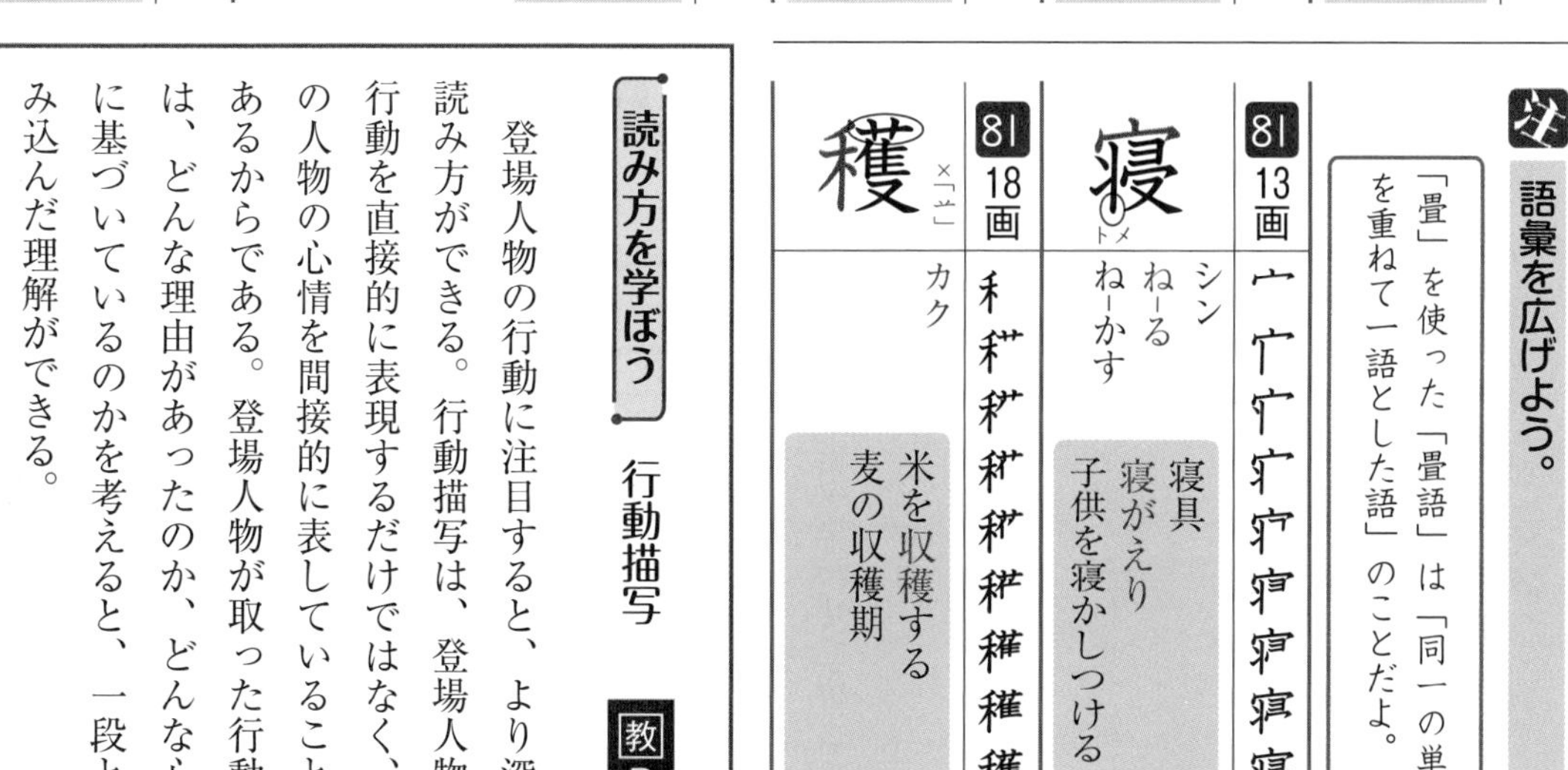

殿 78ページ 13画 ハネ
尸 尸 屈 屈 屈 屈 屏 殿 殿
デン テン との どの
殿下・宮殿 御殿（ごてん）を造る・殿方 向田邦子殿
4級

添 79 11画 ×「小」
丶 氵 氵 沃 沃 添 添 添 添
テン そ-える そ-う
領収書を添付する 花に手紙を添える 寄り添う
4級

威 79 9画 ×「女」
ノ 厂 厂 反 反 反 威 威 威
イ
威厳・威信 威圧的な態度 威風堂々
4級

歳 79 13画 ×「威」
止 产 产 片 岸 岸 歳 歳 歳
サイ セイ
十三歳・歳時記 歳入・歳費 お歳暮をおくる
4級

疎 79 12画 ×「マ」
フ ア ア 正 正 距 距 疎 疎 疎
ソ *うと-い *うと-む
学童疎開 過疎（⇔過密） 流行に疎い
準2級

滅 80 13画 ×「火」
氵 氵 汇 汇 汇 沥 减 滅 滅 滅
メツ ほろ-びる ほろ-ぼす
全滅・点滅信号 国が滅（ほろ）びる 攻め滅（せ）ぼす
3級

肌 80 6画 ハネ
丿 月 月 月 肌 肌
はだ
肌着・雪肌 肌荒（あ）れがひどい 鳥肌が立つ
準2級

鉛 80 13画 ×「ム」
亼 全 牟 金 金 釒 鉛 鉛 鉛
エン なまり
鉛筆・亜鉛 鉛ガラス 鉛のように重い
4級

茎 80 8画 ×「工」
一 十 艹 艹 艾 苁 茎 茎
ケイ くき
地下茎を伸ばす すいかの茎 歯茎
準2級

形の似た漢字に注意しよう。

「茎」と字形の似た漢字には「経」や「径」がある。「茎」は「草木の茎、茎状のもの」という意味があるよ。

畳 81 12画 ×「且」
丶 冂 田 田 田 畄 畳 畳 畳 畳
ジョウ たた-む たたみ
三畳・畳語を使う 折り畳みがさ 畳表・石畳
4級

語彙を広げよう。

「畳」を使った「畳語」は「同一の単語を重ねて一語とした語」のことだよ。

寝 81 13画 トメ
宀 宀 宀 宀 宀 寝 寝 寝 寝 寝
シン ね-る ね-かす
寝具 寝がえり 子供を寝かしつける
4級

穫 81 18画 ×「工」
禾 秆 秆 秆 秆 秆 穫 穫 穫 穫
カク
米を収穫する 麦の収穫期
3級

読み方を学ぼう　行動描写

教 P.84

登場人物の行動に注目すると、より深い読み方ができる。行動描写は、登場人物の行動を直接的に表現するだけではなく、その人物の心情を間接的に表していることがあるからである。登場人物が取った行動には、どんな理由があったのか、どんな心情に基づいているのかを考えると、一段と踏（ふ）み込んだ理解ができる。

ものの見方・感性を養う

漢字のしくみ2　部首と成り立ち

教科書 P.85〜87

内容を確認して、整理しよう

1 漢字の部首

◆部首とは

漢字を形によって分類するために選ばれた、いくつかの漢字のこと。

・同じ部首をもつ漢字は、共通の意味でつながっていることが多い。

・部首に着目すると、漢字の意味がつかみやすくなる場合がある。

2 漢字の成り立ち

◆漢字は昔、中国でつくられた

◆漢字の成り立ち（つくり方）は、次の四種類に分類される

象形…物の形をかたどって、そのものを表すこと。

例

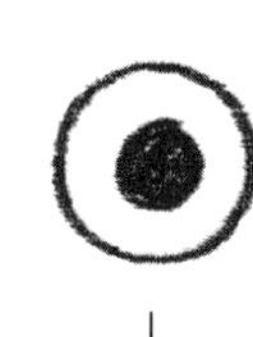
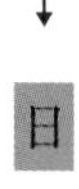

→日

→月

→馬

→鳥

指事…形のない抽象（ちゅうしょう）的な事柄（ことがら）を図形のように表すこと。

例

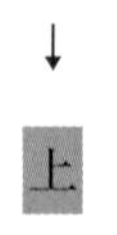
→上

→下

→中

→三

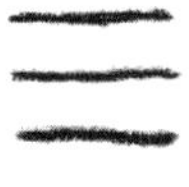

会意…意味に注目して、二つ以上の字を組み合わせて新しい漢字をつくること。

例 人＋木→休　口＋鳥→鳴　山＋石→岩

形声…意味を表す要素と音を表す要素とを組み合わせて新しい漢字をつくること。

例 水（意味・さんずい）＋可（音・「カ」と読む）

→河（「水」にかかわる意味を持ち、「カ」と読む）

糸（意味・いとへん）＋責（音・「セキ」と読む）

→績（「糸」にかかわる意味を持ち、「セキ」と読む）

◆特別な漢字の使い方として、次の二種類がある

・転注…もともとの意味と関係のある別の意味に広げて使われること。

例「楽」…もともとは「音楽の曲」という意味だったが、「楽しい」「楽だ」という意味でも使われるようになった。

・仮借…もともとの意味とは関係なく、漢字の音だけを借りて表すこと。

例「豆」…もともとは「トウ」と読んで、食べ物を盛る器の意味だったが、同じように（昔の中国語で）「トウ」と発音する「マメ」の意味で使われるようになった。

「象形」「指事」「会意」「形声」という漢字の四種類の「成り立ち（つくり方）」と、「転注」「仮借」という二種類の「使い方」を合わせて六書というよ。

◆国字…日本で独自につくられた漢字。

・ほとんどが会意でつくられていて、音読みはない。

例　峠　畑　辻　栃など

・例外的に「働（ドウ）」など、音読みをもったものもある。

確かめよう

1　次の――線部の漢字の部首を探して、漢和辞典で確かめよう。

① 発泡…部首は「氵」（さんずい）。
② 濁音…部首は「氵」（さんずい）。
③ 漆黒…部首は「氵」（さんずい）。
④ 安泰…部首は「水」（みず）。

●①～③の――線部の漢字の部首は、全て「さんずい」で共通している。「さんずい」には「水」の意味がある。この三つの漢字は、どれも「水」にかかわる意味を持っている。④も「水」の意味を持つ部首だが、部首名が異なる。

⑤ 肝要…部首は「月」（にくづき）。
⑥ 腎臓…部首は「月」（にくづき）。
⑦ 大胆…部首は「月」（にくづき）。
⑧ 脇目…部首は「月」（にくづき）。

●⑤～⑧の――線部の漢字の部首は、全て「にくづき」で共通している。「にくづき」には「人の体」という意味がある。この四つの漢字は、どれも人間の体の一部を表す。なお、「にくづき」と「つきへん」は、別の部首である。

2 部首を一つ決め、その部首の漢字をできるだけたくさんあげよう。

例1 部首…「扌」(てへん)

打・投・折・技・批・招・拝・拡・担・抵・抱・拠・指・採・授・接・推・探・捨・提・揮・揺

例2 部首…「辶」(しんにょう)

辺・近・返・迎・述・迫・送・追・逆・退・迷・通・速・連・造・週・進・道・遊・運・達・過

例3 部首…「艹」(くさかんむり)

花・芸・苦・芽・英・若・茎・草・茶・荷・菜・著・葉・落・蒸・蓄・蔵・薬・薄・藻

3 次の漢字は六書(りくしょ)のうちどれにあたるか、漢和辞典で確かめよう。

① 三…指事 ② 昆…象形 ③ 人…象形
④ 紳…形声 ⑤ 雰…形声 ⑥ 登…形声
⑦ 襟…形声 ⑧ 詠…形声 ⑨ 江…形声
⑩ 亀…象形

4 会意や形声の方法を用いて漢字を創作し、その意味や読みについて説明し合おう。

例 「[言+楽]」(意味) おしゃべり・会話を楽しむこと (読み) ラク・おしゃべ(り)

新出漢字のチェック✓

ページ	漢字	画数	注意	読み	用例	級
85	慕	14画	×「⺗」	ボ／した-う	慕情・思慕・敬慕／師を慕う	3級
85	偉	12画	×「五」	イ／えら-い	偉大な政治家／偉業・偉人・偉功／偉い先生	4級
85	綻	14画		タン／ほころ-びる	経営が破綻する／裾(すそ)が綻びる／破綻⇔成立	2級
85	焦	12画		ショウ／こ-げる・こ-がす／こ-がれる／＊あせ-る	焦燥感・焦げ茶色／胸を焦がす／待ち焦がれる	3級
85	盆	9画	×「ヘ」	ボン	お盆・盆に載(の)せる／盆休みに入る／盆と正月	4級
85	疫	9画	×「八」	エキ／＊ヤク	疫病が拡大する／検疫所・免疫(めんえき)力／疫病神(やくびょうがみ)がとりつく	準2級
85	迎	7画	×「卯」	ゲイ／むか-える	新入生を歓迎する／迎合／友人を迎え入れる	4級
85	遂	12画		スイ／と-げる	遂行・未遂・完遂／進化を遂げる	3級

超　ページ 85　12画
チョウ　こ-える　こ-す
超人的な活躍
千年を超える
百人を超す勢い
3級

峠　87　9画
とうげ
峠道・峠越え
野麦峠
4級

匂　87　4画　ハネル
にお-う
匂い
バラが匂う
遠くまで匂う
2級

泡　87　8画
ホウ　あわ
水泡・気泡・発泡
泡が立つ
準2級

濁　87　16画　×「四」
ダク　にご-る　にご-す
濁音・濁流・濁点
水が濁る
言葉を濁す
4級

漆　87　14画　忘れずに
シツ　うるし
漆黒の髪
手作りの漆器
漆でかぶれる
準2級

泰　87　10画　×「水」
タイ
泰然自若(じじゃく)・安泰
泰平
準2級

肝　87　7画
カン　きも
肝心・肝要・肝臓
肝をつぶす
3級

腎　87　13画　×「目」
ジン
肝腎・腎臓
2級

胆　87　9画
タン
大胆・落胆
胆石症
3級

脇　87　10画
わき
関脇(せきわけ)・両脇
脇が甘(あま)い
脇目・脇道
2級

昆　87　8画　ハネ
コン
昆虫を捕(つか)まえる
昆虫の標本
昆布でだしをとる
準2級

紳　87　11画
シン
彼は紳士だ
紳士的
紳士⇔淑女(しゅくじょ)
準2級

雰　87　12画　×「今」
フン
雰囲気〈＝空気〉
準2級

襟　87　18画　×「ネ」
＊キン　えり
小さな襟
襟元・襟足
襟首
準2級

詠　87　12画
エイ　＊よ-む
詠嘆(えいたん)・題詠
詠歌・吟詠(ぎんえい)
遺詠
3級

江　87　6画
コウ　え
長江
江戸
入り江
準2級

亀　87　11画
キ　かめ
亀甲(きっこう)・亀裂(きれつ)
亀は万年
2級

ものの見方・感性を養う

漢字を身につけよう❸

教科書 P.94

ページ	漢字	画数	読み	筆順	用例	級
94	喩	12画	ユ	口 口' 口^ 口△ 口今 口合 口合 口兪 喩	比喩を用いた表現 明喩（⇔暗喩）	2級
94	叙	9画	ジョ	ノ 𠆢 亼 亼 全 余 余 叙 叙	自叙伝を書く 平叙文・叙述 叙情詩	準2級
94	拠	8画	キョ コ	一 † 扌 扌 扨 扨 拠 拠	準拠・論拠・根拠 サッカーチームの本拠地 証拠	4級
94	乏	4画	ボウ とぼ-しい	ノ 亻 乏 乏	栄養が欠乏する 貧乏暇（ひま）なし 表現力が乏しい	3級

形の似た漢字に注意しよう。

「叙」と字形の似た漢字には「除」や「徐（ジョ）」がある。「自叙伝」は「自分の生い立ちや経験を自分で書いたもの」のことだよ。

ページ	漢字	画数	読み	筆順	用例	級
94	豪	14画	ゴウ	亠 亠 亠 亠 亠 亭 亭 豪 豪 豪	集中豪雨 強豪・豪語する 英雄豪傑（えいゆうごうけつ）	4級
94	喚	12画	カン	口 口' 口' 口' 口' 口' 口' 喚 喚 喚	喚声をあげる 注意を喚起する 召喚（しょうかん）・証人喚問	3級
94	虚	11画	キョ ＊コ	' ト 广 卢 卢 虍 虍 虚 虚 虚	空虚・虚無感 虚偽（きょぎ）の罪に問う 謙虚（けんきょ）さを求める	3級
94	偽	11画	ギ いつわ-る ＊にせ	イ 亻 伊 伊 伪 偽 偽 偽 偽 偽 偽	偽装・偽称（ぎしょう）・虚偽 うそ偽り・名を偽る 偽金	準2級
94	催	13画	サイ もよお-す	ノ 亻 仙 伫 伫 伫 伫 伫 伫 催 催 催 催	返答を催促する 共催・催事 送別会を催す	3級

ページ	漢字	画数	読み	筆順	用例	級
94	促	9画	ソク うなが-す	ノ 亻 亻 亻 伄 伄 伄 促 促	返答を催促する 督促状（とくそくじょう）・促成栽培（さいばい） 発言を促す	3級
94	封	9画	フウ ホウ	一 十 土 圭 圭 圭 圭 封 封	封筒（ふうとう）の宛名書き 封じ込める・開封 封建社会	3級
94	宛	8画	あ-てる	' ハ 宀 宀 宀 宛 宛 宛	友人宛ての手紙 宛名を読む 宛て先不明	2級
94	貼	12画	チョウ は-る	丨 目 目 貝 貝 貝 貝 貼 貼 貼	切手の貼付・貼用 貼り付ける	2級
94	互	4画	ゴ たが-い	一 工 互 互	交互に話す・相互 互助会の案内 お互い・互い違い	4級

闘 94ページ 18画
トウ　たたか-う
格上の相手に健闘した
悪戦苦闘
困難と闘う
4級

柔 94 9画 ×「予」
ジュウ　ニュウ　やわ-らか　やわ-らかい
柔道・優柔不断
柔和な人柄(ひとがら)
頭が柔らかい
4級

征 94 8画 ×「イ」
セイ
試合の遠征
征圧・征夷(せいい)大将軍
出征する
4級

新出音訓の確認

94ページ **勝**　まさ-る　実力が勝る
94 **納**　ナッ　トウ　納得・出納(すいとう)
94 **欲**　ほ-しい　欲しい
94 **夏**　ゲ　夏至
94 **申**　シン　申告

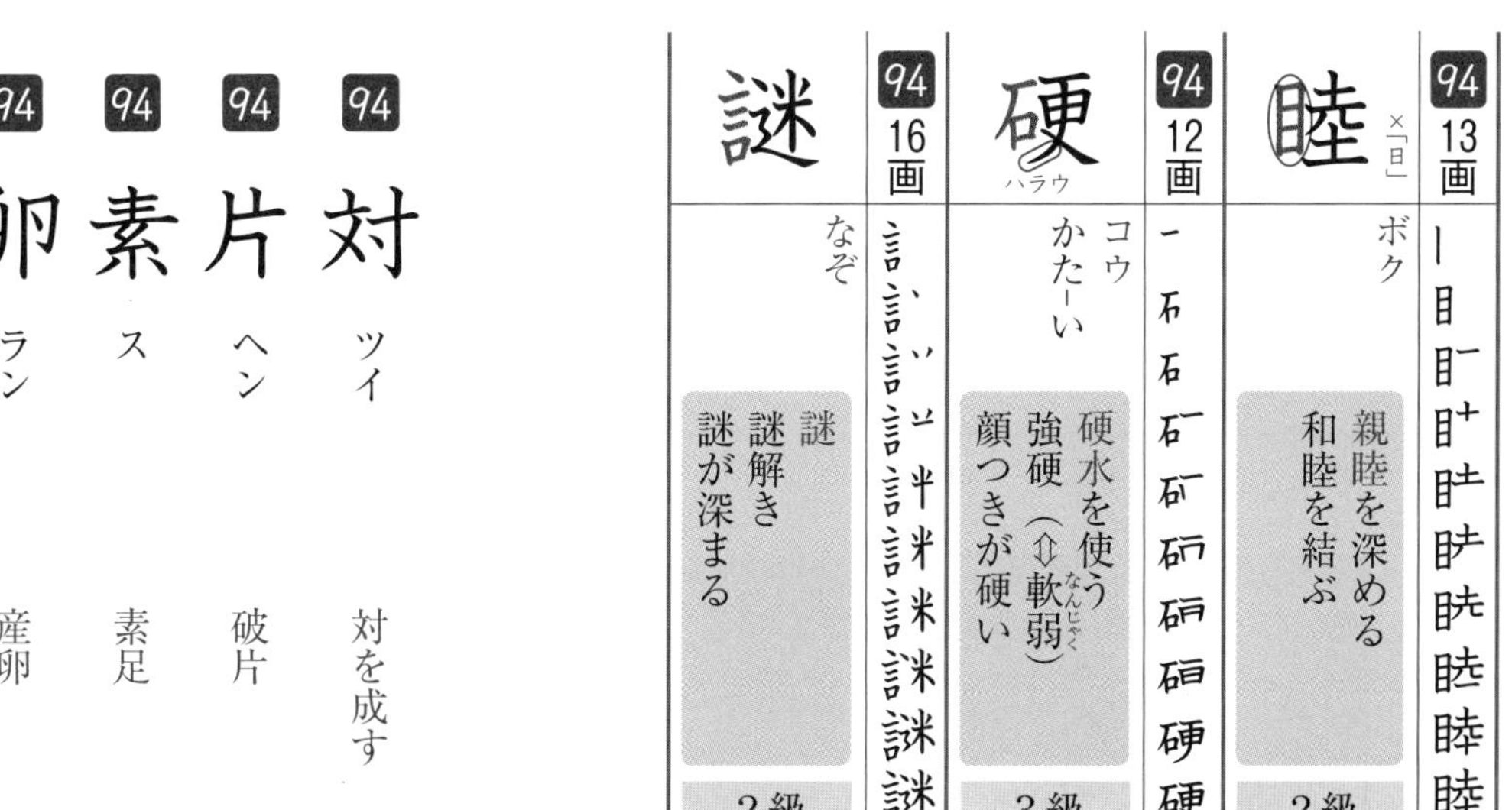

睦 94 13画 ×「日」
ボク
親睦を深める
和睦を結ぶ
2級

硬 94 12画 ハラウ
コウ　かた-い
硬水を使う
強硬（⇔軟弱(なんじゃく)）
顔つきが硬い
3級

謎 94 16画
なぞ
謎
謎解き
謎が深まる
2級

94 **対**　ツイ　対を成す
94 **片**　ヘン　破片
94 **素**　ス　素足
94 **卵**　ラン　産卵

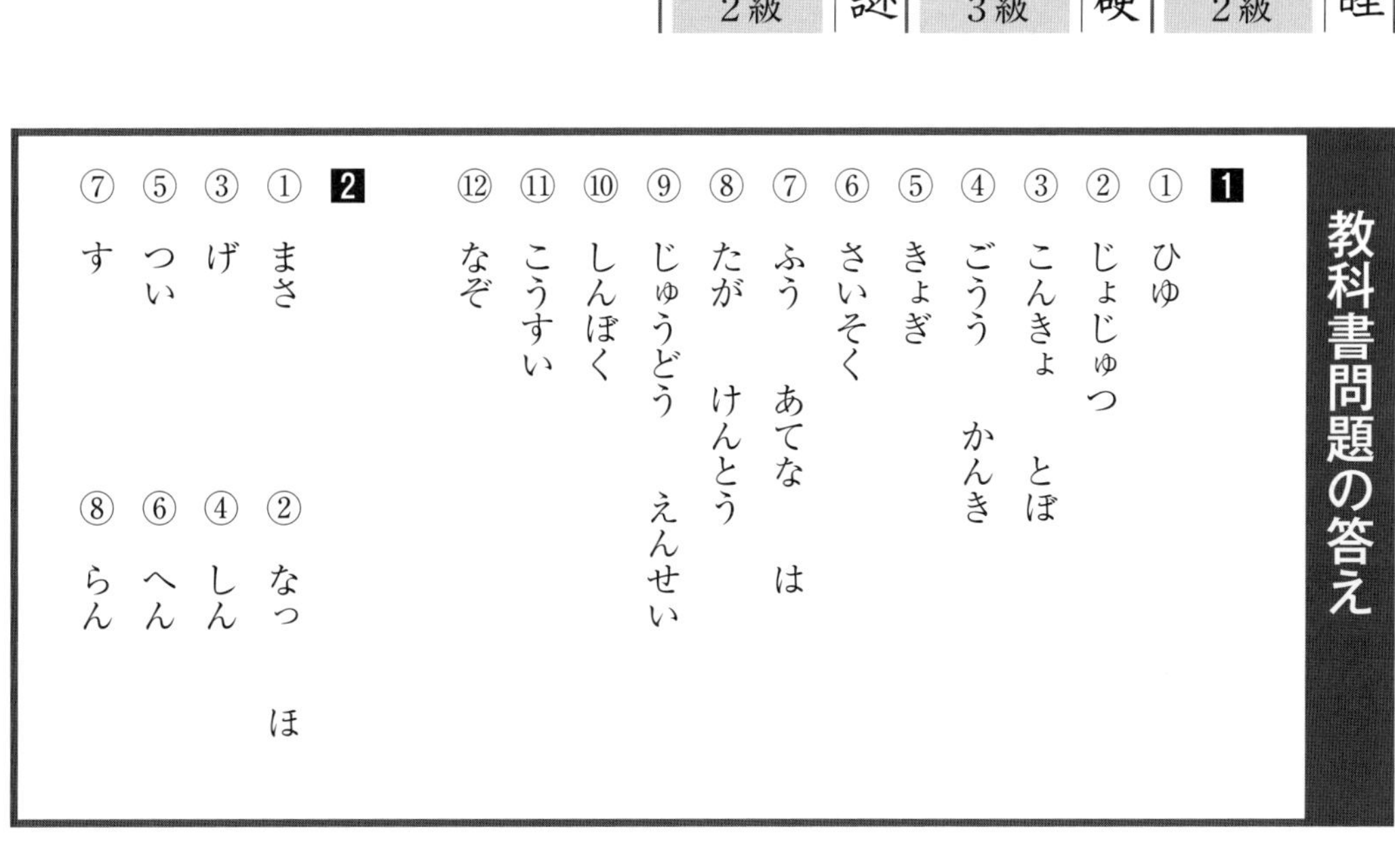

教科書問題の答え

1
① ひゆ
② じょじゅつ
③ こんきょ　とぼ
④ ごうう　かんき
⑤ きょぎ
⑥ さいそく
⑦ ふう　あてな　は
⑧ たが　けんとう
⑨ じゅうどう　えんせい
⑩ しんぼく
⑪ こうすい
⑫ なぞ

2
① まさ　② なっ　ほ
③ げ　④ しん
⑤ つい　⑥ へん
⑦ す　⑧ らん

論理的に考える　説明

玄関扉

教科書　P.96〜105

渡辺(わたなべ)　武信(たけのぶ)

内容を確認して、整理しよう

日本の住宅の玄関のドア（扉）はたいてい外に開くが、欧米では内側に開く。客を迎える際には、内開きのほうがよさそうだ。

なぜ、日本のドアは外に開くのか。外開きのドアのほうが、「履き物を脱ぐ。」「土間を水洗いしたい。」「隙間(すきま)風を嫌う。」といった日本人の生活様式に適しているからだ。

日本では、玄関ドアを外開きに設計するのが現実的だ。内開きのドアについては、外来者を招き入れるという解釈とは別の、もう一つの解釈も成り立つからだ。

内開きのドアは、外敵の侵入を防ぐためのものでもある。それは、敵対的な存在を締め出そうとするヨーロッパ的な考え方を反映している。

一方、引き戸は、自然や近隣の人々に対して親和的・融合的な日本人の態度にふさわしいといえよう。

日本人の生活習慣には外開きのドアの方が適している。おじぎをするため戸口から距離(きょり)をとる日本人は、握手をする欧米人とは違って、外開きのドアの外に立っていても、押しのけられるとは感じていないのではないか。

日本と欧米の玄関扉について整理しよう

	扉の開き方	理由
日本	外開きが多い	・玄関で履き物を脱ぐ ・土間を水洗いする ・隙間(すきま)風やほこりが入るのを嫌う ・おじぎをするため、ドアから離(はな)れて立つ ↓外開きのドアでも押しのけられるとは感じない ○日本人の生活様式に適している
欧米	内開きが多い	・客を迎える際にぐあいがよい （客を招き入れるように開く） ・外来者を敵として拒む （○ヨーロッパ的な考え方を反映） ・握手をするためにドアの近くに立つ ↓外開きのドアだと、押しのけられてしまう

まとまりごとの展開を確認しよう

1 ドアの開き方についての第一の解釈 教 P.96・1行め〜7行め

◆日本と欧米の違い

日本…外に開く（外開き）ドアが多い

欧米…内側に開く（内開き）ドアが多い

◆「内開きのドア」についての第一の解釈

・客を迎える

＝（欧米の）内開きのほうがぐあいがよさそう

事実 ＝欧米のドア―内開き

理由づけ ＝「いらっしゃいませ。」と客を招き入れるように開くから

（読み取れる）主張 ＝欧米―外来者を客として招き入れる文化

ポイントを確認しよう

①日本と欧米の玄関のドアのあり方は、どのように違うだろうか。「外開き」「内開き」という言葉を使って答えなさい。

例 日本の玄関のドアは外開きが多いのに対し、欧米のドアは内開きが多い。

「外に開く＝外開き」、「内側に開く＝内開き」であることを捉えて、それぞれの事実に注目しよう。

②「客を迎える際にはどうも内開きのほうがぐあいがよさそうだ」とあるが、筆者がこのように考えたのはなぜだろうか。

例 内開きのドアは、「いらっしゃいませ。」とでもいうように、客を招き入れるように開くから。

これに対して、「外開きのドア」は、「ドアの開かれるのを待っている客を押しのけることになる」と説明されている。

③筆者は、ドアが内側に開く欧米の文化をどんな文化だと考えているのだろうか。

例 外来者を客として招き入れる文化。

欧米のドアが内開きであることの理由を、「いらっしゃいませ。」と「客を招き入れるように開く」ことにあると考えていることから、内開きのドアが多い欧米の文化は、「外来者を客として招き入れる文化」だという主張を読み取ることができる。

2 「日本の玄関のドア」についての考え　教 P.96・8行め～P.97・18行め

◆日本の玄関のドアが外開きである理由

○なぜ外に開くのか?

・理由1　玄関で履き物を脱ぐから

> もし内開きだったら
> ・ドアが、脱いである履き物に引っかかる

→ 問題

・理由2　玄関土間を水洗いするから

> もし内開きだったら
> ・土間に水勾配をとると、ドアの下端が、土間の高い部分をこする
> ←（それを避けようとして）
> ・ドアの下に隙間をつくると、隙間風やほこりが入る

→ 問題

○外開きのドアのよい点＝技術的処理が楽

> ・履き物にドアが引っかかることはない
> ・土間に水勾配をとる→水はスムーズに流れる
> ・隙間風やほこりもシャットアウト

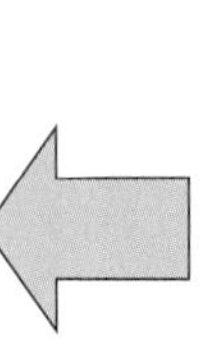

①「なぜ日本の玄関のドアは外に開くのか」という問いに対して、筆者は具体的にどんな理由を挙げているだろうか。二つに分けて答えなさい。

例
・日本人は、玄関で履き物を脱ぐから。
・日本人は、玄関の土間を水洗いするから。

「その理由は……」、「もう一つの理由として……」という表現に着目すると、筆者が二つの理由を挙げているとわかる。

②日本の玄関のドアが外に開く理由を説明するにあたって、筆者はどんな論の進め方をしているだろうか。

例　ドアが内側に開く場合、どのような問題が出てくるかを述べて、内開きのドアが適していない点を指摘し、そのあとで、外開きのドアのよい点を説明している。

「もし、ドアが内側へ開くと……」や「ドアが内側へ開いていくと……」で、「内開きのドア」が適していない点を指摘している。

③筆者は、外開きのドアのよい点として、具体的にどんなことを挙げているだろうか。三つに分けて答えなさい。

例
・履き物にドアが引っかかる心配をしなくてよいこと。
・土間に水勾配をとると、水はスムーズに流れ出すこと。
・隙間風やほこりをシャットアウトできること。

よい点は、それぞれ内開きのドアの欠点と対応している。

外開き＝日本人の生活様式に適した、現実的な解決
＝
・履き物を脱ぐ
・土間を水洗いしたい
・隙間(すきま)風（や、ほこり）を嫌う

3 玄関ドアの設計についての筆者の考え 教 P.98・1行め〜7行め

◆筆者の考え

日本の現役の住宅設計者の一部
…内開きの「いらっしゃいませ」感覚にこだわる
いろいろと工夫→玄関ドアを内開きに設計

↔

筆者…現実的な解決→玄関ドアを外開きに設計

理由
内開きのドア
「いらっしゃいませ」—一つの解釈（第一の解釈）
もう一つの解釈も成り立つ

①「なぜ日本の玄関のドアは外に開くのか」という問いに、「日本人の生活様式」という言葉を使って答えなさい。

例 外に開くほうが、日本人の生活様式に適しているから。

はじめに筆者があげた二つの理由が、どちらも「日本人の生活様式」の一部である点を捉える。

②「内開きの『いらっしゃいませ』感覚に断固としてこだわっている」とあるが、これは具体的にどういうことを言っているのだろうか。

例 いろいろと工夫をしてまで、「いらっしゃいませ」と客を招き入れるように開く、内開きの玄関扉を作ること。

「『いらっしゃいませ』感覚」とは、内開きのドアは「客を招き入れる」ドアであると考える解釈のこと。「いろいろと工夫をして」というところに、「こだわる」様子が表れている。

③筆者が、玄関ドアを外開きに設計し続けているのはなぜだろうか。

例 内開きのドアには、「いらっしゃいませ」感覚とは別の、もう一つの解釈も成り立つと思っているから。

内開きのドアを作る人は、「いらっしゃいませ」感覚という解釈にこだわっているのだが、別の解釈も成り立つと考えている筆者には、そのこだわりがないのである。

4 ドアの開き方についての第二の解釈

教 P.98・8行め～P.99・9行め

◆内開きのドアと外開きのドアの対比
（侵入しようとする人がいる場合）

○内開きのドア
・押し返せば開かない
・直接的な闘争の表現
・外来者を敵として拒む

⇕ 対照的な関係

○外開きのドア
・ドアを引っぱり合う
→さまにならない

◆第二の解釈

事実＝欧米のドア―内開き
理由づけ＝外部からの侵入を防ぐ
闘争の表現
主張＝欧米―外来者を敵として拒む文化

○内開きのドア＝外敵の侵入を防ぐため

ヨーロッパ的な考え方を反映 →
＝
自分の領域を明確に示す
敵対的な存在を締め出す

①筆者は、ドアが内側に開く欧米の文化をどんな文化だと考えているのだろうか。

例 外来者を敵として拒む文化。
内開きのドアを選んだ欧米の文化は、見方によっては「外来者を客として招き入れる文化」とも解釈できるし、「外来者を敵として拒む文化」とも解釈できるのである。

②「直接的な闘争の表現」とはどういうことだろうか。

例 ドアを挟んで、外からの力と内からの力がぶつかり合うこと。
内開きのドアの「いらっしゃいませ。」と客を招き入れるように開くのとは対照的な、もう一つの一面を述べている。

③欧米人が「外敵の侵入を防ぐため」に内開きのドアを選択したのは、欧米人のどんな考え方を反映していると筆者は考えているのだろうか。

例 自分の領域を明確に示し、敵対的な存在を厳しく締め出そうとする考え方。
「ドアの開き方」の背後に、文化的な考え方が横たわっているという筆者の考え方を捉える。日本の引き戸や外開きのドアについても、筆者はそれらの背後にあるものを探っている。

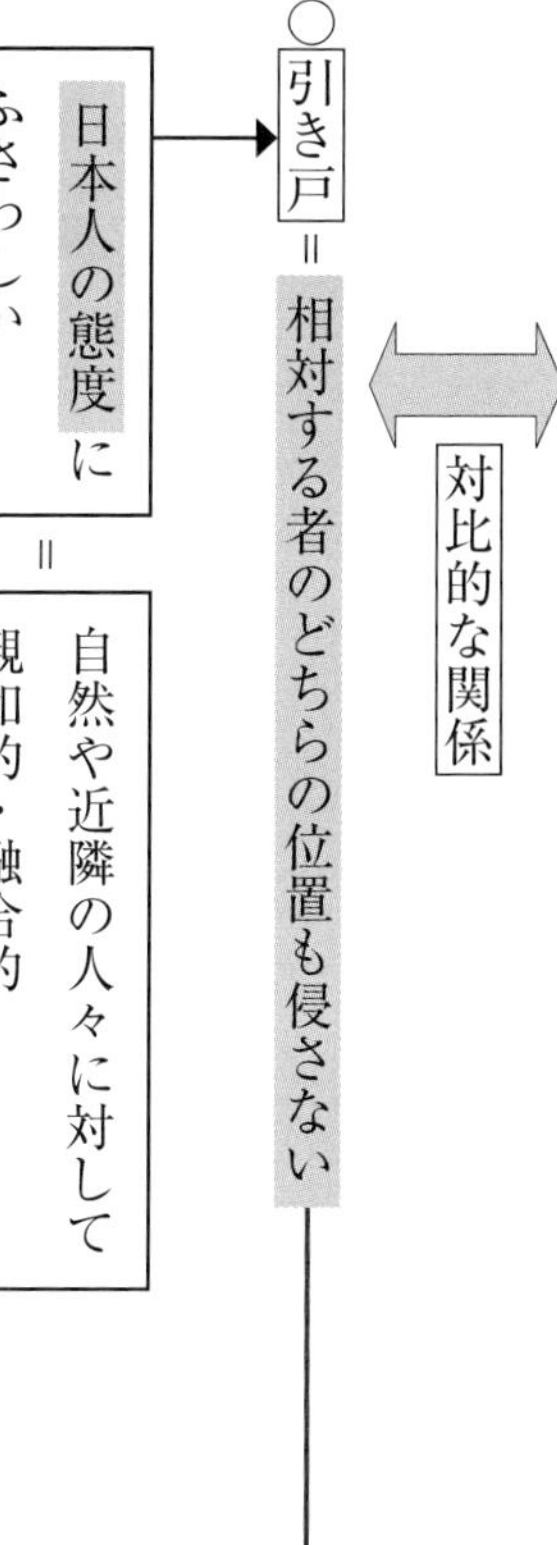

○引き戸
＝
相対する者のどちらの位置も侵さない
対比的な関係
日本人の態度にふさわしい
＝
自然や近隣の人々に対して親和的・融合的

5 外開きのドアと日本の生活習慣　教 P.99・10行め～P.100・12行め

筆者の主張
ドア（履き物や水はけの問題は別としても）外に開く（外開き）ほうが日本の生活習慣に適している

事実
日本人は、玄関口からかなり離れて、ドアや引き戸が開かれるのを待つ

理由づけ
おじぎをするために距離をとる
外開きのドアの外に立っていても、押しのけられるとは感じていないのでは？

① 「相対する者のどちらの位置も侵さ」ないとあるが、このような引き戸の特徴は何にふさわしいと述べているだろうか。

例　自然や近隣の人々に対して親和的、融合的な日本人の態度。

日本の引き戸の背後には、日本人の自然や近隣の人々に対する態度がある。

② 「日本の生活習慣」とあるが、ここでの「日本の生活習慣」とは、どんな事実のことだろうか。

例　玄関口からかなり離れてドアや引き戸が開かれるのを待つという事実。

直前に「履き物や水はけの問題を別にしても」とあるのに注意する。

③ 教 P.99・12行め「ドアは……日本の生活習慣に適しているのではないか」と筆者が主張するのは、なぜだろうか。

例　おじぎをするため戸口から距離をとる日本人は、握手をする欧米人とは違って、外開きのドアの外に立っていても、押しのけられるとは感じていないだろうから。

「日本人が戸口から距離をとるのは、おじぎをするためであること」と「外開きのドアに押しのけられるとは感じていないだろう」ということを関連づける。

学びの道しるべ

▼教科書 P.102〜103

1 「玄関ドアの外開き」が、「日本人の生活様式に適した、現実的な解決ということになろう。」（97ページ・17行め）と筆者が述べる理由をまとめよう。
↓P.78①③

2 「内開きのドア」は、「ヨーロッパ的な考え方を反映しているのだろう。」（99ページ・5行め）と筆者が述べる理由をまとめよう。
↓P.80①③

3 「日本人は外開きのドアの外に立っていても、押しのけられる、とは感じていないのではないだろうか。」（100ページ・10行め）という筆者の考えについて、それを支える事実と理由づけを捉えよう。

〈事実〉↓P.81②　〈理由づけ〉↓P.81③

4 「引き戸」についての論述（99ページ・6行め〜9行め）が果たしている役割について考えよう。

■解答例■

引き戸の論述によって、日本人は自然や近隣の人々に対して親和的、融合的であったと述べ、前の段落で述べられている欧米の文化や考え方と対比している。もし引き戸についての論述がなければ、この対比は成立しない。また、日本のドアや〝挨拶距離（きょり）〟に話題を移す役割もある。

5 「日本人は外開きのドアの外に立っていても、押しのけられる、とは感じていないのではないだろうか。」（100ページ・10行め）という筆者の考えに納得できるかできないか、自分の考えを二〇〇字程度でまとめよう。

■解答例1■

私は、筆者の考えに納得できる。外開きの場合、来客があってドアを開けるとき、家から外へ一歩出ることになる。そのとき、まるで、歓迎（かんげい）するように客の方に近づいていくことになるので、客はうれしく感じると思う。また、客を迎える側が家から外へ出て、客を先に通すことで相手を大切に思っていることを間接的に伝えることができる。このように外開きのドアを通して感じられることや伝えられることがあると思う。

■解答例2■

雨の日や荷物を持っているときには、早く中に入りたいので、ドアから離（はな）れるのが手間に感じ、どうしてもドアのそばに立ってしまうことが多い。私は以前、家の中からあけてもらったドアにぶつかったことがある。外開きの方が生活様式に適した現実的な解決策としてよいことも多いかもしれないが、荷物を持っていたり雨が降っていたりする場合は、必ずしも外開きの方がよいとは言えないと思う。だから私は、筆者の考えに納得できない。

重要語句の確認

▼96ページ

2 **例外なく**　すべての場合に当てはまる様子。

8 **明快**　筋道が明らかですっきりしていること。

10 **もちろん**　いうまでもなく。

▼97ページ

1 **絡む**　まつわる、まといつく。離れずにまきつく。

1 **スムーズ**　なめらかな様子。物事や動作が円滑に進む様子。

1 **排出**　中にたまっているいらないものを外へ押し出すこと。

4 **下端**　下の方の端。対 上端

4 意 **難点**　悪いところ。類 欠点・きず

12 **兼ねる**　あることだけでなく、他の物事もあわせてふくめる。

15 **シャットアウト**　閉めだすこと。

▼98ページ

1 **現役**　現にある職務に従事して活躍している人。

1 **断固**　決意がかたく変わらない様子。

3 意 **執念**　思い込んで一筋に思う心。

3 意 **ほとほと**　すっかり。類 つくづく

13 **阻止**　さまたげて、やめさせること。

▼99ページ

1 **闘争**　たたかい争うこと。

2 **拒む**　応じない。拒否する。

4 **めぐらす**　囲ませる。取り巻かせる。

7 **相対する**　互いに向かい合う。

8 意 **親和**　親しみ結びつく様子。

9 **融合的**　とけて一つになる様子。

▼100ページ

2 **心がまえ**　心にかけて待ち受けていること。心の用意。

6 **トラブル**　いざこざ。厄介なこと。

読み方を学ぼう　三角ロジック　教P.104~105

ある「事実」があっても、そこから直接的に「主張」が生まれるわけではない。事実と主張のあいだには、その二つをつなぐ「理由づけ」が必要である。理由づけが異なると、同じ一つの事実から、違った主張が生まれることもある。

したがって、文章を読むときには、筆者の「主張」と、その根拠となる「事実」と「理由づけ」を読み分けるようにするとよい。また、自分で文章を書くときにも、根拠となる事実を挙げ、説得力のある理由づけを行うようにしよう。

三角ロジックの例

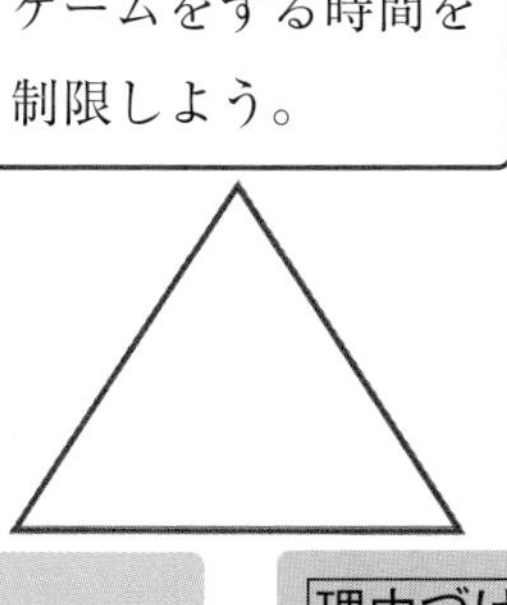

主張
ゲームをする時間を制限しよう。

事実
パソコンゲームに依存してしまう若者が増えているというデータがある。

理由づけ
時間を決めることで、ゲームに依存することを防ぐことができると思うから。

新出漢字のチェック ✓

ページ	漢字	画数	筆順	読み	用例	級
96	玄 ×「亠」	5画	丶 亠 ㄠ 玄 玄	ゲン	玄関扉を開ける／玄米茶／幽玄体（ゆうげんたい）	4級
96	扉（ハラウ トメ）	12画	一 戸 戸 戸 戸 戸 扉 扉 扉 扉 扉 扉	＊ヒ／とびら	開扉する／玄関扉を開ける／扉絵・回転扉	準2級
96	欧 ×「父」	8画	一 ア ヌ 区 区 区 欧 欧	オウ	欧米文化／欧州連合（＝EU）／欧風料理	3級
96	押 ×「申」	8画	一 扌 扌 扌 扣 押 押 押	＊オウ／お-す／お-さえる	押収・押韻（おういん）／人を押しのける／紙を押さえる	4級
96	履 ×「イ」	15画	一 尸 尸 尸 屆 屆 屆 履 履 履	リ／は-く	不履行・履歴書／草履／履き物を選ぶ	準2級
96	脱	11画	丿 月 月 月 月 肸 肸 脱 脱	ダツ／ぬ-ぐ／ぬ-げる	脱出・脱税・脱字／上着を脱ぐ／靴（くつ）が脱げる	4級
96	般 ×「㕣」	10画	ノ 丿 月 舟 舟 舟 般 般 般	ハン	一般の傾向／一般教養／全般	4級
97	排（ハラウ トメ）	11画	一 扌 扌 扌 扌 排 排 排 排	ハイ	水を排出する／排除・排他的	3級
97	避	16画	㇇ コ 尸 尸 尸 辟 辟 避 避	ヒ／さ-ける	避難・退避／避難する／争いを避ける	4級
97	床 ×「大」	7画	丶 亠 广 广 庁 床 床	ショウ／とこ／ゆか	温床・病床／床に就（つ）く／床をみがく	4級
97	嫌	13画	く 女 女 女 女 婥 嫌 嫌 嫌 嫌	ケン／ゲン／きら-う／いや	自己嫌悪（けんお）／機嫌を損（そこ）なう／運動を嫌う	準2級
98	執 ×「丸」	11画	一 十 土 土 查 幸 幸 執 執 執	シツ／シュウ／と-る	執筆・執刀医／執念深い／事務を執る	4級
98	釈 ×「采」	11画	ノ ベ 卩 平 平 采 釈 釈 釈	シャク	解釈・釈然・注釈／会釈（えしゃく）	4級
98	侵 ×「日」	9画	ノ イ 仁 伊 伊 侵 侵 侵	シン／おか-す	侵略／泥棒（どろぼう）が侵入する／病に侵される	4級
98	棚 ×「冊」	12画	才 木 杊 杊 柵 棚 棚 棚 棚	たな	戸棚にしまう／本棚（＝書棚）／棚田	準2級
99	頑	13画	一 元 元 元 頑 頑 頑 頑 頑	ガン	頑固な父／頑強な反対運動／頑として自説を通す	準2級

同訓異字に注意しよう。

「執る」は「実行する」、「採る」は「選んでとる」ときに使われるよ。

新出音訓の確認

ページ98 役 エキ 現役

ページ99 軽 かろ-やか 軽やか

漢字	画数	筆順	読み	用例	級
拒 ×「巨」	99 8画	一 十 扌 打 扌 扫 拒 拒	キョ こば-む	提案を拒否する 拒否反応 要求を拒む	準2級
壁 ×「玉」	99 16画	尸 吕 吕' 启 辟 辟 辟 辟 壁	ヘキ かべ	壁面・岸壁 壁をよじ登る 壁に耳あり	4級
締 ハネ	99 15画	糸 糸 紅 紵 紵 紵 紵 締 締	テイ し-まる し-める	条約の締結 違反を取り締まる 客を締め出す	3級
徴 ×「兀」	99 14画	彳 彳' 徉 徉 徉 徉 徴 徴 徴	チョウ	特徴のある声 国を象徴する花 徴兵制度	4級
隣	99 16画	阝 阝' 阝米 阝米 隊 隊 隊 隊 隣	リン とな-る となり	近隣諸国 隣り合う 右隣の家	4級
融 ×「十」	99 16画	一 戸 戸 鬲 鬲 鬲 鬲 融 融	ユウ	融解 融合・金融機関 融通がきく	準2級
距	99 12画	丶 口 早 足 足 趴 距 距 距	キョ	距離(きょり)をおく 最短距離 長距離バス	4級
握 ハネ	99 12画	扌 扌 扌 护 护 握 握 握 握	アク にぎ-る	握手を交わす 権力を掌握(しょうあく)する 弱みを握る	4級
慌	100 12画	忄 忄 忄 忄 忄 怅 忙 慌 慌	*コウ あわ-てる あわ-ただしい	恐慌(きょうこう) 少し慌てる 慌ただしい日々	3級
普 ×「立」	100 12画	丶 丷 丷 並 並 並 普 普 普	フ	普通(⇔特別) テレビの普及(ふきゅう) 普遍(ふへん)的	4級
軌 ×「丸」	100 9画	一 厂 冂 亘 亘 亘 車 軌 軌	キ	軌跡を描く 軌間・狭軌(きょうき) 軌道	3級
跡	100 13画	丶 口 口 早 足 足' 趴 跡 跡	セキ あと	奇跡・筆跡・軌跡 遺跡を発掘(はっくつ)する 立つ鳥跡を濁さず	4級
挨	100 10画	一 十 扌 扌 扌 扌 挨 挨 挨	アイ	朝の挨拶	2級
拶 ×「巛」	100 9画	一 十 扌 扌 扌 扌 拶 拶	サツ	挨拶状を出す	2級

注 同音異義語に注意しよう。

「軌」を使った「軌跡」は「物や人がたどってできた跡」、「奇跡(きせき)」は「驚(おどろ)くべきこと」という意味だよ。

論理的に考える

言葉発見③ 接続する語句・指示する語句

教科書 P.106～107

内容を確認して、整理しよう

接続する語句

◆接続する語句とは

文と文との間の論理的な意味のつながりを、はっきりとわかるように示す語句。

◆接続する語句の種類

●**順接**（だから・したがって・それで・すると・そこで……）

前に述べた事柄があとに述べる事柄の原因や理由になる場合に使う。

例 がんばって練習した。だから、試合に勝った。

●**逆接**（しかし・ところが・だが・けれども・でも……）

あとに述べる事柄が前に述べた事柄と逆になることを表す。

例 がんばって練習した。しかし、試合に負けた。

●**並立・累加**（また・そして・それから・しかも・および……）

前に述べた事柄に、あとに述べる事柄を並べたり、つけ加えたりする場合に使う。

例 寒い。しかも、風が強い。

●**説明・補足**（つまり・すなわち・なぜなら・なぜかというと・例えば・ただし……）

前に述べた事柄を、あとに述べる事柄でまとめたり、補ったりする場合に使う。

※「つまり」「すなわち」は、まとめる場合に使う。「なぜなら」「なぜかというと」は、理由を補ったりする場合に使う。

例 あの人は、私の母の弟だ。つまり、私の叔父だ。

●**対比・選択**（または・あるいは・それとも……）

前に述べた事柄と、あとに述べる事柄を比べたり、比べて選んだりする場合に使う。

例 コーヒーにしますか。それとも、紅茶にしますか。

●**転換**（さて・ところで・では・ときに……）

前に述べた事柄から話題を変えて、あとに続けることを表す。

例 発表は、上手にできた。ところで、ここはずいぶん暑いね。

接続する語句は、文と文だけでなく、語と語や、段落と段落のつながりを示すこともあるよ。

指示する語句

◆指示する語句とは
目に見える物や場所などを示したり、主に文中の言葉や内容を指し示したりする言葉。

◆「この」「それ」など＝「こそあど言葉」

◆こそあど言葉

	近称（きんしょう）	中称（ちゅうしょう）	遠称（えんしょう）	不定称（ふていしょう）
事物	これ	それ	あれ	どれ
場所	ここ	そこ	あそこ	どこ
方向	こちら	そちら	あちら	どちら
	こっち	そっち	あっち	どっち
状態	こんな	そんな	あんな	どんな
	こう	そう	ああ	どう
指定	この	その	あの	どの

※ 指示する語句は、前で述べた言葉や内容を指し示している場合が多い。

例 道に石が落ちていた。私は、急いでそれを拾った。
「それ」は「道に落ちていた石」を指し示している。

※ 指示する語句が、あとにくる言葉や内容を前もって示す場合もある。

例 兄は、笑いながらこう言った。

「心配いらないよ。」

「こう」は「心配いらないよ。」という言葉を示している。

※ 指示する語句は、前で述べた事柄（ことがら）を指し示している場合もある。

例 とっくに約束の時間が過ぎていたが、読書に夢中でそれに気づかなかった。
「それ」は「約束の時間が過ぎていたこと」を指し示している。

※ 「前者」「以上」などのように、こそあど言葉以外の言葉を使う場合もある。

例 アンケートの結果は、賛成派と反対派がほぼ同数であった。それぞれの主張としては、前者は主に経済的な面から、後者は主に環境的な面から、意見を述べている。
「前者」は「賛成派」、「後者」は「反対派」を指し示している。

指示する語句が指し示す内容は、直前の言葉であることが多いよ。ただし、例外もあるので気をつけよう。

論理的に考える

スピーチ　構成を工夫して魅力を伝える

教科書 P.108～111

内容を確認して、整理しよう

【スピーチとは？】

●一人の話し手が、人々へ向けて自分の考えなどを話すこと。

●情報を伝えたり、行動を促したり、お互いの理解を深めたりすることなどが目的。

●自分の声を通して直接思いや考えを伝えることで、書き言葉とは違った印象を聞き手に残すことができる。

【スピーチのやり方】

1 スピーチの内容を考える

◆内容を決めるときのポイント

・自分が伝えたい話題は何かを考える。

・紹介する物事や人物について、そのよさや特徴などがよく伝わる内容を考える。

2 スピーチの構成を考える

◆構成を考えるときのポイント

① 呼びかけから始めたり、身近な話題から始めたりなど、冒頭部分を工夫する。

② その話題を選んだ理由を明確にする。

③ 内容を取捨選択したり、並べ替えたりして、構成メモを作ることで、最も伝えたいことが何かを明確にする。

④ 読み上げるための原稿を書くのではなく、話したいことや話す順序、表現の工夫などもまとめておく。

⑤ スピーチの時間に合わせて、話す分量を決めておく。

3 グループでスピーチを行う

◆スピーチを行うとき、聞くときのポイント

・四、五名のグループやクラスメート全員の前で、一人ずつスピーチを行う。

・話す速度・声の大きさ・間のとり方・身振り・表情・視線などにも気を配る。

・話し手は、聞き手に言葉を届けるようにスピーチする。

・聞き手は、話し手が伝えたいことは何かを意識して聞き、必要に応じてメモを取り、感想や質問などを考えておく。

・スピーチが終わったら、感想を伝え合い、互いに評価し合う。

話題を変えて何度かスピーチを経験し、人前で自分の考えを伝える力を身につけよう。

言葉

論理的に考える

漢字を身につけよう❹

教科書 P.112

携 ページ112 13画 ×「及」
扌 扌 扌 扌 扌 扌 扌 扌 扌 携 携 携 携
ケイ たずさ-える たずさ-わる
連携協定・提携
手土産を携える
教育に携わる
3級

援 112 12画
扌 扌 扌 扌 扌 扌 扌 扌 扌 援 援 援
エン
応援・後援会
救援部隊を求める
資金を援助する
4級

惜 112 11画
忄 忄 忄 忄 忄 忄 忄 惜 惜 惜 惜
セキ お-しい お-しむ
惜敗・哀惜（あいせき）の念
惜しくも敗退する
寸暇（すんか）を惜しむ
3級

甘 112 5画
一 十 卄 甘 甘
カン あま-い あま-える あま-やかす
甘美な夢
甘いケーキ
母に甘える
4級

菓 112 11画 ×「艹」
一 艹 艹 芦 苜 苜 苜 荁 草 菓 菓
カ
駄菓子
製菓業に携わる
名菓・干菓子（ひがし）
4級

粋 112 10画 ×「木」
丶 丷 ⺌ 半 米 米 粋 粋 粋 粋
スイ いき
純粋な若者
生粋（きっすい）の江戸（えど）っ子
小粋な和服姿
3級

衡 112 16画 ×「⺈」
彳 彳 彳 衎 衎 衎 衡 衡 衡 衡
コウ
勢力が均衡する
平衡器官
準2級

啓 112 11画 ×「攵」
一 ヨ 戸 戸 戸 所 敀 啓 啓 啓 啓
ケイ
拝啓（⇔敬具）
自己啓発・啓示
一筆啓上
3級

漫 112 14画 ×「目」
氵 氵 氵 氵 氵 氵 渇 渇 温 温 漫 漫
マン
漫画・漫談家
4級

充 112 6画 ハネ
丶 亠 士 亠 𠫓 充
ジュウ *あ-てる
欠員を補充する
拡充・充足・充実
交通費に充てる
準2級

哲 112 10画
一 十 扌 扌 扌 扩 折 折 哲 哲
テツ
哲学を学ぶ
変哲のない毎日
賢哲（けんてつ）・英哲
3級

掘 112 11画 ハネ
扌 扌 扌 扌 扌 扌 扌 掘 掘 掘 掘
クツ ほ-る
石油の採掘・試掘
掘削（くっさく）作業
話を掘り下げる
4級

注 形の似た漢字に注意しよう。
「掘」と字形の似た漢字には「堀」がある。左側の違いに注意しておこう。

籍 112 20画 ×「耒」
ノ 𥫗 竹 笋 筆 筆 籍 籍 籍 籍 籍
セキ
書籍を出版する
在籍・除籍
国籍の取得
3級

恐 112 10画 ×「奴」
一 T 工 刃 巩 巩 巩 恐 恐 恐
キョウ おそ-れる おそ-ろしい
恐怖・恐竜（きょうりゅう）
恐れ多い
恐ろしい夢
4級

新出漢字

怖　112ページ　8画（トメ）
- フ　こわ-い
- 恐怖に震え上がる／高所恐怖症（きょうふしょう）／雷が怖い
- 4級

殊　112ページ　10画（×「歹」）
- シュ　こと
- 特殊な事情（⇔一般・普通）／寒さが殊に厳しい
- 3級

措　112ページ　11画（ハネ）
- ソ
- 適切な措置／端正（たんせい）な挙措
- 3級

顕　112ページ　18画
- ケン
- 顕微鏡で見る／自己顕示／顕在（⇔潜在）
- 準2級

驚　112ページ　22画
- キョウ　おどろ-く　おどろ-かす
- 驚異的な記録／驚くほどの見栄え（みばえ）／周囲を驚かす
- 4級

胞　112ページ　9画（×「匕」）
- ホウ
- 細胞が分裂（ぶんれつ）する／胞子をとばす／異国で同胞に会う
- 3級

新出音訓の確認

ページ	漢字	読み	用例
112	泣	キュウ	号泣
112	経	キョウ	経をあげる
112	丁	テイ	丁重
112	守	もり	子守
112	字	あざ	字
112	境	ケイ	境内
112	内	ダイ	境内
112	昔	シャク	今昔
112	朗	ほが-らか	朗らかな性格

教科書問題の答え

1
① れんけい
② おうえん　せきはい
③ あま　かし
④ じゅんすい
⑤ きんこう
⑥ はいけい
⑦ まんが　じゅうじつ
⑧ てつがく　ほ　しょせき
⑨ きょうふ
⑩ とくしゅ　そち
⑪ けんびきょう　おどろ
⑫ さいぼう

2
① きゅう　② きょう
③ てい　④ もり
⑤ あざ　⑥ けいだい
⑦ じゃく　⑧ ほが

古典に学ぶ　解説・古文

月を思う心／竹取物語

教科書 P.114～129

内容を確認して、整理しよう

◆月を思う心

月　・空に浮かぶ「月」……満月　半月　三日月
　　・暦としての「月」……一月　二月　半月

月月に月見る月は多けれど
月見る月はこの月の月

（月月［暦］月ごと　月［空］　月［暦］　月［空］　月［空］　月［暦］月　月［空］名月）

［空］空に浮かぶ月
［暦］暦としての月

◆竹取物語

昔、竹取の翁という者がいた。あるとき、竹の中に小さな女の子を見つけた翁は、嫗と二人でその子を育てることにした。女の子は、三月ばかりで美しい一人前の娘へと成長し、かぐや姫と名づけられた。五人の貴公子が姫に求婚したが、みな、姫の要求する品を手に入れられず、求婚は全て失敗に終わった。姫は、宮中に入るようにとの帝の要求にも応じなかった。ある日、姫は、「私は月の都の者で、八月十五日には、月からの迎えが来ます。」と翁に打ち明けた。翁の依頼で、姫を守るために帝から二千人の兵が派遣されたが、月から天人がやってくると、全く役に立たなかった。姫は、手紙と不死の薬を帝に残し、天へと昇った。帝は、姫を失った悲しみを歌に詠み、その歌と不死の薬を、駿河の国にある天に近い山の頂上で燃やすようにと命じられた。命令を受けた多くの兵士がその山に登ったので、その山は士に富む山、富士の山（不死の山）と呼ばれるようになった。

登場人物についてまとめよう

登場人物	行動	想像される性格
かぐや姫	・貴公子の求婚を退ける。 ・帝の願いにも応じない。 ・別れのときに翁と嫗や帝に思いやりのある手紙を書く。 ・天の羽衣を着ると、地上でのことを忘れたようになる。	・地上の世界では、思いやりのある優しい人物。 ・天の羽衣を着ると、人物が変わる。
竹取の翁	・かぐや姫を育てる。 ・月から迎えがくるという話を聞くと、怒ったり、泣いたりする。 ・帝に兵を派遣するよう頼む。 ・かぐや姫との別れのあと、病床にふせる。	・かぐや姫への愛情が最も強い人物。 ・怒りを見せる、激しい一面もある。
くらもちの皇子	・偽りの「玉の枝」を持参する。 ・嘘の歌を詠む。	・ずるい。 ・嘘が上手。
帝	・かぐや姫を宮中に呼び入れようとする。 ・姫を守るための兵士を派遣する。 ・不死の薬を燃やすよう命じる。	・姫への静かな愛情をもっている。 ・未練を断ち切る意志の強さがある。

まとまりごとの展開を確認しよう

1 竹取の翁が見つけたかぐや姫

教 P.117・1行め～P.118・6行め

◆竹取の翁

・どんなことをする人？ → 野山にまじりて竹を取りつつ、よろづのことに使ひけり。（野山に分け入って竹を取っては、いろいろなことに使っていた。）

・名前は？ → さぬきの造

○女の子を見つけるまで

「もと光る竹」（根もとの光る竹）があった。
「筒の中光りたり（筒の中が光っている）。」
「三寸ばかりなる人（三寸ほどの大きさの人が）」

↑「不思議さ」の強調

・「いとうつくしうてゐたり」（たいそうかわいらしい様子で座っている）。

○女の子を見つけたあと

翁は、黄金の入った竹を見つけるようになった。
女の子は、三月ばかりで一人前の娘になった。
輝くばかりの美しさ
家の中は光に満ちる
見るだけで、気分が悪く苦しいことも吹き飛ぶ

← 女の子のもつ「不思議な力」の暗示

◆女の子の名前…かぐや姫

ポイントを確認しよう

① 「竹取の翁」の名前と、どんなことをしている人かを答えなさい。

例 「さぬきの造」という名前で、野山に分け入って竹を取っては、いろいろなことに使っていた人物。

「名をば」に着目する。

② 「もと光る竹」、「筒の中光りたり」、「三寸ばかりなる人」などの表現は、女の子のどんな点を強調しているだろうか。

例 不思議な存在であるという点。

どれも現実ではありえない不思議なことである。「三寸」は、正確な数値ではなく、「とても小さいこと」を強調する表現。

③ かぐや姫が不思議な力をもっているらしいことは、どんなことから読み取れるだろうか。簡単に答えなさい。

例 ・翁が黄金の入った竹を見つけるようになったこと。
・かぐや姫が三月ばかりで一人前の娘になったこと。
・家の中が光に満ち、かぐや姫を見るだけで、翁の気分の悪さや苦しみが吹き飛んでしまうこと。

現実にはありえないことが書かれている箇所に注目する。

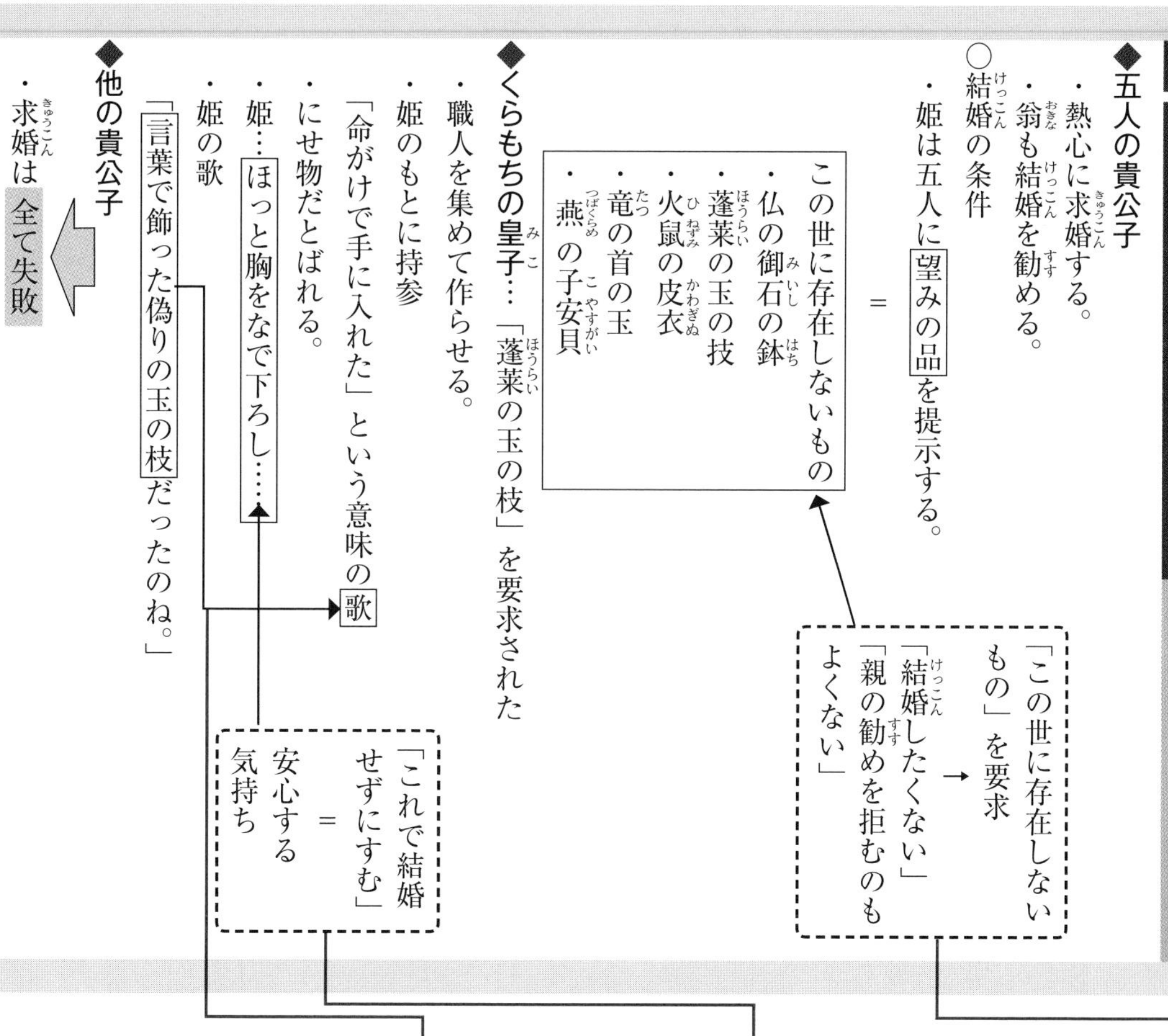

2 かぐや姫と五人の貴公子
教 P.118・7行め～P.119・12行め
◆五人の貴公子
・熱心に求婚する。
・翁も結婚を勧める。
○結婚の条件
・姫は五人に望みの品を提示する。
＝
この世に存在しないもの
・仏の御石の鉢
・蓬萊の玉の技
・火鼠の皮衣
・竜の首の玉
・燕の子安貝
「この世に存在しないもの」を要求
「結婚したくない」→
「親の勧めを拒むのもよくない」
◆くらもちの皇子…「蓬萊の玉の枝」を要求された
・職人を集めて作らせる。
・姫のもとに持参
「命がけで手に入れた」という意味の歌
・にせ物だとばれる。
・姫…ほっと胸をなで下ろし……
「これで結婚せずにすむ」＝安心する気持ち
・姫の歌
「言葉で飾った偽りの玉の枝だったのね。」
◆他の貴公子
・求婚は 全て失敗

①かぐや姫が結婚の条件に「この世に存在しないもの」ばかりを提示したのは、なぜだろうか。

例 結婚したくはないが、翁たちの勧めを一方的に拒むこともできないので、無理な条件を出すことで結婚しないですまそうとしたから。

教P.119・3行め～4行め「親の勧めを一方的に拒むのはどうかと思い、わざとあんな要求をしたのに……」にも着目する。

②「ほっと胸をなで下ろし」たときのかぐや姫は、どんな気持ちだったのだろうか。

例 これで結婚しないですむと安心した気持ち。

皇子の持参した玉の枝が本物だったら、結婚しなくてはならなかったが、偽りの玉の枝だったので、結婚はしないですむのである。

③「言葉で飾った偽りの玉の枝」とあるが、「言葉で飾った」とは、どういうことだろうか。

例 皇子が「命がけで見つけてきました」と言ったり、玉の枝に歌をつけていたりしたこと。

皇子は、偽りの玉の枝を、「命がけで見つけてきました」という言葉や歌で、さも本物らしく見せかけている。それを姫は、「言葉で飾った」と表現したのである。

3 かぐや姫の告白

教 P.119・13行め～P.120・14行め

◆帝

帝…姫を宮中に呼び入れたい

姫…応じない

○かぐや姫のもの思い…月を見て泣く

○かぐや姫の告白

姫
- 私は月の都の者。
- 今月（八月）十五日に迎えが来る。
- 翁と嫗が嘆くのが悲しくて、自分も嘆き悲しんでいた。

翁
- わが子を誰が迎えるというのか。
- 絶対に許せない。

姫
- 私の父母は月の都の人。
- 私にはどうにもならない。

翁 姫はわが子だ。（怒り・悲しみ）
⇔
姫 父母は月の都の人。（諦め・悲しみ）

○翁の願い

翁…急に老けてしまっていた。

- （帝からの使者に）ご家来を派遣して守ってください。

帝の力を借りてなんとしてでも姫を地上にとどめたい。

①かぐや姫が月を見て、もの思いにふけり、泣きさえしたのは、なぜだろうか。

例 月から迎えが来る日が近づき、翁と嫗が嘆くと思うと悲しかったから。

八月十五日に近い夜のかぐや姫の告白で、その理由が明かされている。

②かぐや姫の告白を聞いた翁と、翁の言葉を聞いたかぐや姫は、それぞれどのような考えや気持ちだったのだろうか。

例
- 翁……かぐや姫をわが子と考えているので、悲しみと怒りを感じて、姫を決して手放さないと考えている。
- かぐや姫……自分の本当の父母は月の都の人だと考え、翁との別れを悲しみつつも、どうにもならないことだと諦めている。

別れに対して悲しみを感じているという点では二人は共通しているが、翁は「絶対に許せません」と怒りを示し、姫は「どうにもならないことなのです」と諦めている。

③翁が急に老けてしまっていたのは、なぜだろうか。

例 かぐや姫を失うかもしれないという悲しみと怒りで、打ちのめされてしまったから。

翁の様子の変化は、姫の告白を聞いたショックによるものである。

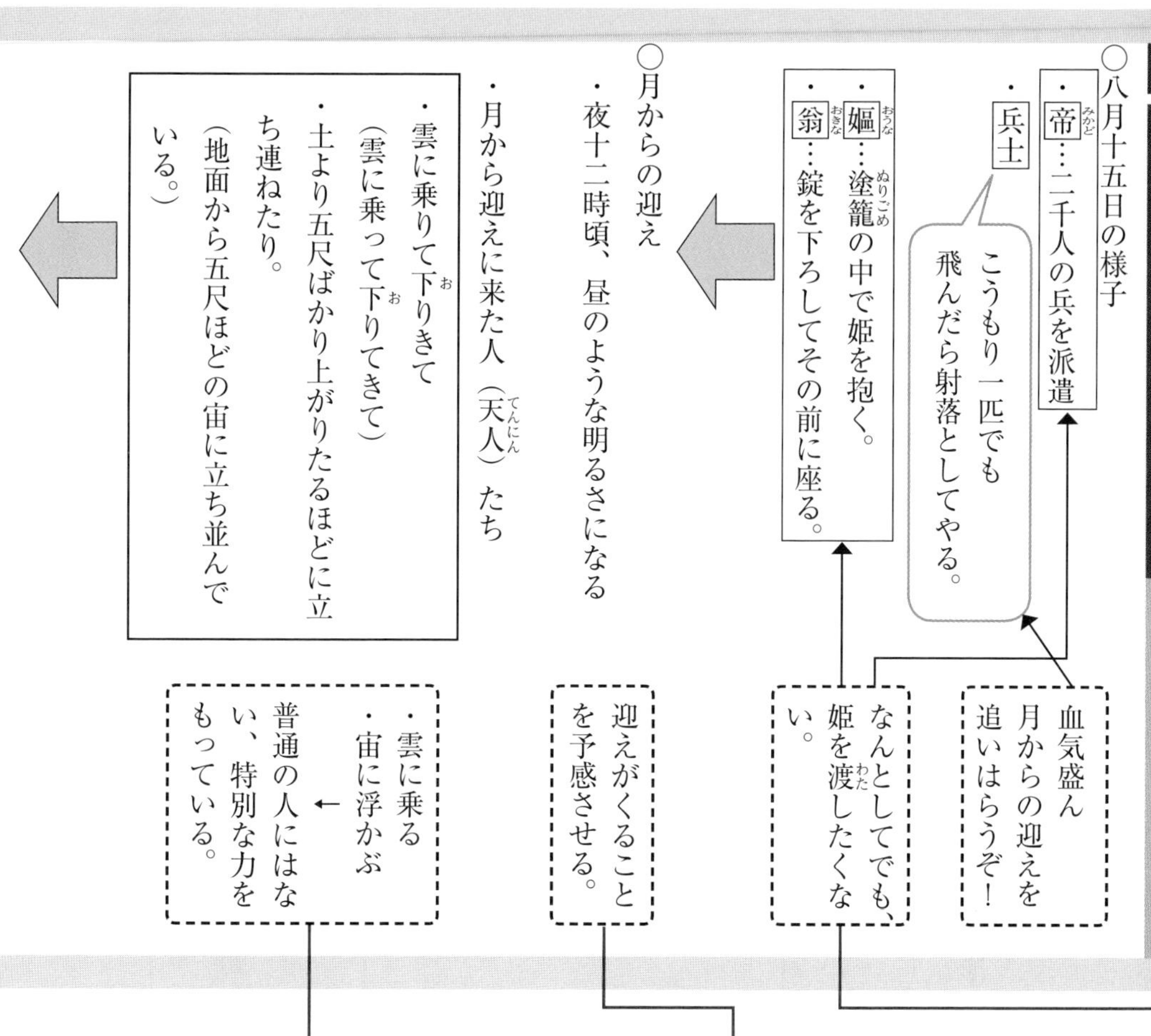

4 月からの迎え
教 P.120・15行め〜P.121・13行め
○八月十五日の様子
・帝…二千人の兵を派遣
・兵士
こうもり一匹でも飛んだら射落としてやる。
・嫗…塗籠の中で姫を抱く。
・翁…錠を下ろしてその前に座る。
血気盛ん 月からの迎えを追いはらうぞ！
なんとしてでも、姫を渡したくない。
○月からの迎え
・夜十二時頃、昼のような明るさになる
・月から迎えに来た人（天人）たち
迎えがくることを予感させる。
・雲に乗りて下りきて（雲に乗って下りてきて）
・土より五尺ばかり上がりたるほどに立ち連ねたり。（地面から五尺ほどの宙に立ち並んでいる。）
・雲に乗る
・宙に浮かぶ
← 普通の人にはない、特別な力をもっている。

①翁と嫗の行動から、どんな気持ちが読み取れるだろうか。

例 なんとしてでもかぐや姫を渡したくないという気持ち。

塗籠は、土壁で囲まれた部屋である。しっかりした壁の部屋にかぐや姫を入れて錠を下ろしたことから、翁たちのかぐや姫を渡したくない気持ちがわかる。同じように、かぐや姫を地上の世界にとどめて、月の世界にはもどしたくないという気持ちは、二千人の兵士を派遣した帝の行動にも表れている。

②教P.121・2行め「夜十二時頃、辺りが急に昼のような明るさになった」とあるが、このことは、どんなことを予感させるだろうか。

例 月からの迎えがやってくること。

夜十二時という真夜中に昼のような明るさになるということは、普通あり得ないことである。そこで、これから大きな事件が起きる、つまり、月からかぐや姫の迎えが来ることが予感される。

③天人たちが現れたときに、特別な力をもっていることがわかったのはどんな様子を見たからだろうか。

例 雲に乗って下りてきて、宙に浮かんでいる様子。

最初に登場する場面から、天人が特別な力をもっていることが強調されている。

○姫を守る人々の反応

・物におそはれたるやうにて、（物の怪に取りつかれたようで、）あひ戦はむ心もなかりけり。（戦おうという気持ちは失せてしまった。）	・弓矢を取ろうとしても、ぐったりとしてしまう。・力をこめて矢を射ようとするが、見当違いの方向に飛んでしまう。	・誰も彼も心はうつろになって、天人の一行を見守るばかり。

○天人たちの様子

・すばらしい衣装
・飛ぶ車を屋根の上に寄せて姫を呼ぶと、戸も格子も自然に開いた
・姫は外に出てしまった

心の変化

体の変化

天人たちが、特別な力をもっていることが読み取れる。

①天人たちが現れたとき、地上の人々の心には、どんな変化が起きたのだろうか。現代語で答えなさい。

例　物の怪に取りつかれたようで、戦おうという気持ちが失せて、すっかりうつろになってしまった。

心の変化について書かれているところに注目する。

②天人たちが現れたとき、地上の人々の体には、どんな変化が起きたのだろうか。現代語で答えなさい。

例　手に力が入らずぐったりとしてしまい、力をこめて矢を射ようとしても、見当違いの方向に飛んで行ってしまうようになった。

体の変化について書かれているところに注目する。

③天人たちの、地上の人間にはない特別な力が物にはたらいて起きたできごとは、どんなことだろうか。現代語で答えなさい。

例　天人たちが飛ぶ車を屋根の上に寄せて姫を呼ぶと、家の戸も格子も自然に開いたこと。

かぐや姫を守る人々の心や体に起きた変化も、天人たちの力のせいであるが、ここでは「物にはたらいて」とあるので、家の戸や格子に起きたできごとを答える。

5 月に帰るかぐや姫

教P.122・1行め～P.124・14行め

◆姫の手紙1（翁と嫗へ）

・本意なくこそおぼえはべれ。（残念に存じます。）→悲しみ

・脱ぎ置く衣＝形見 →忘れないでほしい

・月のいでたらむ夜は、見おこせたまへ。（月が出た夜は見てください。）→忘れないでほしい

・空よりも落ちぬべき心地する。（空から落ちてしまいそうな気がします。）→悲しみ

◆姫の手紙2（帝へ）

・残念で悲しいことです。→悲しみ

・おそばにお仕えしなかったのもこのような身であったから。（月へ帰らなければならない身であったから。）

・歌 しみじみと思い出しています。→愛情

○不死の薬…歌に添えて（帝に届けるよう）頭中将に託す。

○天の羽衣を着る（心までも地上の人間とは変わってしまう。）

…「いとほし、かなし。」とおぼしつることも失せぬ。（翁のことを「気の毒だ、かわいそうだ。」とお思いになっていたことも消え失せてしまった。）→天に昇った。

○残された人々

・翁と嫗の場合

血の涙を流して嘆き悲しむ。

「もう何も意味がない。」（生きる意味を見失う。）

薬も飲まず、病床にふせってしまった。

→悲しみに耐えられない様子 最も強い悲しみ

① かぐや姫が「脱ぎ置く衣」を形見としたことや、「月のいでたらむ夜は、見おこせたまへ。」と言ったことから、かぐや姫のどんな気持ちが読み取れるだろうか。

例 翁と嫗に自分のことを忘れないでいてほしい、ときどきは思い出してほしいと願う気持ち。

形見に残す「脱ぎ置く衣」や月を見ることで、自分のことを思い出してほしいと願っているのだと考えられる。愛する人に忘れられたくないという気持ちは、現代に生きる私たちにも共通するものであろう。

② 教P.122・11行め「このような身」とは、どのような立場のことを言っているのだろうか。

例 月の都の人であって、月に帰らなければならないという立場。

帝の求婚を拒んだ理由を明らかにしている。

③ 「天の羽衣」には、どのような効果があるのだろうか。

例 着た人に地上でのことを忘れさせ、その心を変えてしまう効果。

それまで翁と嫗や帝に対して、愛情や別れの悲しみを見せていたかぐや姫が、天の羽衣を着ることによってそれまでのことを忘れたようになってしまった点に着目する。

○帝（みかど）
・歌「不死の薬などいったいなんになろう！」←姫を失った悲しみ
（姫に会えないなら、永遠の命などいらない！）
・天に近い山の頂上で、歌と不死の薬を燃やすよう命じられた。←未練を断ち切る

◆富士山の名前の由来
・多くの兵士が登ったから→士に富む山→富士山
・不死の薬を頂上で燃やしたから→不死の山→富士山

①帝（みかど）の歌と薬を燃やした山に「富士の山」という名前がついたのには、どんな由来があったからだろうか。二つ答えなさい。

例・帝（みかど）のご命令を受けた多くの兵士がこの山を登ったので、士に富む山ということから「富士の山」という名がついた。
・不死の薬を焼いたので、不死の山という名前から、「富士の山」という名がついた。
「兵士が多い（富む）」→「士に富む」→「富士山」という流れの由来と、「不死の薬を燃やした山」→「不死の山」→「富士山」という流れの由来との二つである。

学びの道しるべ

1 歴史的仮名遣いや古典の言葉に注意して音読し、登場人物の相互関係や物語のあら筋を捉えよう。→P.91・102

2 主な登場人物の言動から性格を想像し、それぞれの人物に対して感じたことを書こう。→P.91

3 この物語の中で、最も悲しんだのは誰か。理由とあわせて考えよう。

■解答例■
私は、この物語で最も悲しんだのは、竹取の翁（おきな）だと思う。

その理由は二つある。一つは、翁（おきな）はかぐや姫のことを「わが子」と呼び、本当の子のように育ててきたからだ。それほどかわいがっていたかぐや姫と別れ別れになってしまったのだから、その悲しみはとても深かったに違いない。

もう一つは、かぐや姫が月に帰ってしまったあとの翁（おきな）の様子が、悲しみに満ちているからだ。翁（おきな）は、「もう何も意味がない。」と言って、病床にふせってしまった。本当に生きる意味を見失ったように思われる。それも、悲しみの深さからに違いない。

▼教科書P.128

4 登場人物の心情や物語の展開について、約千年たっても変わらないと思うところや、現代とは異なっていると思うところを話し合おう。

■解答例1■

この物語には月の都が出てくる。昔の人は月を見上げ、月にある都のことを考えたのだろう。現代でも月にはうさぎがいる等の伝説があり、月を題材にした作品も生まれている。また、月からの使者が来るという展開も、現代のSF作品などでも見られる。同じように月を見上げ、月に思いをはせているところは、千年前も現代も変わらないと思った。一方で「竹取物語」の時代は月の満ち欠けに合わせた生活を送っていたが、現代は照明機器が発達し、生活を送るうえでの月との密接な関係は薄れている。

■解答例2■

大切な人のことを思う気持ちは、千年前も今も変わらないと思った。「竹取物語」には、かぐや姫と求婚者たちとの歌のやりとりが出てくる。現代でも変わらず、気持ちを伝えるときに同じようなことが行われている。ただ、千年前は気持ちを歌にして届けていたが、現代ではメールやSNSでメッセージを送る。手段の違いは、気持ちを伝え合うのにかかる時間も違うと思った。

重要語句の確認

▼116ページ

3 **平安時代** 桓武天皇が平安京に都を移してから鎌倉幕府が成立するまでの約四〇〇年間を指す。

5 **継ぐ** 絶えないように続ける。継承する。

8 **当時** （過去の）その時、その頃。

▼117ページ

下1 **翁** 男の老人。

下3 **野山** 野と山。丘陵。

下8 **筒** 中が空洞になっている、丸く細長いもの。

10 **籠** 竹や柳などの線状のもので編んだり組んだりした器もの。

10 **嫗** 女の老人。

▼118ページ

1 **黄金** おうごん。きん。

1 **たびたび** 同じことが何度も繰り返して行われる様子。毎回。

2 **たちまち** にわか。すぐ。

3 **三月** 三か月。

3 **ばかり** 大体…くらい。…ほど。

7 **求婚** 結婚を申し込むこと。

8 **夜昼となく** 夜も昼も絶え間なく。

8 **貴公子** 身分の高い家の年若い男子。

10 **提示** 出して示すこと。

11 **仏の御石の鉢** 釈迦が使ったという神々しい光を放つ伝説の鉢で、天竺（インド）にあるとされている。

11 **蓬莱** 中国の伝説で、東の海上にあり仙人が住むとされる理想郷。

11 **蓬莱の玉の枝** 根が銀、茎が金、実が真珠でできているといわれる木の枝。

11 **火鼠の皮衣** 中国の想像上の動物である「火鼠」でつくられた皮衣。焼いても燃えないと言われている。

11 **竜の首の玉** 竜が首に隠し持っている

古文の読み方　古典の仮名遣い　教P.129

◆古典の仮名文字の書き表し方を「歴史的仮名遣い（古典仮名遣い）」という。「歴史的仮名遣い」は、「現代仮名遣い」（現代の日本語の仮名文字の書き表し方）とは違ったところがある。現代仮名遣いと同様に、歴史的仮名遣いでも、もともとは、発音通りに表記していたが、発音だけが変化して、発音と表記にずれが生じた。

歴史的仮名遣いを現代仮名遣いに直す場合、主に次のような点に注意するとよい。

○一字だけを直すもの

歴史的仮名遣い		現代仮名遣い
①語頭以外の「は」「ひ」「ふ」「へ」「ほ」（助詞の「は」「へ」は除く）	➡	「わ」「い」「う」「え」「お」
②「ゐ」「ゑ」「を」（助詞の「を」は除く）	➡	「い」「え」「お」
③「ぢ」「づ」（現代仮名遣いでも「ぢ」「づ」と書くものは除く）	➡	「じ」「ず」
④助動詞・助詞にふくまれる「む」	➡	「ん」

○二字のまとまりを直すもの

歴史的仮名遣い		現代仮名遣い
⑤「ア段＋う・ふ」	➡	「オ段＋う」
⑥「イ段＋う・ふ」	➡	「イ段＋ゅう」
⑦「エ段＋う・ふ」	➡	「イ段＋ょう」
⑧「くわ」「ぐわ」	➡	「か」「が」

○具体例（①～⑧の番号は表中の番号と対応している）

① あはれ→あわれ　あひだ→あいだ　おもふ→おもう
　たまへ→たまえ　とほる→とおる
② ゐたり→いたり　こゑ→こえ　をかし→おかし
③ かぢとり→かじとり　よろづ→よろず
④ 射む→射ん　さぬきの造となむ→さぬきの造となん
⑤ やうにて→ようにて　からうじて→かろうじて
⑥ うつくしうて→うつくしゅうて
　きふに（急に）→きゅうに
⑦ れうり→りょうり（料理）　けふ（今日）→きょう
⑧ くわほう（果報）→かほう
　ぐわんもん（願文）→がんもん

◆「歴史的仮名遣い」を「現代仮名遣い」に直す場合、原則としては「読む通りに」書けばよい。ただし、助詞の「は」「へ」「を」は、読みと表記にずれがあるので注意する。

読む

古典に学ぶ　漢文

故事成語――矛盾

教科書 P.132〜137

内容を確認して、整理しよう

中国に昔から伝えられている話を故事という。その故事から生まれた短い言葉が故事成語である。故事成語の一つである「矛盾」は、次のような話に基づいている。

盾と矛を売っている商人が、盾を自慢して「私の盾を突き通すものはない。」と言い、矛を自慢して「私の矛はどんなものでも突き通す。」と言った。それを聞いたある人が、「あなたの矛であなたの盾を突いたらどうなるのか。」と尋ねると、商人は答えることができなかった。

この故事から、「矛盾」という言葉は、「物事のつじつまが合わないこと」を表すようになった。

私たちは、他にもいろいろな故事成語を使っている。昔の中国の話から生まれた故事成語が、私たちの言葉の生活を豊かにしているのである。

漢文のリズムに親しみ、故事成語の由来について理解を深めよう。

話の全体像を捉えよう

1 故事成語の定義と「矛盾」の紹介

○故事成語 ＝中国に昔から伝わる話から生まれた短い言葉

○「矛盾」＝故事成語の一つ

2 「矛盾」についての説明

○盾と矛を売っている人がいた

○盾についての説明 ＝ どんなものでも突き通せない　と　矛についての説明 ＝ どんなものでも突き通す

➡ 同時には成り立たない＝つじつまが合わない

➡ ○「矛盾」の意味＝「物事のつじつまが合わないこと」

3 現代に生きる故事成語

○故事成語➡私たちの言葉の生活を豊かにしている

まとまりごとの展開を確認しよう

1 故事成語の定義と「矛盾」の紹介　教 P.132・1行め～3行め

◆故事成語とはどんなものか

○故事＝中国に昔から伝えられている話（言い伝え・書物の中の話）

　それをもとにして言葉ができる

○故事成語＝故事から生まれた短い言葉

2 「矛盾」についての説明　教 P.132・4行め～P.134・2行め

◆「矛盾」の元になった故事

○楚人に盾と矛とをひさぐ者あり。

（楚の人で、盾と矛とを売っている者がいた。）

○これを誉めていはく（「盾」の説明）

（これを自慢して言うには、）

わが盾の堅きこと、よくとほすなきなり。

（私の盾の堅いことといったら、突き通すことのできるものはない。）

→ **どんなものでも突き通せない！**

ポイントを確認しよう

① 「故事成語」とは、どのようなものだろうか。「中国」、「言い伝え」、「書物」という三つの言葉を使って答えなさい。

例 中国に昔から伝えられている言い伝えや書物の中の話から生まれた短い言葉。

故事の説明である「中国に昔から伝えられている話」と「言い伝えや書物の中の話から生まれた短い言葉」を組み合わせて答える。

② 教 P.132・5行め「これを誉めていはく」とあるが、「これ」は何を指しているだろうか。

盾。

漢文でも現代の日本語と同じように、「これ」「それ」などの指示語は、普通前で述べたことを指している。ここでの「これ」は、「盾と矛」を指しているように思われるが、このあと話した内容から、「盾」だけを指していることがわかる。

③ 教 P.132・7行め「よくとほすなきなり。」を、「どんなものでも」という言葉を使って現代語に直しなさい。

例 どんなものでも突き通せない。

「どんなものでも突き通せない」とは、「どんなもので突いても突き通すことはできない」という意味である。

○矛を誉めていはく（「矛」の説明）

（矛を自慢して言うには、）

わが矛の利なること、物においてとほさざるなきなり。

（私の矛の鋭いことといったら、

どんなものでも突き通さないものはない。）

どんなものでも突き通せる！

何か変だぞ？

○ある人いはく（ある人が言うには、）

子の矛をもつて、子の盾をとほさば、いかん。

（あなたの矛で、あなたの盾を突いたら、どうなるか。）

○その人こたふることあたはざるなり。

（その人＝「盾と矛を売っている者」は

答えることができなかった。）

・「突き通せない」と答えたら

↓「矛」の説明が成り立たない

・「突き通せる」と答えたら

↓「盾」の説明が成り立たない

＝

①教P.133・2行め「物においてとほさざるなきなり。」を、「どんなものでも」という言葉を使って現代語に直しなさい。

例 どんなものでも突き通せる。

「とほさざるなきなり」をそのまま訳すと、「突き通さないものはない」となる。このように打ち消しの言葉が二つ使われている表現を「二重否定」という。「二重否定」は「肯定（こうてい）」の表現に通じる。

②教P.133・6行め「その人」とは誰のことだろうか。現代語で答えなさい。

例 盾と矛を売っている者。

盾と矛を売っている者（商人）の説明を聞いていた「ある人」（教P.133・3行め）を指しているのではないことに注意。

③教P.133・6行め「こたふることあたはざるなり。」とあるが、なぜ答えることができなかったのだろうか。

例 「突き通せない」と答えたら「矛」の説明が成り立たず、「突き通せる」と答えたら「盾」の説明が成り立たないことになるので、自分がつじつまの合わない説明をしたということを認めざるを得（え）なくなったから。

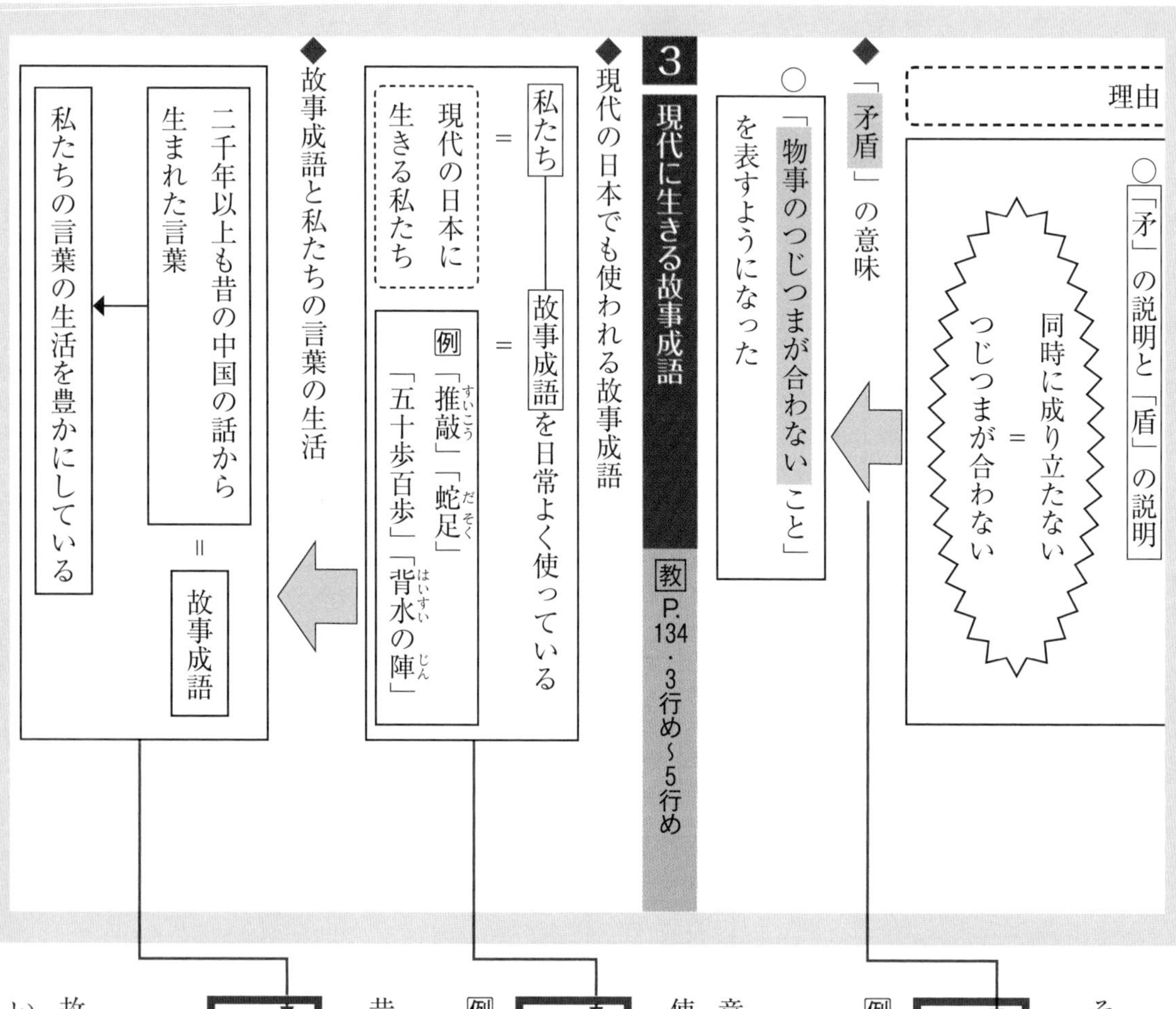

理由
○「矛」の説明と「盾」の説明
同時に成り立たない
=
つじつまが合わない
◆「矛盾」の意味
○「物事のつじつまが合わないこと」を表すようになった
3 現代に生きる故事成語
教 P.134・3行め～5行め
◆現代の日本でも使われる故事成語
私たち
=
現代の日本に生きる私たち
故事成語を日常よく使っている
=
例「推敲」「蛇足」「五十歩百歩」「背水の陣」
◆故事成語と私たちの言葉の生活
二千年以上も昔の中国の話から生まれた言葉
=
故事成語
私たちの言葉の生活を豊かにしている

「突き通せない」、「突き通せる」のどちらを答えても、自分がうそを言ってしまったことになるのである。

①なぜ「矛盾」という言葉が「物事のつじつまが合わないこと」を表すようになったのだろうか。

例 盾と矛を売っている人の二つの説明が、同時に成り立たないもの、つまり、つじつまが合わないものであったから。

「矛」、「盾」という言葉自体には「つじつまが合わない」という意味はない。故事と結びつくことで、もとの言葉になかった意味で使われるようになったのである。

②教P.134・3行め「私たち」とあるが、筆者はどのような意味合いで「私たち」と言っているだのだろうか。

例 現代の日本に生きる私たちという意味合い。

筆者は、故事成語のもととなった故事が生まれた「二千年以上も昔の中国」と比べて、「私たち」と言っているのである。

③教P.134・4行め「二千年以上も昔の中国の話から生まれた言葉」とは、何のことだろうか。

故事成語。

筆者の最終的な主張は、二千年以上も昔の中国の話から生まれた故事成語が、現代の日本に生きる私たちの言葉の生活を豊かにしている、ということである。

学びの道しるべ

▼教科書P.135

1 漢文調のリズムに注意して「矛盾」を音読し、話の流れを捉えよう。↓P.103・109

2 「矛盾」が「物事のつじつまが合わない」という意味の言葉になったのはなぜか、133ページの四つの絵を用いて説明しよう。

［一枚目の絵］
盾と矛を売っている商人が、「この盾を突き通すことのできるものはない。」といううたい文句で人々に宣伝していた。

［二枚目の絵］
次に、矛を手にとって、「この矛で貫くことのできないものはない。」といううたい文句で宣伝をはじめた。

［三枚目の絵］
それを聞いていたある人が、「あなたが持っている矛で、先ほど持っていた盾を突いたらどうなるのか。」と尋ねた。

［四枚目の絵］
その商人は、答えることができなかった。そして矛と盾を売るのを止め、その場から立ち去って行った。

盾についての発言と矛についての発言がくいちがっていて、どちらの発言も正しいということにはならないから。

3 他の故事成語について、意味や由来を調べ、それを使って短い文章を作ろう。

■解答例■
完璧

［意味］欠点や不足がなく、非常に立派なこと。

［由来］中国の戦国時代、趙の国に「和氏の璧」という名玉があったのを秦の昭王が欲しがり、十五の城と交換を求めた。趙の藺相如は和氏の璧を持って使者となり、秦に行って約束の城を手に入れたら璧を置いて帰ろうとしたが、昭王は約束を守ろうとしないので、藺相如は命がけで璧を守り、趙へ無傷で持ち帰ったことから。

［例文］そのケーキ職人が作るショートケーキは、全く文句のつけようのないものであり、まさに完璧だ。

4 故事成語の優れた点やおもしろさなどについて、自分の考えを書こう。

■解答例■
故事成語の優れたところは、国を乗り越え、時代を超えて、現代の日本でも使われ、また由来となった書物の内容は知らなくとも、故事成語の意味を知っていれば使える点にあると思う。故事成語の由来を調べると、「オチ」のあるものが多く、言葉そのものにおもしろさがあると感じた。

重要語句の確認

▼132ページ

2 **楚(そ)の国** 古代中国の春秋・戦国時代にあった七つの強国のうちの一つ。最も強大だったのは万里(ばんり)の長城(ちょうじょう)を大修築したことで有名な秦(しん)である。七つの強国が相争う中、秦(しん)は六国を滅ぼして、中国を統一した。

4 **盾(たて)** 戦場で手に持ったり、前方(ぜんぽう)に立てたりして、敵の矛(ほこ)や矢などからの攻撃(こうげき)を防ぐ武器。

4 **矛(ほこ)** 両刃(りょうば)の剣(けん)に長い柄(え)を取り付けた、敵を突(つ)き刺(さ)すために使う武器。

下5 **自慢(じまん)** 自分のことや、自分に関係の深いことを、自分でほめて人に誇(ほこ)ること。

▼133ページ

下1 **鋭(するど)い** 刃物(はもの)などの先がとがっている様子。

上7 **韓非子(かんぴし)** 君主の法と権力によって国を治めるべきだと説く法家(ほうか)という思想をまとめあげて、秦王(しんおう)に重用された韓非(かんぴ)が著した書物。

新出漢字のチェック✓

矛 ページ132 5画 ×「了」
フ マ ヱ 予 矛
ム／ほこ
話が矛盾する
話の矛先を変える
矛を収める
4級

注 **形の似た漢字に注意しよう。**
「矛」と字形の似た漢字には「予」がある。「矛」は「敵を突く武器」という意味があるよ。

盾 132 9画 ×「日」
一 厂 戶 斤 斤 盾 盾 盾 盾
ジュン／たて
話が矛盾する
心強い後ろ盾
4級

慢 132 14画 ×「白」
丶 丷 忄 忄 忄 忄 忄 忄 忄 忄 忄 忄 慢 慢
マン
自慢の声
職務怠慢(たいまん)
我慢(がまん)強い
4級

注 **形の似た漢字に注意しよう。**
「慢」と字形の似た漢字には「漫」がある。「慢」は「なまける」「思いあがる」という意味があって、「自慢」は「自分で自分をほめること」だよ。

堅 132 12画 ×「巨」
丨 ｢ 𠃍 戸 臣 臤 臤 臤 臤 堅 堅 堅
ケン／かた-い
堅固・中堅選手
堅忍不抜(けんにんふばつ)
口が堅い・堅物
4級

更 132 7画 ×「更」
一 ｢ 戸 戸 白 更 更
コウ／さら／＊ふ-ける／＊ふ-かす
変更・更新手続き
更なる進化
今更遅い
4級

鋭 133 15画
ノ 𠆢 𠆢 午 牟 金 金 金 鈖 鈖 鋭 鋭 鋭 鋭 鋭
エイ／するど-い
最新鋭・新進気鋭
鋭いツメ
鋭い観察力
4級

漢文の読み方　訓読の仕方

教 P.136〜137

◆訓読…漢文を日本語として読むこと

○訓読に関する用語の整理

・**白文**…漢字だけの文章。漢文のもともとの形。

・**訓読文**…白文に訓点(返り点・送り仮名・句読点)をつけた文章。

・**書き下し文**…訓読文を漢字と仮名文字から成る日本語の文章に書き改めたもの。

○具体例

・白文　君汲川流我拾薪。

・訓読文　君ハ汲メ二川流ヲ一、我ハ拾ハンレ薪ヲ。

・書き下し文　君は川流を汲め、我は薪を拾はん。

訳 君は川の水を汲め。私は薪を拾おう。

◆返り点…漢字の左下につける記号

○レ点「レ」

一字だけ上の字に返って読む

誉メテレ之ヲ曰ハク、（②①③）

之を誉めて曰はく、　訳 これを誉めて言うには、

不レ待タレ人ヲ。（③②①）

人を待たず。　訳 人を待たない。

○一・二点「一、二、三…」

二字以上離れた上の字に返って読む

以テ二子ノ之矛ヲ一、（④①②③）

子の矛を以て、　訳 あなたの矛で、

欲ス三東ノカタ渡ラント二烏江ヲ一。（⑤①④②③）

東のかた烏江を渡らんと欲す。

訳 東の方角に向かって、烏江を渡ろうとする。

○上・下点「上下・上中下」

一・二点をはさんで下から上に返って読む

不下為メニ二児孫ノ一買ハ中美田ヲ上。（⑦③①②⑥④⑤）

児孫の為に美田を買はず。

訳 子孫（児孫）のためによい田を買うことはしない。（子孫のために財産を残すと、努力をしなくなるので、財産は残さない。）

漢字のしくみ3 漢字の音と訓

教科書 P.138～139

音読み・訓読み

漢字の読み方には音と訓の二通りがある。

・音…その漢字が伝わったときの、中国での漢字の発音をもとにした読み方。 例 鳥＝「チョウ」

・訓…漢字が表す意味にふさわしい、日本語本来の言葉をあてた読み方。 例 鳥＝「とり」

■ 一つの漢字が二つ以上の音や訓をもっているものがある。

二つ以上の音や訓をもっている漢字

直
- 音読み　日直（ニッチョク）　正直（ショウジキ）
- 訓読み　直（ただ）ちに　直（なお）す　直（なお）る

明
- 音読み　明白（メイハク）　光明（コウミョウ）
- 訓読み　明（あか）るい　明（あき）らか　明（あ）ける

行
- 音読み　行動（コウドウ）　行事（ギョウジ）
- 訓読み　行（い）く　行（ゆ）く　行（おこな）う

■「常用漢字表」の中では音と訓のどちらか一方しか示されない漢字がある。

音しか示されない漢字

愛（アイ　愛情　愛犬　情愛）
歓（カン　歓迎　歓声　交歓）
気（キ　気分　空気　／ケ　気配）
釈（シャク　解釈　釈明　釈放）
需（ジュ　需要　需給　必需品）
称（ショウ　対称　名称　称賛）
台（ダイ　台形　台地　／タイ　台風）
是（ゼ　是非　是認）

「気」と「台」には、二種類の音読みがあるね。だから、この二字は、「二つ以上の音をもっている漢字」でもあるんだ。

訓しか示されない漢字

芋（いも…里芋　焼き芋）
株（かぶ…株式　切り株）
芝（しば…芝生　芝居）
皿（さら…皿洗い　一皿）
瀬（せ…浅瀬　瀬戸際）
棚（たな…本棚　戸棚）
坪（つぼ…坪数　建坪）
届（とど…届ける　届く）
塀（へい…土塀）
畑（はた・はたけ…焼き畑農業　畑仕事）
栃（とち…栃木県）
枠（わく…窓枠　枠外）

「峠」「栃」など、日本でつくられた漢字を「国字」というんだ。国字のほとんどは、「訓しかもたない漢字」だよ。ただし、例外的に「働」のように音をもつものもあるよ。

同音異字・同訓異字

■同音異字…同じ音をもち、意味の異なる漢字

イ｛偉（偉大　偉人　偉業）
　　違（違反　違法　相違）

エイ｛永（永遠　永久　永住）
　　泳（水泳　遠泳　遊泳）

コウ｛効（効能　効果）
　　郊（近郊　郊外）
　　校（校外　学校）

テキ｛適（適切　適度　快適）
　　敵（敵意　敵対　強敵）
　　摘（指摘　摘発　摘出）
　　滴（水滴　点滴　一滴）

フク｛復（復習　反復　復活）
　　複（複数　重複　複雑）
　　腹（空腹　山腹　腹痛）

ユ｛輸（輸出　輸入　輸送）
　　愉（愉快　愉悦）

■同訓異字…同じ訓をもち、意味の異なる漢字

あたたかい・あたたまる

- 温（温かい料理　心が温まる）
- 暖（暖かい季節　空気が暖まる）

おさめる・おさまる

- 収（効果を収める　本箱に収まる）
- 納（税金を納める　品物が納まる）
- 治（領地を治める　痛みが治まる）
- 修（学問を修める　身が修まる）

はかる

- 測（長さを測る　面積を測る）
- 量（重さを量る　分量を量る）
- 計（時間を計る　将来を計る）
- 図（解決を図る　能率化を図る）

うつす・うつる

- 写（ノートを写す　写真に写る）
- 映（スライドを映す　鏡に映る）
- 移（荷物を移す　時が移る）

つとめる

- 務める（司会を務める　主役を務める）
- 努める（学問に努める　説得に努める）
- 勤める（会社に勤める　役所に勤める）

あける

- 明ける（夜が明ける　年が明ける）
- 空ける（時間を空ける　道を空ける）
- 開ける（店を開ける　ドアを開ける）

確かめよう

■意味に気をつけて、――線部の漢字を読もう。

①ア　風の音が聞こえる。↓おと
　イ　虫の音が聞こえる。↓ね
②ア　雨が降る。↓ふ
　イ　バスから降りる。↓お
③ア　音楽会に行く。↓ガク
　イ　行楽地に行く。↓ラク
④ア　便利な道具を使う。↓ベン
　イ　友だちに便乗する。↓ビン

新出漢字のチェック✓

歓　138ページ　15画　×［夂］
カン
歓迎・歓笑
歓声をあげる
歓喜の歌の合唱
4級

同音異義語に注意しよう。
「歓」を使った「歓声」は「喜びのあまり叫ぶ声」、「感性」は「感覚に伴う感情」という意味だよ。

擬　138　17画
ギ
擬音語で伝える
模擬試験を受ける
擬人法を使う・擬態
準2級

晶　138　12画
ショウ
結晶・水晶占い
薄型液晶テレビ
晶光
3級

称　138　10画
ショウ
対称・称号・呼称
一人称・名称
称賛
4級

同音異義語に注意しよう。
「称」を使った「対称」は「点や線を中心にぴたりと重なること」、「対照」は「二つのものをくらべること」という意味だよ。

是　138　9画　×［日］
ゼ
是非・是正・是認
国是
4級

即　138　7画　×［卩］
ソク
即興・君主の即位
一触即発・即席
即答
4級

芋　138　6画　ハネ
いも
芋の露・焼き芋
里芋
芋を掘る
4級

垣　138　9画　×［旦］
かき
垣根を取り払う
人垣を作る
竹垣・生け垣
準2級

形の似た漢字に注意しよう。
「垣」と字形の似た漢字には「担」がある。「垣」は「周囲を取り巻くかきね」という意味だよ。

裾　138　13画　×［ネ］
すそ
着物の裾・山裾
裾野が広がる
2級

杉　138　7画
すぎ
杉戸・秋田杉・杉板
杉材で家具を作る
杉花粉に困る
準2級

坪　138　8画　×［ま］
つぼ
坪数・一坪・建坪
坪単価
準2級

覆　139　18画　×［覀］
フク
おお-う
*くつがえ-す
*くつがえ-る
覆水・転覆・覆面
覆う
3級

摘　139　14画　×［口］
テキ
つ-む
指摘・摘出手術
脱税を摘発する
新芽を摘み取る
4級

滴　139　14画　×［立］
テキ
しずく
*したた-る
水滴・一滴・点滴
雨の滴
血が滴る
4級

言葉

古典に学ぶ

漢字を身につけよう❺

教科書 P.140

漢字	ページ	画数	筆順	読み	用例	級
摂（×「水」）	140	13画	扌扌扌扌扌扌扌扌扌扌扌摂摂	セツ	ビタミンの摂取／不摂生・摂食障害／摂関政治	3級
肯（×「正」）	140	8画	丨卜止止肯肯肯肯	コウ	肯定（⇔否定）的／肯諾（こうだく）	準2級
択	140	7画	一十扌扌扌択択	タク	選択する／取捨選択／採択・二者択一	3級
肢	140	8画	丿刀月月肘肘肢肢	シ	選択肢が多い／骨ばった四肢／義肢	準2級
掛（ハネ）	140	11画	一扌扌扌扌扌扌扌掛掛掛	か-ける／か-かる／かかり	掛け軸／鍵（かぎ）の掛かった部屋／掛がかさむ	3級
軸（×「申」）	140	12画	一厂戸亘車車斬軸軸軸軸軸	ジク	床の間の掛け軸／地球の地軸／グラフの横軸	3級
桃（ハラウ）	140	10画	一十才木杉杉杉杉桃桃	トウ／もも	桃花・白桃／桃源郷を発見する／桃の花	4級
伐（忘れない）	140	6画	ノイ仁代伐伐	バツ	伐採・討伐隊／賊（ぞく）を征伐する	3級
貌（×「豸」）	140	14画	ノ〃〃〃豸豸豹豹貌貌貌	ボウ	目覚ましい変貌／全貌・美貌／美しい容貌	2級
唐（ハラウ）	140	10画	丶亠广广戸戸庚庚唐唐	トウ／から	唐突な発言／荒唐無稽（こうとうむけい）／唐松・唐津（からつ）焼	4級
祉（×「ネ」）	140	8画	丶ラネネ礼礼祉祉	シ	福祉の充実／在宅福祉	3級
貢（×「土」）	140	10画	一一工干丙青青貢貢貢	コウ／＊ク／＊みつ-ぐ	優勝に貢献する／年貢の納め時／領主に貢ぐ	準2級
溝（×「再」）	140	13画	氵氵氵氵氵氵氵氵溝溝溝溝溝	コウ／みぞ	排水溝の掃除（そうじ）／日本海溝／溝が深まる	準2級
棋	140	12画	一木木朴柑柑柑柑棋棋棋棋	キ	将棋をさす／棋士を目指す／棋譜（きふ）	3級

注 形の似た漢字に注意しよう。

「貢」と字形の似た漢字には「責」がある。「貢」には「みつぐ。力や品物をさしだす」という意味があるよ。

嘱 140ページ 15画
ショク
研究を委嘱する
依嘱・嘱託
3級

盤 140 15画 ×「皿」
バン
将棋盤・序盤
中盤戦・地盤沈下
生活の基盤
4級

誉 140 13画
ヨ
ほま-れ
名誉ある地位
国民栄誉賞・称誉
秀才の誉れが高い
4級

緊 140 15画 ×「巨」
キン
緊張をほぐす
緊急・緊迫
緊縮財政
3級

迫 140 8画 ×「日」
ハク
せま-る
圧迫・困迫
緊迫した場
胸に迫る
4級

窒 140 11画
チツ
窒息・窒素化合物
3級

新出音訓の確認

ページ	漢字	読み	例
140	荷	カ	出荷
140	阪	ハン	阪神
140	強	ゴウ し-いる	強引
140	究	きわ-める	究める
140	公	おおやけ	公
140	貸	タイ	賃貸
140	値	あたい	値
140	示	シ	図示
140	要	い-る	要る

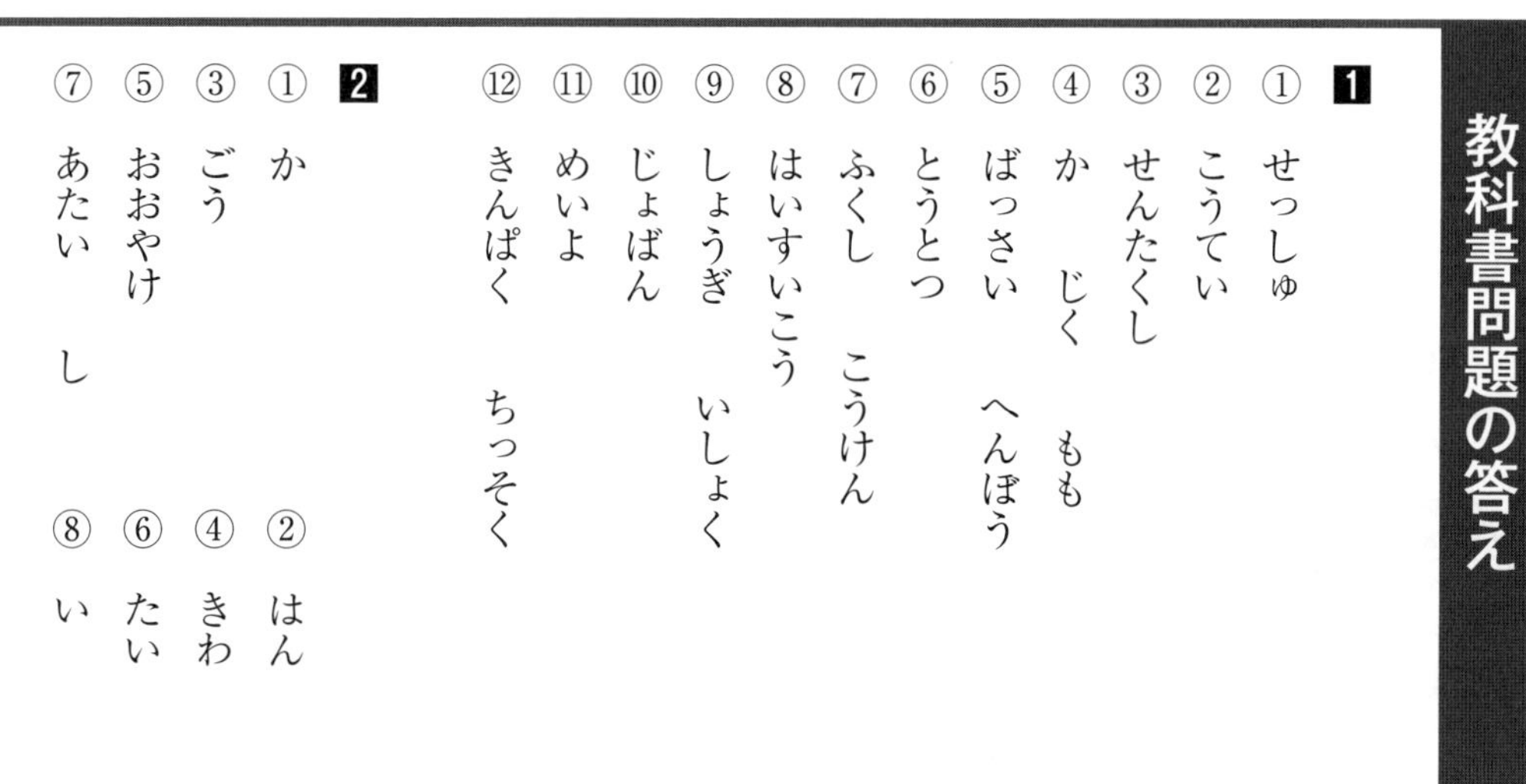

教科書問題の答え

1
① せっしゅ
② こうてい
③ せんたくし
④ か　じく　もも
⑤ ばっさい　へんぼう
⑥ とうとつ
⑦ ふくし　こうけん
⑧ はいすいこう
⑨ しょうぎ　いしょく
⑩ じょばん
⑪ めいよ
⑫ きんぱく　ちっそく

2
① か　② はん
③ ごう　④ きわ
⑤ おおやけ　⑥ たい
⑦ あたい　し　⑧ い

読む

情報を関係づける　情報・図表

複数の情報を関連づけて考えをまとめる／防災に関するデータ

教科書 P.142〜145

内容を確認して、整理しよう

【地域の人々に防災意識を高めてもらうためにどうすればよいか】

1 課題をつかむ

① 防災に関するデータを読み、グラフから読み取れることについて話し合う。

例・半数近くの人が、食料や飲料水、日用品などを準備している。
・防災訓練に積極的に参加している人は、思ったより少なくて16%しかいない。
・十人に一人が特に何もしていないといっている。

② 地域の人々に防災意識を高めてもらうために取り組むべき課題について話し合う。

例・日用品などの備えをしている人は半数だが、まだ少ないと思う。何をどれくらい準備しておけばよいのかということも含めて情報を提供すべきだ。
・ふだんから防災訓練に参加して慣れておかないと、いざというとき適切な対処ができないので、もっと参加を促すべきだ。

2 多様な考えにふれる

○ 防災の専門家が書いた文章を読んで、他の人が防災についてどう考えているかを捉える。

○ 防災の専門家が行った実験などが記されている場合は、その結果をまとめて、筆者の意見を捉える。

3 自分の考えをもつ

○ 複数の資料を関連づけて、地域の人々に防災意識を高めてもらうために、大切だと思うことをまとめる。

○ 原因と結果、意見と根拠などの関係に注意しながら、理解したことをもとに自分の考えをもつ。

○ 必要に応じて、自分の考えの根拠となるデータや文章の一部を引用する。

4 考えを深める

○ 自分なりの考えがまとまったら、グループで話し合って、それぞれの意見を交流し、考えを広め、深める。

意見と根拠などの関係に注意し、互いの意見を結びつけながら話し合おう。

読む

情報を関係づける　記録

「みんなでいるから大丈夫」の怖さ

教科書 P.146〜149

山村武彦

内容を確認して、整理しよう

災害が発生して警報ベルが鳴ったとき、実際にはほとんどの人が何もしない傾向が強いが、その心理はどういうものか。

都内の某大学の学生寮で、ある実験が行われた。予告なく火災報知器を鳴らし、発煙筒をたいて、そのとき人はどのような行動をとるのかを調べたのである。

実験場所は五階建ての大学の学生寮で、実験時には三十二人の学生がいた。そのうち十九人は一階の食堂にいたが、火災報知器のベルが鳴っても座ったままほとんど動かなかった。火災報知器が鳴った時点で行動を起こしたのは、部屋に一人でいた学生五人と、部屋に二人でいた一組の計七人。煙に気づいて避難したのは、部屋に二人でいた学生の計六人だった。食堂にいた十九人の学生は、火災報知器が鳴って三分後にやっと避難を開始した。彼らに避難が遅れた理由を尋ねたところ、「誤報か点検だと思ったし、みんないるから大丈夫だと思った。」という答えであった。

このように、複数の人間がいると「みんなでいるから」という安心感で緊急行動が遅れる傾向を「集団同調性バイアス」という。しかし、この心理には、客観的合理性や科学的根拠はない。災害が発生したら、この「集団同調性バイアス」にとらわれず、まず安全なところへ避難することが大切である。

全体の構成を捉えよう

問題提起	実験内容	実験結果	筆者の意見
警報ベルが鳴っても何もしない人がほとんどだが、その心理はどういうものか。	・実験場所 ・実験日時 ・実験対象者の人数・位置 ・実験方法	・食堂の学生→火災報知器が鳴って三分後に避難開始 ・部屋に一人でいた五人 ・部屋に二人でいた一組 →火災報知器が鳴った時点で確認行動 ・部屋に二人でいた六人→煙に気づいてから避難開始 《避難が遅れた理由》 「みんないるから大丈夫だと思った」	「みんなでいるから大丈夫」＝〝集団同調性バイアス〟 ⬅ 客観的合理性・科学的根拠はなく、危険に流される恐れ。 災害が発生したら、まず安全なところへ避難すべきだ。

まとまりごとの展開を確認しよう

1 問題提起　教 P.146・1行め〜4行め

筆者の問いかけ
警報ベルが鳴ったら、人はどういう行動をとるか。

⬅

想定される答え
慌てふためいて逃げる。

⬅

筆者の答え
実は、ほとんどの人は何もしない、逃げない。

⬅

問題提起
この逃げない心理とはどういうものか。

2 実験内容　教 P.146・5行め〜P.147・2行め

① **実験場所**
・都内の某大学の学生寮（りょう）（五階建て鉄筋コンクリート）
・二〜五階に二人部屋二十室

② **実験日時**
・十二月初旬（しょじゅん）、午後五時三十分に実験開始

③ **実験対象者の人数・位置**
・計三十二人の男子学生
　五人……部屋に一人でいた
　八人……部屋に二人でいた
　十九人……一階の食堂にいた

①最初の4行は、全体の構成においてどういう役割をしているだろうか。

例　この文章でどういうことについて考察していくのかを知らせる問題提起の役割。
　3行めに「その逃げない心理を分析する。」という一文がある。つまり、警報ベルが鳴ってもなぜ人は逃げないのか、その心理のメカニズムを実験結果をふまえて明らかにしていきますよ、と前置きをしているのである。

②この問いに対して筆者はどんな答えを想定しているだろうか。

例　慌てふためいて逃げるだろうという答え。
　警報ベルは災害や危険が迫っていることを知らせるベルなので、ベルが鳴ればすぐさま逃げるに決まっている、と普通の人は考えるだろうと筆者は想定している。

③筆者自身はどんな答えを出しているだろうか。

例　ほとんどの人は何もしない、逃げない。
　筆者は、そのことを検証する実験を行ったのである。

④ 実験方法

・予定時刻に管理人室の受信機で火災報知器を一斉に鳴らす
・三十秒後に一階階段付近で発煙筒に着火
・実験のことは学生には知らせない
・学生寮(りょう)の十か所にビデオカメラを設置
・筆者は隣の宿舎五階で、十台の映像モニターを見ながら待機

3 実験結果

教 P.147・3行め〜P.148・11行め

《実験の経過》

〈午後五時三十分〉火災報知器のベルが鳴る

二〜五階

・五階通路側ドアを開け確認
→部屋に引っ込む
・三階にいた学生が避難開始

一階食堂

・ほとんどが座ったまま動かず

〈しばらくして〉着火した発煙筒の煙が階段に充満

〈三十秒後〉三〜五階の防火戸が閉まる

〈三分後〉煙が三階から四階の通路に広がる

・三人が階段から降りてきて
　玄関まで避難

・ほとんど動かず
→一人が通路の煙に気づき
　叫(さけ)び声をあげる
→叫(さけ)び声で他の学生が立ち
　上がるがまだ避難しない
→数人避難したのに続いて
　残りも避難

①実験に発煙筒を用いた意図は、どういうものだろうか。

例 火災報知器だけだと学生が誤報だと思う可能性があるので、発煙筒で煙を出し、本物の火事だと思わせるという意図。

火災報知器のベルが鳴っただけでは、誤報かもしれないと学生に思われてしまい、正確な実験結果が得られない可能性があると筆者は考えたのである。

②このとき、部屋に一人でいた学生五人はどういう行動をとったか。

例 すぐに部屋のドアを開けて何か起きていないかを確認した。

次のページの《実験結果のまとめ》にあるように、部屋に一人でいた学生全員が、火災報知器のベルの音を聞いてすぐに自分の部屋のドアを開け、何か起きていないかを自分の目で確認しようとした。

③この三人は、なぜこの行動をとったのだろうか。

例 通路に広がる煙を見て、本当に火事が起こったと思ったから。

一階の階段付近でたいた発煙筒の煙が上の階まで上がってきて、自分が今いる階の通路に広がったため、そこで初めて実際に火事が起こっていると思ったのである。

《実験の集計》

・食堂の学生→火災報知器が鳴って三分後に避難開始
・部屋に一人でいた五人
・部屋に二人でいた一組 →火災報知器が鳴った時点で確認行動
・部屋に二人でいた六人→煙を見てから避難開始

《実験結果のまとめ》

・部屋に一人でいた全員が、火災報知器のベルで確認行動
・部屋に二人でいた学生は、一組を除いて煙に気づいてから行動
・食堂に大勢でいた学生は、三分間、なんの行動も起こさない

（避難が遅れた理由）「みんないるから大丈夫だと思った。」

4 筆者の意見 教P.148・12行め〜P.149・5行め

緊急時
- 一人でいる→自分の判断で行動を起こす
- 集団でいる→「みんなでいるから」という安心感

＝ 〝集団同調性バイアス〟

（自分だけが他の人と違う行動をとりにくい
お互いにけん制し合い、他者の動きに左右される
自分個人より集団に過大評価を加えている）

⬅ 緊急行動が遅れる（逃げるタイミングを失う）

《筆者の意見》

・「みんなでいれば安心だ。」という心理には、客観的合理性、科学的根拠はない。
・災害が発生したら、まず安全なところへ避難すべきだ。

①この文章の最初に問題提起されていた「逃げない心理」を短く表した十字以内の言葉を、教科書148ページ12行め以降から見つけて抜き出そう。

例 集団同調性バイアス

教科書148ページ14〜15行めに「複数の人間がいると『みんなでいるから』という安心感で、緊急行動が遅れる傾向にある。これを『集団同調性バイアス』と呼ぶ。」と述べられている。「緊急行動が遅れる」とは「逃げるのが遅れる」「逃げない」ということ。

②最終的に筆者はどういう意見を述べているか、簡潔にまとめよう。

例 複数の人と一緒にいても「みんなでいるから安心だ」と思わずに、災害が起きたらまず安全なところへ避難すべきだ。

「集団同調性バイアス」に陥って（おちい）しまうと、自分個人の判断よりも集団つまり他の人がどういう行動をとっているかを元に判断してしまう傾向がある。他の人が逃げていないのだから、自分も逃げなくても大丈夫だと思い込んでしまうのである。

ここで学んだことを周囲の人たちにも話してみよう。地域の人々に防災意識を高めてもらうことにもつながるよ。

重要語句の確認

▼147ページ

4 意 シナリオ　映画や劇などの筋書き。類 台本

5 意 かしげる　ななめにする。類 傾ける

5 意 そぶり　口には出さないが、身ぶりや表情に表れた様子。

9 意 充満　空間にいっぱいに満ちること。

10 意 感知　気づくこと。類 察知

14 意 仕草　あることをするときの動作や表情。類 身ぶり

新出漢字のチェック

丈　146ページ　3画　一 ナ 丈　×「大」
ジョウ／たけ
頑丈な体　大丈夫　身の丈に合う
4級

逃　146　9画
トウ／に-げる　に-がす　のが-す　のが-れる
犯人が逃走する　かごから逃げ出す　好機を逃がす
4級

▼148ページ

8 意 誤報　まちがった知らせ。類 虚報

15 意 同調　ある人の意見や態度に賛成し、同じ行動を取ること。類 賛同

15 意 バイアス　考え方に生まれる偏り。類 偏見

17 意 無意識　自分のしていることに気づかないこと。

17 意 けん制　相手の注意を引きつけ、自由に動けないようにすること。

17 意 左右　相手に影響を与え、思うままに動かすこと。

析　146　8画
セキ
分析・解析　析出　人工透析
準2級

某　146　9画　×「甘」
ボウ
某大学・某所　某日の出来事　某教師の特技
3級

兼　146　10画
ケン／か-ねる
兼業・兼用　リビング兼食堂　大は小を兼ねる
4級

18 意 過大評価　物事の価値を実際よりも大きく、または高く評価すること。類 買いかぶり　対 過小評価

18 意 タイミング　物事をするのにちょうどよい瞬間、時期。類 間合い

▼149ページ

1 意 客観的　自分一人ではなく、だれもがそうだと思える様子。対 主観的

1 意 合理性　きちんと理屈に合うという性質をもっていること。対 不合理性

渡　147　12画　×「又」
ト／わた-る　わた-す
過渡期・渡来人　全体を見渡す　手紙を渡す
4級

遅　148　12画　ハラウ
チ／おく-れる　おく-らす　おそ-い
学校に遅刻する　避難が遅れる　夜遅い
4級

傾　148　13画　ハネ
ケイ／かたむ-く　かたむ-ける
良い傾向・傾斜　船が傾く　全力を傾ける
4級

情報を関係づける

行事案内リーフレット　必要な情報をわかりやすく伝える

教科書 P.150～154

内容を確認して、整理しよう

【リーフレットとは？】

●催し物の案内や商品の説明などに使われる一枚ものの資料のこと。「若葉」「小さい葉」の意味を表す英語が由来。

●目的や相手に応じて書き方を工夫し、「伝える」ための表現を意識することが大切。

●受け取った人が、「わかりやすい」「これは重要だ」「参加しよう」と思えるように内容を工夫する。

【リーフレットの作り方】

1 掲載内容を決める

① 案内する行事を決める。

・身のまわりにあるイベント案内のリーフレットやポスター、案内状などを参考にする。

・リーフレットに掲載する項目（こうもく）（情報）の候補を書き出す。

② 届ける相手を決める。

・行事の種類に合わせて、案内を届ける相手を決める。

③ 行事についての情報を集め、リーフレットの掲載内容を考える。

・行事についての情報を集める。

↓

・届ける目的と相手を意識して、集めた情報を分類・整理する。

↓

・リーフレットに書く内容を考える。

◆内容を決めるときのポイント

・「受け取った人に来てもらう」という目的意識

・必要な情報の整理、適切かつ正確な提示

｛受け取る人が既（すで）に知っていることは何？
　知らないことは何？

・資料の適切な引用

｛引用した箇所（かしょ）は「　」でくくる
　出典の明示

・受け取った人が行きたくなるような情報

・送り手の思いが伝わるような内容

・理解しやすい表現、失礼のない表現

集めた材料を、書く目的や意図に応じて整理し、伝えたいことを明確にすることが大事だよ。

2 構成を考える

○ 掲載内容が決まったら、完成イメージを簡単な図（ラフ・レイアウト）にしてみる。

◆レイアウト確認のポイント

・それぞれの記事の分量や配置する位置は適切か。
・写真やイラスト、地図などを配置して、内容がひとめでわかるようになっているか。
・キャッチコピーは、読み手の参加意識を高めるものになっているか。
・文字の大きさや書体は適切か。

「キャッチコピー」とは、相手の心を引きつけることを意図した印象的な宣伝文句のことだよ。同じ意味の言葉に「キャッチフレーズ」というのもあるよ。

3 推敲（すいこう）する

○ ラフ・レイアウトが完成したら、グループで読み合い、修正を加える。

○ 読み手の立場に立って文章を読み返し、表記や表現の仕方を調える。

◆推敲（すいこう）のポイント

文章を書き終えたあと、読み返して、さらによい文章にするため手直しすること。

・相手にとって必要な情報が漏（も）れなく入っているか。
・行事の名称（めいしょう）・場所・日時、相手の名前などが正しく書かれているか。
・情報が適切に整理され、読みやすく配置されているか。
・イラストや写真はふさわしいものになっているか。
・適切な言葉遣い、わかりやすい表現になっているか。
・誤字や脱字がないか。

○ 完成したリーフレットは、行事当日の二〜三週間前には相手に届くようにする。

4 交流する

○ 行事の当日、来場者にインタビューやアンケート調査を行う。

◆インタビュー・アンケートの内容

・リーフレットによって知りたい情報をわかりやすく得ることができたか。
・参加してみたい気持ちになるリーフレットだったか。

○ インタビュー・アンケートの結果をもとに話し合い、自分たちのリーフレット作りを振り返る。

学校や地域でさまざまなイベントが開催されるよね。ここで学んだことを生かして、リーフレットを作ってみる機会をもってほしいな。

情報を関係づける

文法の窓2　単語の類別・品詞

教科書 P.155・231〜237

内容を確認して、整理しよう

単語の類別

単語は次のような基準で分類できる。

◆自立語と付属語

・自立語…単独で一つの文節を作ることができる。

例 風・走る・楽しい・元気だ・その・いよいよ　など

※ 自立語に属する品詞は、名詞・副詞・連体詞・接続詞・感動詞・動詞・形容詞・形容動詞の八種。

・付属語…単独では文節を作ることができない。必ず自立語と一緒になって文節を作る。その単語だけでは、意味がとれない。

例 〜が・〜は・〜さえ・〜れる・〜らしい・〜ようだ・〜です・〜ます　など

※ 付属語に属する品詞は、助動詞・助詞の二種。

・文節と自立語・付属語の関係
…一つの文節には、文節の頭に必ず自立語が一つあり、付属語は、その自立語のあとに続く。ただし、数は決まっていない。

例

自　自付　自付　自　自
いよいよ　明日／は　試合／と　いう　夜

自付　自　自付付付付
兄／は　なかなか　寝／られ／なかっ／た／そうだ。

（注）・自…自立語　・付…付属語

・「寝られなかったそうだ」という一文節は、「寝る」という一つの自立語のあとに「られる」「ない」「た」「そうだ」の四つの付属語がついてできている。

◆活用のある単語・活用のない単語

・活用…単語の形が、文の中で規則的に変わること。

・自立語にも付属語にも、活用のある単語とない単語がある。

例・「走る」…「走らない」・「走ります」のように形が変わる＝活用がある。

・「空」…形が変わることがない。＝活用がない。

◆体言と用言

・体言…自立語で活用がなく、主語になれる単語。

※「体言」＝「名詞」

・用言…自立語で活用があり、単独で述語になれる単語。

※「用言」＝「動詞」「形容詞」「形容動詞」

品詞

◆品詞…単語を、形やはたらきによって分類したもの。

◆品詞の種類…名詞・副詞・連体詞・接続詞・感動詞・動詞・形容詞・形容動詞・助詞・助動詞

◆名詞の種類
・普通名詞…人・鳥・コップ・図書館・練習　など
・固有名詞…日本・東京・万葉集・宮沢賢治（みやざわけんじ）　など
・数詞…一台・三時・三日間・六番・五千円　など
・形式名詞…言うこと・話すとき・見るため　など
・代名詞…私・あなた・彼・これ・そちら・どこ　など

◆副詞の種類
・状態の副詞　犬がのんびり歩く。
・程度の副詞　波はとてもおだやかだ。
・陳述（ちんじゅつ）（叙述（じょじゅつ）の副詞）　彼女はきっと来るだろう。
　私は決して嘘（うそ）を言わない。

◆連体詞の種類
・今日は、あの公園に大きな犬と散歩に行く。
・このケーキは安くておいしい。
・あらゆる分野で活躍（かつやく）する彼は、たいした人だ。
・ある学校では文化祭が行われている。

◆接続詞の分類
・順接…………だから・したがって・そこで
・逆接…………しかし・だが・けれども
・並立（へいりつ）・累加（るいか）…また・そのうえ・それから
・説明・補足…なぜなら・つまり・すなわち
・対比・選択…それとも・あるいは・または
・転換…………ところで・では

◆感動詞の種類
・はい、掃除は終わりました。〔応答〕
・おはよう、今日はよく晴れたね。〔挨拶〕
・おおい、待ってくれよ。〔呼びかけ〕
・ああ、楽しいなあ。〔感嘆〕

確認しよう

（→教 P.237）

※設問文は省略してあります。

1 ① 黒い　（「黒い」のみ形容詞。他は名詞。）
② 透明（とうめい）だ　（「透明（とうめい）だ」のみ形容動詞。他は形容詞。）
③ 雨がえる　（「雨がえる」のみ名詞。他は動詞。）

2 ① 例 ない
② 例 ように
③ 例 ようだ・みたいだ・らしい

3 ① しかし…逆接（がんばったのに、準優勝だった。）
だから…順接（がんばったから、準優勝だった。）
② そのため…説明・補足（電車が遅れ（おく）たことが原因で集合時刻に遅れ（おく）た。）
そのうえ…並立（へいりつ）・累加（るいか）（「電車が遅れ（おく）た」ことと「集合時刻に遅れ（おく）た」ことが立て続けに起こった。）

言葉

情報を関係づける

漢字を身につけよう❻

教科書 P.156

漢字	ページ	画数	注意	読み	用例	級
抗	156	7画	ハネ	コウ	権力に抵抗する／抗争・徹底（てってい）抗戦／抗体・抗力	4級
睡	156	13画	×「日」	スイ	睡眠をとる／熟睡する／一睡もできない	準2級
藻	156	19画	×「艹」	ソウ／も	海藻サラダ／三日月藻／金魚鉢（ばち）の藻	準2級
繊	156	17画		セン	繊細／化学繊維	準2級
維	156	14画		イ	現状を維持する／繊維／明治維新	4級
房	156	8画		ボウ／ふさ	暖房の設備／工房・内閣官房長官／房になって咲く	3級
奨	156	13画	×「犬」	ショウ	新刊を推奨する／研究の奨励（しょうれい）／報奨金	準2級
偵	156	11画		テイ	探偵・内偵／密偵／敵を偵察する	準2級
譜	156	19画	×「白」	フ	年譜・譜面／伴奏の楽譜	準2級
鼓	156	13画		コ／＊つづみ	太鼓をたたく／士気を鼓吹する／一心に鼓を打つ	4級
稽	156	15画	×「犬」	ケイ	熱心に稽古する／滑稽な話／荒唐無稽	2級
肘	156	7画	ハネ	ひじ	肘をつく／肘を張る／肘当ての布	2級
販	156	11画		ハン	販売・通販産業／自動販売機／市販薬を飲む	4級
幅	156	12画	ハネ	フク／はば	不安が増幅する／幅をきかせる／肩幅・歩幅	4級
渉	156	11画		ショウ	値引きを交渉する／子に干渉しすぎる／内政不干渉	準2級

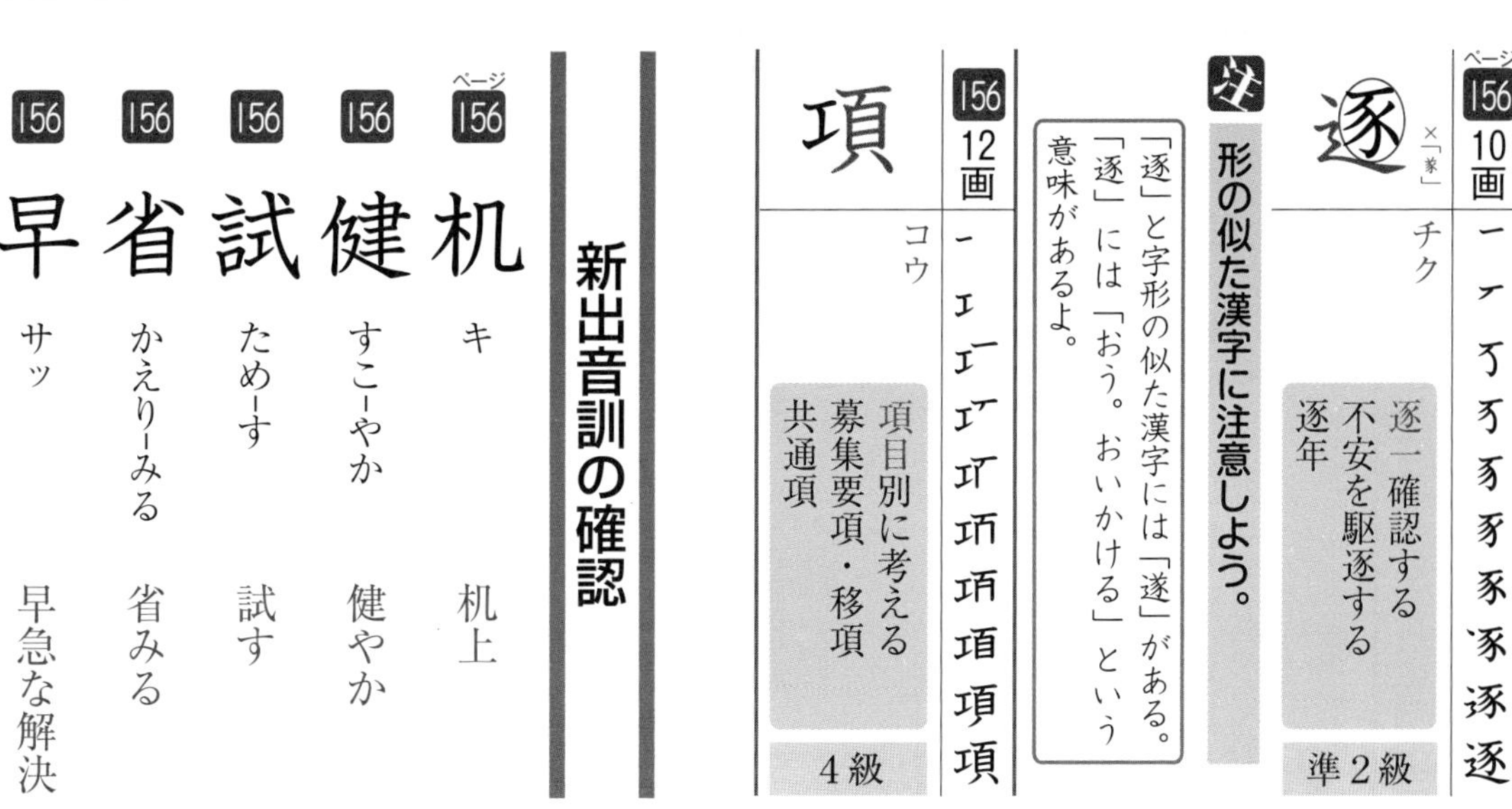

156ページ 逐 10画 ×「豕」 チク 逐一確認する 不安を駆逐する 逐年 準2級

形の似た漢字に注意しよう。 「逐」と字形の似た漢字には「遂」がある。「遂」には「おう。おいかける」という意味があるよ。

156ページ 項 12画 コウ 項目別に考える 募集要項・移項 共通項 4級

新出音訓の確認

156ページ 机 キ 机上
156ページ 健 すこ-やか 健やか
156ページ 試 ため-す 試す
156ページ 省 かえり-みる 省みる
156ページ 早 サッ 早急な解決

156ページ 図 はか-る 図る
156ページ 若 ジャク 若干
156ページ 迷 メイ 迷路
156ページ 似 ジ 類似

156ページ 箇 14画 カ 危険な箇所 箇条書きのメモ 4級

156ページ 秩 10画 ×「矢」 チツ 秩序を乱す 無秩序に並ぶ 秩序立てた解説 準2級

156ページ 覇 19画 ×「西」 ハ 世界を制覇する 覇者・争覇 覇気のある声 準2級

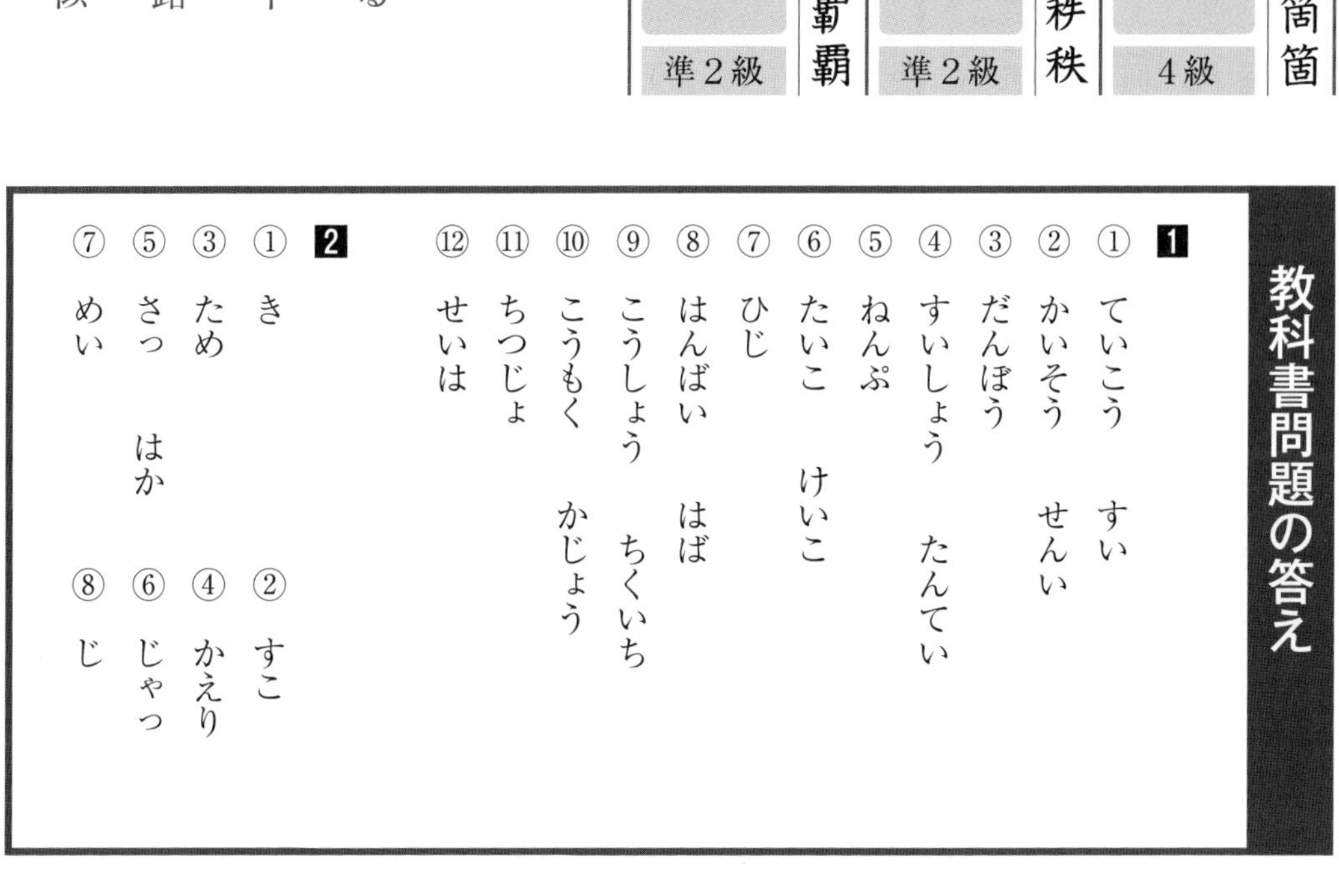

教科書問題の答え

1
① ていこう　すい
② かいそう　せんい
③ だんぼう
④ すいしょう　たんてい
⑤ ねんぷ
⑥ たいこ　けいこ
⑦ ひじ
⑧ はんばい　はば
⑨ こうしょう　ちくいち
⑩ こうもく　かじょう
⑪ ちつじょ
⑫ せいは

2
① き　② すこ
③ ため　④ かえり
⑤ さっ　はか　⑥ じゃっ
⑦ めい　⑧ じ

読みを深め合う　詩

それだけでいい

杉(すぎ)　みき子(こ)

教科書 P.158～161

まとまりごとの展開を確認しよう

第一連
目に見えるもの
山＝山はそこに見えているだけでいい……
⬅ 存在しているだけで価値がある＝作者の思い

第二連
目に見えるもの
海＝海はそこに輝(かがや)いているだけでいい……
⬅ 存在しているだけで価値がある

第三連
目に見えるもの
星＝星はそこにあるだけでいい……
⬅ 存在しているだけで価値がある

第四連
目に見えないもの
希望＝希望は心にあるだけでいい……
希望というものがこの世にあることを……信じつづける
⬅ 心に存在するだけでいい
この世に存在することを信じつづける

第五連
それだけでいい
⬇ 山も海も星も希望も存在していることこそに価値がある

ポイントを確認しよう

①「そこに見えているだけでいい」「そこに輝(かがや)いているだけでいい」「そこにあるだけでいい」という表現には、作者のどのような考えが表れているだろうか。

例　そこに存在しているだけで価値があるという考え。

「……だけでいい」ということは、〝他に何も望まない、それだけで十分だ〟ということ。つまり、「山も海も星も今のままで十分だ、存在しているだけで価値がある」と作者は考えているのである。

②第五連が「それだけでいい」の一行のみで表現されていることにはどういう効果があるだろうか。

例　第五連が独立していることで、第一連から第四連の「山」「海」「星」「希望」すべてに対して「それだけでいい」と作者が思っているということを表す効果がある。

第三連までと同じように第四連の最後に「それだけでいい」という言葉を置いてしまうと、〝(希望があることを)信じつづけるだけでいい〟という意味になり、作者の思いとは異なったものになってしまうのである。

学びの道しるべ

▼教科書P.160

2 山、海、星について、作者が「……だけでいい」といっている理由を考えよう。 ↓P.128①

3 第一連から第三連までと、第四連との共通点・相違点について話し合おう。

■解答例■

第一連から第三連はいずれも六行で構成されていて、二行めと六行めに「……だけでいい」が用いられている。それに対して第四連は、七行で構成されていて、第一連から第三連と同じように二行めに「……だけでいい」が用いられているが、一回のみである。また、山・海・星は目に見えるものなのに対して、希望は目に見えないものという点も異なる。

4 第五連が「それだけでいい」の一行のみで表現されていることの効果について、考えたことを交流しよう。 ↓P.128②

■解答例■

第五連が「それだけでいい」の一行のみで表現されていることによって、第一連から第四連で取り上げられている四つのものだけでなく、それ以外のすべてのものの存在を肯定するという意味にも解釈することができる。

読み方を学ぼう　詩の表現技法

◆「それだけでいい」の詩には次のような表現技法が見られる。 教P.161

① 同じ語句を繰り(く)返す（＝反復）
↓リズムを生み出したり、印象を強めたりする

・第一連二行目　そこに見えている**だけでいい**
・〃　六行目　いつも見えている**だけでいい**
・第二連二行目　そこに輝(かがや)いている**だけでいい**
・〃　六行目　いつも輝(かがや)いている**だけでいい**
・第三連二行目　そこにある**だけでいい**
・〃　六行目　わかっている**だけでいい**
・第四連二行目　心にある**だけでいい**
・第五連　それ**だけでいい**

② 語形や意味が対応するように言葉を並べる（＝対句）
↓それぞれを際立(きわだ)たせたり、リズムを生み出したりする

・第二連三行目　白い船(ふね)を泳がせ
・〃　四行目　かもめの群(むれ)を遊ばせ　｝対句
・第三連三行目　雲に覆われるときも
・〃　四行目　雨に隠されるときも　｝対句

③ あいだを一行あけて、一つひとつの連としてまとめる
↓調子を変えたり、間(ま)を生み出したりする

表現技法は、読者の心を揺さぶるための〝仕掛け〟だよ。

読みを深め合う

言葉発見④ 比喩・倒置(とうち)・反復・対句・体言止め

教科書 P.162〜163

内容を確認して、整理しよう

比喩

◆比喩とは?

…何かを別のものでたとえて表す表現。

◆比喩の種類

●直喩(明喩)

「(まるで/あたかも)〜ようだ」「(まるで/あたかも)〜みたいだ」などの形を使ってたとえる。

例 あの人の意志の固さときたら、まるで岩のようだ。

※「意志の固さ」を「岩」にたとえている。

効果 ・事柄(ことがら)の様子などが具体的にイメージされる。

・わかりにくい物事のしくみなどが具体的に理解できる。

「さながら〜ごとし」も、直喩の表現だよ。少し古い表現だけれど、覚えておこう。

●隠喩(暗喩)

「〜ようだ」などの形を使わずにたとえる。

例 母は、わが家の太陽だ。

※「母」の明るい人柄(ひとがら)を「太陽」にたとえている。

効果 ・事柄(ことがら)の様子などが具体的にイメージされたり理解されたりする。

・直喩と同じように、様子やしくみなどが具体的にイメージされる。

・謎めいた表現になることもあり、その場合は、「どういう意味だろうか」と、読む人を引きつける。

●擬人法

人間でないものを人間に見立てて表現する。

例 たくさんの星がひそやかにささやき始めた。

※「星がまたたき始めた」様子を、人間がささやく様子に見立てて表現している。

擬人法は、「〜ようだ」を使わずに、人間でないものを人間にたとえているので、隠喩の一種だと言えるよ。

効果 ・物が生きているかのように表現される。
・いきいきとした表現になったり、おかしみのある表現になったりする。

倒置・反復・対句・体言止め

◆倒置

普通とは語順を逆にして表現する。

例 いったいどうしたというんだ、このありさまは。

※普通の語順では、「このありさまは、いったいどうしたというんだ。」となるところであるが、語順を逆にしている。

効果 ・感動や驚きを強調する。
・文の調子をテンポよく整える。

◆反復

同じ語句や似た語句を繰り返して表現する。

例 風が吹く。風が吹く。冷たい 冷たい 風が吹く。

※「風が吹く」や「冷たい」という語句が繰り返されている。

効果 ・繰り返すことでリズムが生まれる。
・言いたいことを強調したり、感情の高まりを伝えたりする効果がある。

◆対句

語形や意味が対応するように言葉を並べて表現する。

例 地には清い川が流れ、空には白い雲が浮かぶ。

※「地には↔空には」「清い↔白い」「流れ（る）↔浮かぶ」という三組の言葉の対応ができている。

効果 ・対応する表現を並べることで、それぞれを際立たせる。
・リズムのある調子が生まれる。

◆体言止め

体言で文を終える。

例 体育祭での総合優勝は、一年生のときのいちばんの思い出。

※「思い出」という体言で文を終えている。

効果 ・力強い印象を与えたり、余韻を残したりする効果がある。

確かめよう

次の文にはどのような表現方法が用いられているか、考えよう。

○ 私は実現します、みんなが協力し合える学校を。私は実現します、一人ひとりが活躍できる学校を。皆さん、生徒会選挙ではぜひ私に、ぜひ私に一票をお願いします。

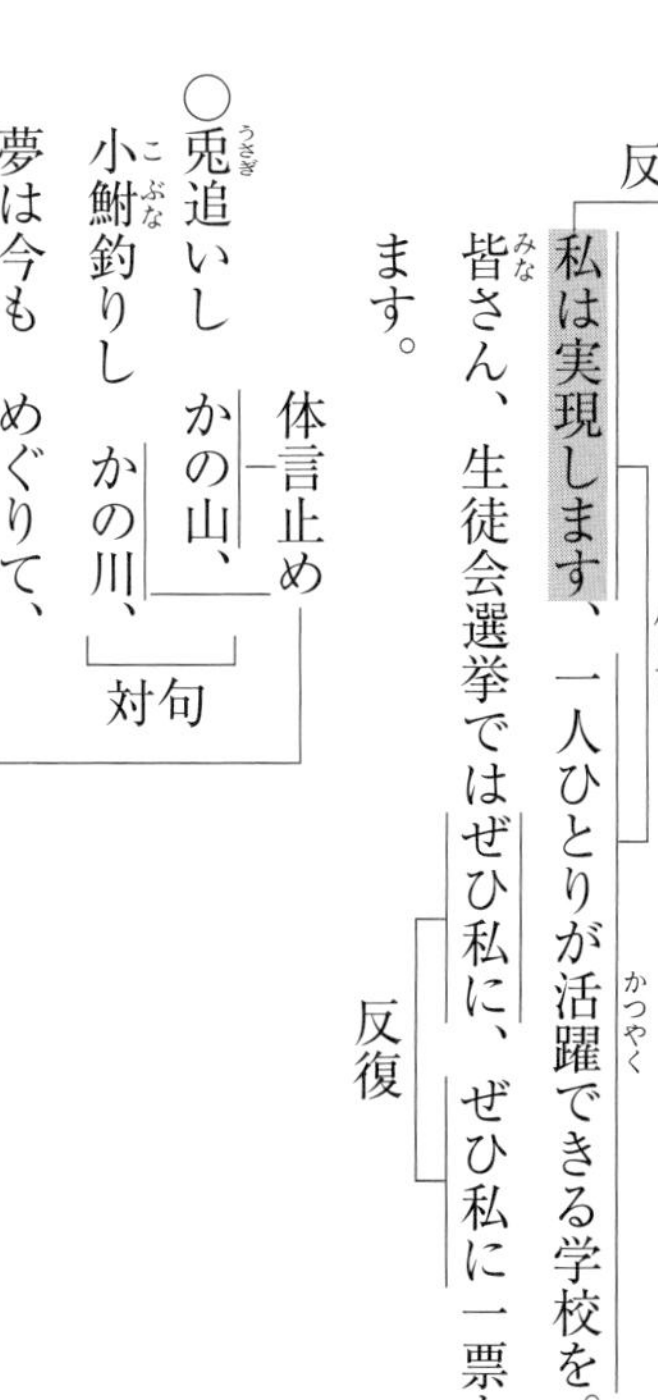

○ 兎追いし　かの山、
小鮒釣りし　かの川、
夢は今も　めぐりて、
忘れがたき　ふるさと。

書く

読みを深め合う

詩　思いや発見をリズムに乗せる

教科書　P.164〜167

内容を確認して、整理しよう

【詩とは？】

●選びぬかれた言葉を連ねて、思いや考えを凝縮(ぎょうしゅく)して表現したもの。

●身のまわりの何気ない物事でも、新しい見方で捉え、自分なりの言葉で表現しようとすることによって、言葉への感覚が磨(みが)かれる。

●短い言葉の中に思いをこめて書くことによって、読み手の想像を広げることができる。

日常生活の中での発見や、心が動いたできごとを題材にして、詩を書いてみよう。

【詩の書き方】

1　題材を決める

◆題材を決めるときのポイント

○日常生活の中で発見したことや、おもしろいと感じたことなどから、詩の題材を選ぶ。

○大きなできごとでなくてもよい。

○ちょっとした発見を新しい見方で表現する。

例
・散歩の途中、公園の木々の緑が鮮やかだった。
→自然のいきいきとした生命力を感じた。
・友だちの一言で、落ち込んでいた気持ちが楽になった。
→人とのつながりについて改めて考えた。

2　発想を広げて言葉を書き出す

◆言葉を書き出すときのポイント

○題材の中心を明確にして、そこから連想する言葉を書き出す。

○書き出したことをもとに、詩で伝えたいことをしぼり込む。

例
・どこで？　どこに？
・いつ？　どんなとき？
・どんなふうに動いた？
　→ 様子が思い浮かぶ表現（場所・時間・季節・色・音・状態・動き　など）

・どんな気持ちで？
・どう感じた？
　→ 思いが伝わる表現（喜び・悲しみ・驚き・怒(いか)り・感動・共感　など）

3 リズムを整えて詩を書く

◆詩を書くときのポイント

○言葉を削(けず)ったり、言いかえたりして、伝えたい思いや考えがいきいきと伝わる表現になるように工夫する。

○比喩・倒置(とうち)・反復・対句・体言止めなどの表現技法を効果的に活用する。→表現技法についてはP.130～131

○同じ言葉や音や文を繰(く)り返したり（＝反復）、音の数をそろえたり（＝対句）すると、音楽のようなリズムが生まれる。

◆推敲(すいこう)のポイント

○詩を書いたら、自分の感じたことがうまく表現されているか、推敲(すいこう)する。

・リズムはうまく整っているか。

リズムが整っているかを確かめるには、何度も声に出して読んでみるといいんだね。

・連の構成は適切か。

・表記を工夫したほうがよいところはないか。

例　大切な物
　　大切なもの
　　大切なモノ
　｝漢字？　平仮名？　片仮名？　どれで書くのが効果的？

・題名は、詩の内容をうまく表しているか。

・選んだ言葉は、伝えたい思いや考えにふさわしいものになっているか。

例　見つめる
　　見守る
　　見届ける
　｝伝えたい感情を表せるのは、どの言葉？

①　意味を比較
　見つめる……一瞬も目を離さずにじっと見続ける
　見守る……行く末を、温かい気持ちで応援する
　見届ける……最後まで見て確かめる

②　他の言葉とのつながりを比較
　君の目を見つめていた……○
　君の目を見守っていた……×
　君の目を見届けていた……×

③　リズムを比較

4 交流する

○グループごとに、完成した詩を声に出して読み合う。

○その詩から伝わってきた思いや発想のおもしろさ、表現の工夫などについて、お互いに気づいたことを伝え合う。

詩を書くときだけでなく、他の学習や日常生活においても、言葉を吟味(ぎんみ)し、効果的な表現を工夫したいね。

読みを深め合う　小説

トロッコ

芥川龍之介

教科書 P.168〜180

内容を確認して、整理しよう

良平が八つの年、軽便鉄道敷設の工事が始まった。毎日村外れに工事を見物に行っていた良平は、工事場で働く土工や彼らが乗るトロッコに、あこがれの気持ちを抱いていた。二月の初旬のある夕方、良平は弟やその友達と一緒にトロッコで遊び、やってきた土工にどなられてしまった。

その十日余りのちのこと、良平が工事場にたたずんでいると、二人の若い土工が現れた。二人は良平をトロッコに乗せてくれた。だが、家から遠くなるにつれて、初めは喜んでいた良平も次第に不安になってきた。そして、土工たちから一人で家に帰るように言われたときには、泣きそうになった。

良平は、無我夢中で線路づたいに走りだした。走るのにじゃまなものは何もかも捨てて走り続けた。そうして、ようやく家にたどり着いたとき、良平はただ泣き立てるばかりだった。

大人になり、東京で校正の仕事をしている良平は、どうかすると今でも、そのときの自分を思い出すことがある。

人物の関係を整理しよう

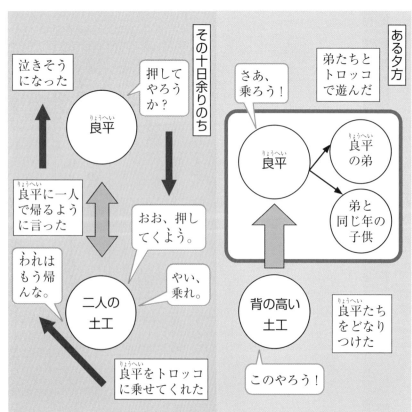

ある夕方

- 良平 → 良平の弟、弟と同じ年の子供：弟たちとトロッコで遊んだ／「さあ、乗ろう！」
- 背の高い土工 → 良平たち：良平たちをどなりつけた／「このやろう！」

その十日余りのち

- 二人の土工 → 良平：良平をトロッコに乗せてくれた／「おお、押してくよう。」「やい、乗れ。」
- 良平 → 二人の土工：「押してやろうか？」
- 二人の土工 ⇔ 良平：良平に一人で帰るように言った／「われはもう帰んな。」
- 良平：泣きそうになった

まとまりごとの展開を確認しよう

1 トロッコへのあこがれ　教 P.168・1行め～11行め

◆人物・時・場所の設定

・誰…良平・二人の土工
・いつごろ…良平が八つの年
・どこで…小田原・熱海間にある村の外れ

◆工事の様子と良平の心情

工事の様子

○トロッコが山を下ってくる
・あおるように車台が動く
・土工のはんてんの裾がひらつく
・細い線路がしなる

○土工が車の土をぶちまける
○トロッコを押して山を登る

良平の心情

・土工になりたい
・（土工になれないまでも）せめては土工と一緒にトロッコに乗りたい

・（トロッコに乗れないまでも）押すことさえできたら（いいのに）

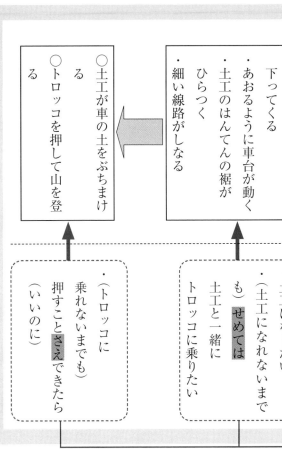

ポイントを確認しよう

①この場面は、どのように設定されているだろうか。「⑴誰」、「⑵いつごろ」、「⑶どこで」の順に答えなさい。

例　⑴良平・土工が二人　⑵良平が八つの年
⑶小田原・熱海間にある村の外れ

「⑴誰」は「登場人物」、「⑵いつごろ」は「時」、「⑶どこで」は「場所」の設定にあたる。

②良平の希望は、どんなことだろうか。「⑴最もかなえたい希望」、「⑵二番目にかなえたい希望」、「⑶最低でも、これだけはかなえたい希望」の順に答えなさい。

例　⑴土工になること。　⑵土工と一緒にトロッコに乗ること。
⑶トロッコを押すこと。

「せめては」や「さえ」という言葉に注意する。「せめては」は、「あることができないとき、せめてその次の希望だけでもかなえたい」というような場合に使う言葉。「さえ」にはいろいろな意味があるが、ここでは、「せめて～だけでも」という意味で使われている。「押すことさえ」とは、「乗ることができなくても、せめて押すことだけでも」という意味。

2 ある夕方のできごと

教 P.169・1行め～P.170・17行め

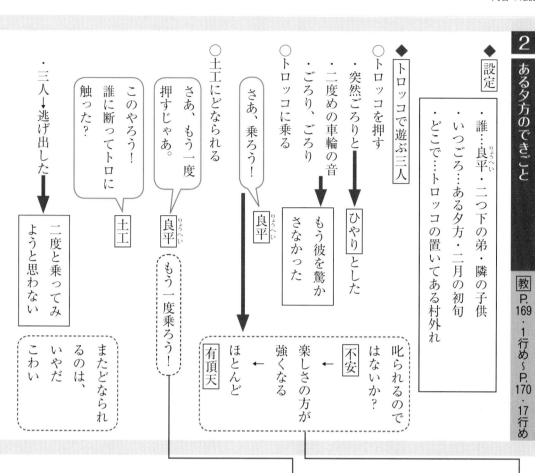

◆設定

・誰…良平（りょうへい）・二つ下の弟・隣の子供
・いつごろ…ある夕方・二月の初旬
・どこで…トロッコの置いてある村外れ

◆トロッコで遊ぶ三人

○トロッコを押す
・突然ごろりと → ひやりとした
・二度めの車輪の音
・ごろり、ごろり → もう彼を驚かさなかった

○トロッコに乗る

良平「さあ、乗ろう！」
→ 叱られるのではないか？（不安）← 楽しさの方が強くなる ← ほとんど有頂天

良平「さあ、もう一度押すじゃあ。」
→ もう一度乗ろう！

○土工にどなられる

土工「このやろう！誰に断ってトロに触った？」

・三人→逃げ出した → 二度と乗ってみようと思わない
またどなられるのは、いやだ　こわい

① トロッコを押し始めてから、トロッコに乗って線路を下って終点に止まるまでの間、良平（りょうへい）の心情はどのように変化しただろうか。

例 初めは、車輪がごろりと鳴る音に、見つかって叱られるのではないかと不安になったが、押しているうちに楽しさの方が強くなって不安を忘れ、トロッコに乗って線路を下るときには、ほとんど有頂天になった。

心情が読み取れる表現をピックアップして、変化を捉える。

② 「さあ、もう一度押すじゃあ。」と言ったときの良平（りょうへい）は、どんな気持ちだっただろうか。

例 もう一度トロッコに乗ろうという気持ち。

もう一度トロッコを押し上げて、それに乗ろうと思ったのである。

トロッコにあこがれる良平（りょうへい）の気持ちを、行動から読み取りましょう。

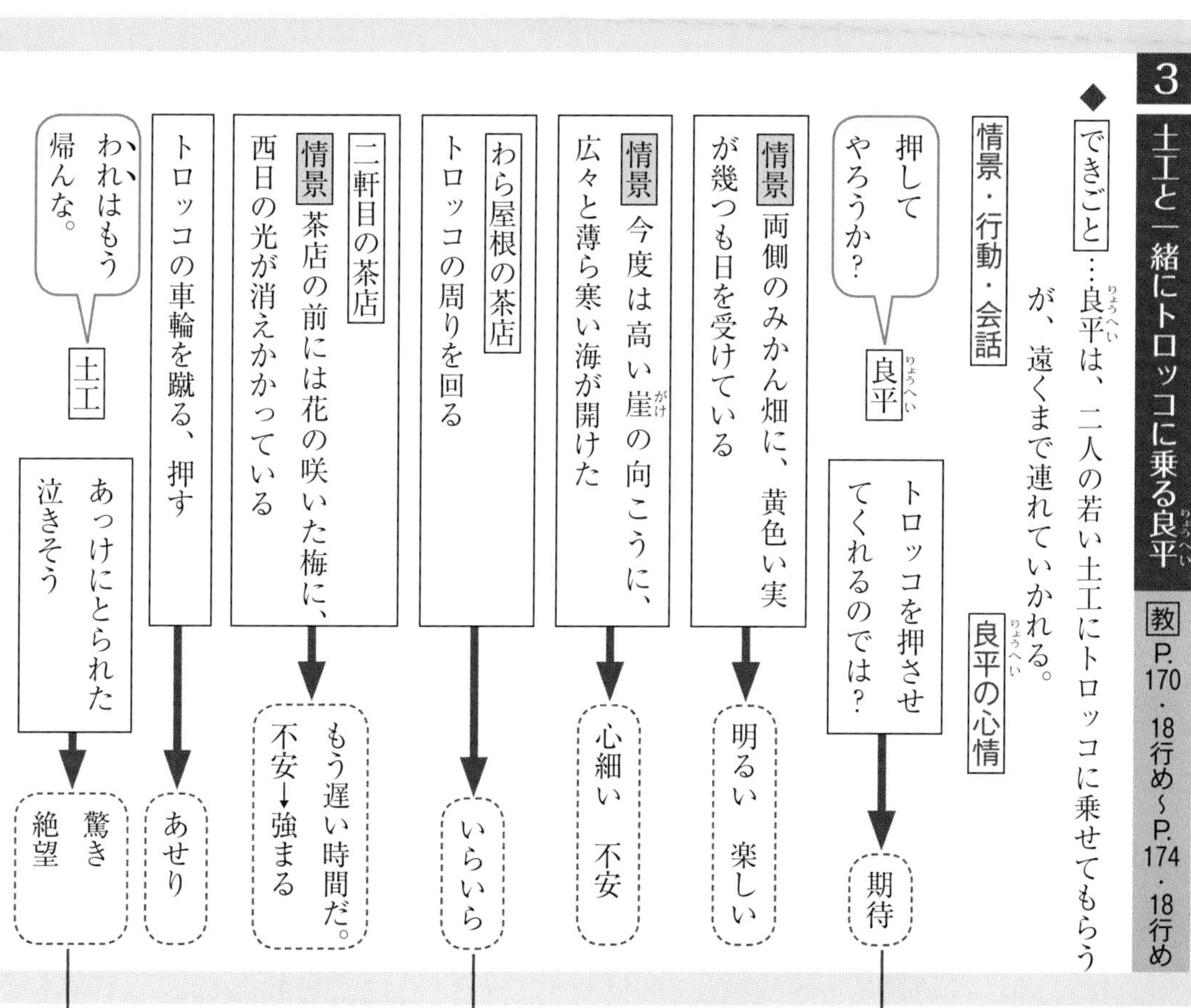

3
土工と一緒にトロッコに乗る良平
教 P.170・18行め～P.174・18行め
◆できごと…良平は、二人の若い土工にトロッコに乗せてもらうが、遠くまで連れていかれる。
情景・行動・会話
良平の心情
押してやろうか？
良平
トロッコを押させてくれるのでは？
期待
情景 両側のみかん畑に、黄色い実が幾つも日を受けている
明るい 楽しい
情景 今度は高い崖の向こうに、広々と薄ら寒い海が開けた
心細い 不安
わら屋根の茶店
トロッコの周りを回る
いらいら
二軒目の茶店
情景 茶店の前には花の咲いた梅に、西日の光が消えかかっている
もう遅い時間だ。
不安→強まる
トロッコの車輪を蹴る、押す
あせり
われはもう帰んな。
土工
あっけにとられた
泣きそう
驚き
絶望

①工事場で若い二人の土工に声をかけたときの良平は、どんな気持ちだっただろうか。

例 トロッコを押させてくれるのではないかと期待する気持ち。

二人の若い土工が「親しみやすいような」気がしたので、声をかければトロッコを押させてくれるのではないかと思ったのである。

②「みかん畑」の場面と、「わら屋根の茶店の前」の場面とでは、良平の気持ちはどのように変化しているだろうか。

例 みかん畑の場面でトロッコに乗せてもらったときは、楽しく明るい気持ちだったが、わら屋根の茶店の前で土工たちを待っているときには、いらいらし始めていた。

「もう帰ってくれればいい。」とあるように、家に帰ることを考え始めて、いらいらしてきたのである。

③「われはもう帰んな。」と土工に言われたとき、良平はどんな気持ちだっただろうか。

例 遅い時間に遠い道のりを一人で歩いて帰らなければならないことがわかって、驚き、絶望する気持ち。

「あっけにとられた」が「驚き」、「ほとんど泣きそうになった」が「絶望」をそれぞれ表している。

4 家にむかって走る良平

教 P.175・1行め～P.176・7行め

◆ できごと …良平は、たった一人で家に向かって走った。

情景・行動・会話

しばらく無我夢中に線路づたいに走り続けた

（土工にもらった）菓子包みを放り出した

板草履も脱ぎ捨てた

情景 夕焼けのした日金山の空も、もうほてりが消えかかっていた

良平の心情

家に帰りたいという気持ちだけに心を奪われている
線路づたいに行けば家に帰れるはずだ

走るのにじゃまなものはいらない！

もう日が暮れそうだ！家に帰れるのか？

気が気でなかった
（景色の違って見えるのも）不安だった

① 「無我夢中」という言葉に、良平のどんな様子が表れているだろうか。

例 早く家に帰り着きたいという気持ちだけに心が奪われてしまい、ほかには何も考えられなくなっている様子。
線路づたいに走り続ければ自分の村に帰り着くはずだと考えたからだろう。

② 良平が土工にもらった菓子包みを放り出し、板草履を脱ぎ捨てたのは、なぜだろうか。

例 走るのにじゃまなものは全て捨てて、走ることに集中したかったから。
「懐の菓子包みが、じゃまになることに気がついたから」とあるのに注意する。このあと羽織を脱いで捨てたのも、同じ理由からである。

③ 夕焼けのした日金山の空のほてりが消えかかっていたのを見たときの良平は、どんな気持ちだっただろうか。

例 もうすぐ日が暮れてしまうことを知り、はたして自分は家に帰れるのだろうかと気が気でなく、不安がいっそう強まるような気持ち。
線路づたいに進めば村に着くはずだと理屈では分かっていても、「本当にこの道でいいのか。」、「夜になると道に迷うのではないか。」といった不安があった。

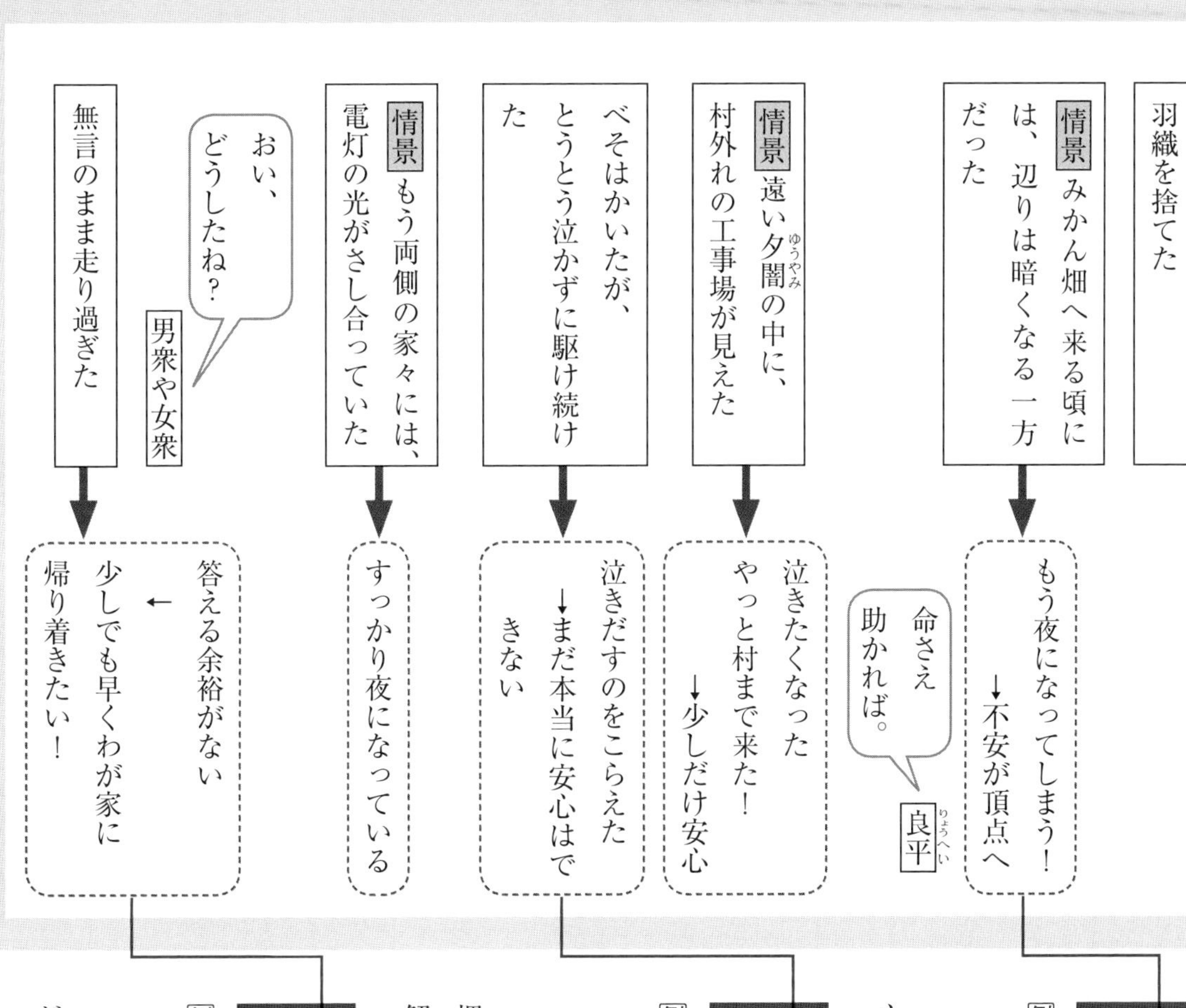

羽織を捨てた
情景 みかん畑へ来る頃には、辺りは暗くなる一方だった
もう夜になってしまう！
↓不安が頂点へ
命さえ助かれば。
良平
情景 遠い夕闇の中に、村外れの工事場が見えた
泣きたくなった
やっと村まで来た！
↓少しだけ安心
べそはかいたが、とうとう泣かずに駆け続けた
泣きだすのをこらえた
↓まだ本当に安心はできない
情景 もう両側の家々には、電灯の光がさし合っていた
すっかり夜になっている
おい、どうしたね？
男衆や女衆
無言のまま走り過ぎた
答える余裕がない
←
少しでも早くわが家に帰り着きたい！

①「命さえ助かれば。」と思ったとき、良平はどんな状態だったのだろうか。

例 辺りが暗くなる一方だったために、「もう夜になってしまう」「本当に生きて家に帰れるだろうか」と、不安が頂点に達した状態。

「命さえ助かれば。」という言葉から、家に生きて帰れるかどうか心配に思っていることが読み取れる。

②村外れの工事場が見えたとき、良平はべそをかいたが、とうとう泣かずに駆け続けたのはなぜだろうか。

例 ようやく村外れまでもどってきたことで少しは安心し、緊張がとけたために泣きだしそうになったが、まだ本当には安心できないと思い直したから。

ここまで良平が、泣きだすのをずっとこらえて走ってきたことを押さえておく。「泣く」ということは、ここでは「不安や緊張から解放される」ことを表すと考えてよい。

③男衆や女衆に声をかけられても無言で走り過ぎたとき、良平はどんな気持ちだったのだろうか。

例 男衆や女衆に答える余裕もなく、ただひたすらわが家に帰り着きたいという気持ち。

すでに村の中に入っていて、知り合いの男衆や女衆の姿もあるのだが、わが家に着くまでは安心できなかった。

5 わが家に帰った良平

教 P.176・8行め〜15行め

◆ できごと …良平はわが家に帰り、泣き続けた。

良平の行動

門口へ駆け込んだ → わっと泣きだささずにはいられなかった →（父母が周りへ集まっても）手足をもがきながら泣き続けた →（人々から泣くわけを尋ねられて）泣き立てるよりほかにしかたがなかった

良平の心情

やっとわが家に帰り着いた！
→強い安心感
　緊張がゆるむ
＝不安からの解放

あの遠い道を駆け通してきた、今までの心細さを振り返ると、いくら大声に泣き続けても、足りない気持ち

＝

それほど、遠い道を駆け通してきた間の不安が強かった！

①良平が門口に駆け込んだとき、わっと泣きだささずにはいられなかったのは、なぜだろうか。

例　ようやく家に帰りついたことで緊張が一気にゆるみ、不安から解放されたから。

悲しいときやつらいときに泣くが、良平が泣いたのはそうした理由からではなく、強い不安から解放されたからだと考えられる。

②周りの人々からなんと言われても泣き立てるよりほかにしかたがなかった、というときの良平は、どんな気持ちだったのだろうか。本文中から書き抜きなさい。

あの遠い道を駆け通してきた、今までの心細さを振り返ると、いくら大声に泣き続けても、足りない気持ち

良平は、泣くことでそれまでの心細さ（＝不安）から解放されようとしていることが読み取れる。

③良平が大声で泣き続けていることから、どんなことがわかるだろうか。

例　それまでの良平の不安が、少し泣いたくらいでは消えないほど大きなものであったということ。

「いくら大声に泣き続けても、足りない」に着目する。いくら泣いてもうめ合わすことのできないほど大きな不安だったのである。

6 大人になった良平（りょうへい） 教 P.176・16行め～P.177・1行め

◆良平のその後

・二十六の年、妻子とともに東京へ出てきた
・今では校正の朱筆（しゅふで）を握っている（＝校正の仕事をしている）
・塵労（じんろう）（生活上のわずらわしい苦労）に疲れた
＝苦労や不安のある生活

◆遠い道を駆けて家に帰ったときを思い出す良平
・全然なんの理由もないのに、そのときの彼を思い出す
・全然なんの理由もないのに？
＝理由があるのでは？

理由
彼の前には今でもやはりそのときのように、薄暗いやぶや坂のある道が、細々と一筋断続している

◆「薄暗いやぶや坂のある道」が表すもの
遠い道を駆けて家に帰ったときの道……不安やあせり
薄暗いやぶや坂のある道
現在から未来の生活（生きる道）……不安やあせり
重なる

①東京で校正の仕事をしている良平の生活は、どんな生活だろうか。

例 苦労や不安のある生活。
教 P.176・18行め「塵労に疲れた彼」が手がかりになる。希望を抱いて東京に出てきたが、うまくいかないことも多いのだろうと想像される。

②良平が「そのときの彼」（遠い道を駆けて家に帰ったときの自分）を思い出すのは、なぜだろうか。

例 現在の塵労に疲れた良平の前にも、そのときと同じように薄暗いやぶや坂のある道、つまり不安やあせりを感じさせる未来が横たわっているから。
「薄暗いやぶや坂のある道」は、子供の頃、不安やあせりをこらえながら家まで駆けた道を表すと同時に、現在の自分の前に横たわる未来への不安やあせりも表している。

③現在の良平と、「そのとき」（遠い道を駆けて家に帰ったとき）の良平とでは、どんなところが重なるだろうか。

例 どちらもこれから進む道に不安やあせりを感じているところと、それでも進まなければならないところ。
「薄暗いやぶや坂のある道」は、不安やあせりを暗示している。子供のときに感じたのと同じように、現在の良平はこれからの生きる道に不安を感じている。

学びの道しるべ

▼教科書 P.178〜179

1 良平は、トロッコにどのような思いを抱いているか。170ページ・17行めまでをもとに考えよう。

↓P.135②

2 「そののち十日余りたってから」（170ページ・18行め）から、家に帰り着くまでの一日のできごとの中で、良平の心情は、どのように変化したか。次の場面を中心に捉えよう。

● 「おお、押してくよう。」（171ページ・9行め）と土工に言われたとき

■解答例■

以前に麦わら帽をかぶった土工に叱られたので、トロッコを押すことを許可されたことがうれしかった。後ろめたい気持ちもなくトロッコを押すことができ、いつまでも押し続けたいと思っている。

● 「われはもう帰んな。……」（174ページ・11行め）と土工に言われたとき

↓P.137③

● 「彼のうちの門口へ駆け込んだとき」（176ページ・8行め）

↓P.140①

3 「広々と薄ら寒い海」（173ページ・3行め）のような情景描写を抜き出し、そこから想像できる良平の心情と、表現の効果を考えよう。

■解答例■

［情景描写］「跳ね返った泥が乾いていた」（173ページ・13行め）

［良平の心情］泥が乾いてしまうほどの時間がたったということは、それほど遠くまでトロッコを押して来たことを表す。見覚えのない遠い所まで来てしまったことを再認識させられ、不安が増していく。

［表現の効果］トロッコについて丁寧に描くことで、時間の流れがゆっくりと感じられる。その分、良平の緊迫した様子を丁寧に描くことができる。

4 大人になった良平（176ページ・16行め〜終わり）と、「そのときの彼」（176ページ・17行め）とは、どのようなところが共通しているか。最後の一文から受けるイメージをもとに、考えよう。

↓P.141③

重要語句の確認

▼168ページ

4 意 たたずむ　しばらくその場に立っている。

5 意 あおる　風や火の勢いで物を動かす。

▼169ページ

13 勾配(こうばい)　斜面(しゃめん)の傾(かたむ)きの度合い。

▼170ページ

2 意 おもむろに　落ち着いて、静かに事を始める様子。類 やおら

5 意 有頂天　物事に熱中して我(われ)を忘れる。

16 意 ほのめく　ほのかに見える。

▼171ページ

14 意 内心　心のうち。類 心中(しんちゅう) 対 外面

15 黙々(もくもく)と　黙(だま)って専念している様子。

15 意 おずおず　おびえたり自信がなかったりしてためらう様子。類 恐(おそ)る恐(おそ)る

▼172ページ

13 意 ひた　いちずに。ひたすら。

▼173ページ

2 意 つま先上がり　足のつま先を上へ向けてあがること。次第にのぼり坂になること。

11 悠々(ゆうゆう)と　ゆっくりと落ち着いている様子。

16 意 冷淡(れいたん)　同情心のないこと。類 冷然

▼174ページ

13 意 あっけにとられる　意外なことに出会って驚(おどろ)きあきれる。類 唖然(あぜん)とする

17 意 取ってつけたよう　無理にあとから付け加えたように、わざとらしく不自然な様子。

▼175ページ

1 無我夢中(むがむちゅう)　我(われ)を忘れるほど、ある物事に熱中すること。

10 意 気が気でない　気にかかって落ち着いていられない。類 気もそぞろ

▼176ページ

2 意 べそをかく　子供などが顔をしかめて今にも泣きそうになる。

5 意 あえぎあえぎ　ぜえぜえとせわしく息をすること。

9 意 殊(こと)に　普通(ふつう)と違(ちが)って。類 特に

▼177ページ

1 意 断続する　切れたり続いたりする。

読み方を学ぼう　情景描写　教P.180

小説で描かれる風景の中には、単に景色そのものを描写しているだけではなく、登場人物や語り手の気持ちをそれとなく表現しているものがある。このような風景は「情景」と呼ばれる。したがって、情景をしっかり読み解くことで、直接には書かれていない登場人物や語り手の気持ちを感じ取ることができる。たとえば、「明るい風景（晴れ渡(わた)った空、暖かな日差しなど）」は「楽しさ」や「喜び」などを表し、「暗い風景（黒い雨雲や薄暗い空など）」は「怒(いか)り」や「悲しみ」などを表していることになる。ただし、「情景」をあまりにも決めつけて考えるのはよくない。

同じような情景でも、人物によって感じ方が違う場合があることに気をつけよう。

新出漢字のチェック✓

搬 168ページ 13画
ハン
貨物を運搬する／搬送／搬出（⇔搬入）
4級
注 形の似た漢字に注意しよう。
「搬」と字形の似た漢字には「船」や「般」がある。「搬」は「物を運ぶ。移動する」という意味があるよ。

眺 168 11画
チョウ／なが-める
眺望絶佳（ぜっか）の地／ゆっくり眺める／最高の眺め
準2級

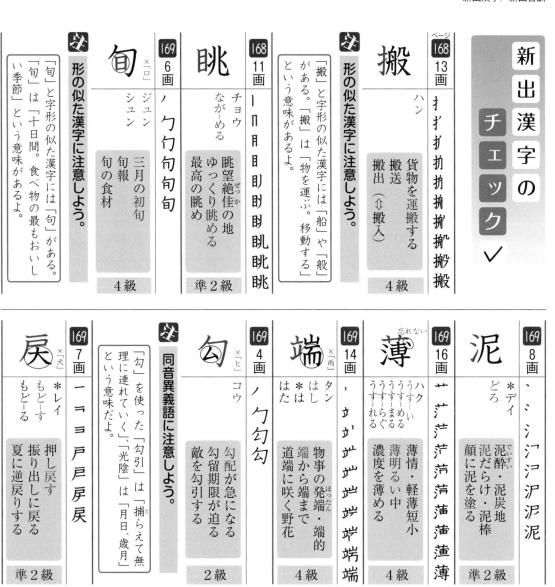

旬 169 6画 ×「口」
ジュン／シュン
三月の初旬／旬報／旬の食材
4級
注 形の似た漢字に注意しよう。
「旬」と字形の似た漢字には「句」がある。「旬」は「十日間。食べ物の最もおいしい季節」という意味があるよ。

泥 169 8画
＊デイ／どろ
泥酔（でいすい）／泥だらけ・泥炭地・泥棒／顔に泥を塗る
準2級

薄 169 16画 忘れない
ハク／うす-い／うす-める／うす-まる／うす-らぐ／うす-れる
薄情・軽薄短小／薄明るい中／濃度を薄める
4級

端 169 14画 ×「而」
タン／はし／＊は／はた
物事の発端（ほったん）・端的／端から端まで／道端に咲く野花
4級

勾 169 4画 ×「ヒ」
コウ
勾配が急になる／勾留期限が迫る／敵を勾引する
2級
注 同音異義語に注意しよう。
「勾」を使った「勾引」は「捕（と）らえて無理に連れていく」、「光陰」は「月日、歳月」という意味だよ。

戻 169 7画 ×「犬」
＊レイ／もど-す／もど-る
押し戻す／振り出しに戻る／夏に逆戻りする
準2級

躍 170 21画 ×「罒」
ヤク／おど-る
一躍有名になる／飛躍・躍起になる／希望に心が躍る
4級
注 同訓異字に注意しよう。
「躍る」は「勢いよく飛びはねる」、「踊る」は「音楽に合わせて体を動かす」ときにそれぞれ使われるよ。

触 170 13画 ハネ
ショク／ふ-れる／さわ-る
感触・触発される／手と手が触れる／花に触る
4級
注 形の似た漢字に注意しよう。
「触」と字形の似た漢字には「解」がある。「触」は「さわる。さわった感じ」という意味があるよ。

帽 170 12画 ×「日」
ボウ
帽子・麦わら帽／脱帽と着帽
4級

彩 170 11画 ×「禾」
サイ／＊いろど-る
あざやかな色彩／異彩を放つ・光彩／緑に彩られた山
4級

ページ171 叱 ×「ヒ」 5画 丨 口 口 口ノ 叱
シツ
しか-る
叱責
厳しく叱る
叱った後は褒(ほ)める
2級

ページ171 挟 ×「扌」 9画 一 十 扌 扌 扌 扌 扌 挟 挟
*キョウ
はさ-む
はさ-まる
挟撃(きょうげき)
口を挟む
戸に手が挟まる
準2級

形の似た漢字に注意しよう。

「狭義」「狭い道」などと用いる「狭」とは、左の偏(へん)が異なるよ。注意しよう。

172 幾 忘れない 12画 ㄑ ㄠ 幺 幺幺 幺幺 幾 幾 幾 幾 幾
キ
いく
幾何学的(きかがく)な模様
幾つも重なる
幾日・幾多の困難
4級

173 悠 忘れずに 11画 ノ イ 亻 亻 亻 亻 攸 攸 攸 悠 悠
ユウ
悠々・悠々自適
悠長なふるまい
悠然とした風景
準2級

新出音訓の確認

ページ170 暮 ボ 薄暮

173 淡 ×「ㇵ」 11画 丶 氵 氵 氵 氵 氵 氵 氵 氵 淡 淡
タン
あわ-い
淡水・淡水パール
冷淡な仕打ち
淡い恋心
4級

173 繕 18画 ㄠ 糸 糸 糸 糸 糸 糸 糸 繕 繕
ゼン
つくろ-う
家を修繕する
洋服を繕う
適当に取り繕う
3級

174 斜 11画 ノ ㇵ 스 소 余 余 余 余 余 斜 斜
シャ
なな-め
急な傾斜を登る
斜体・斜辺・斜面
斜めに横切る
4級

174 咲 ×「夫」 9画 丨 口 口 口 口 口 口 咲 咲
さ-く
桜が咲いた
話に花が咲く
遅咲き
4級

174 蹴 忘れない 19画 丶 ⻊ ⻊ 踔 踔 踔 蹴 蹴 蹴 蹴
シュウ
け-る
要求を一蹴する
ボールを蹴る
蹴り技を決める
2級

170 有 ウ 有頂天

173 乳 ち 乳飲み子

174 紛 10画 ㄑ ㄠ 幺 糸 糸 糸 紒 紒 紛 紛
フン
まぎ-れる
まぎ-らす
まぎ-らわす
まぎ-らわしい
内紛・紛議
雑踏(ざっとう)の中に紛れる
気を紛らす
3級

176 疲 10画 丶 亠 广 广 疒 疒 疒 疒 疲 疲
ヒ
つか-れる
疲労こんぱい
心身の疲弊(ひへい)
目が疲れる
4級

形の似た漢字に注意しよう。

「疲」と字形の似た漢字には「皮」や「彼」がある。「疲」は「ぐったりする」という意味があるよ。

175 我 ガ わ 無我夢中

176 門 かど 門口

言葉

読みを深め合う

漢字を身につけよう⑦

漢字	ページ	画数	読み	用例	級
符	182	11画	フ	事実と符合する／切符・符号／四分音符	3級
慈 ×「亠」	182	13画	ジ ＊いつく-しむ	慈善団体／母の慈愛・無慈悲／慈しみを育てる	3級
附	182	8画	フ	寄附・附属病院／本則と附則	準2級
窮	182	15画	キュウ ＊きわ-める ＊きわ-まる	窮屈・窮余の策／困難を窮める／進退窮まる	準2級
屈	182	8画	クツ	窮屈な姿勢／屈指の名作／屈強・理屈	4級
拘（ハネ）	182	8画	コウ	時間に拘束される／拘置所・拘禁	3級
俗	182	9画	ゾク	俗語を使う／世俗を離れる／俗人・民俗学	4級
粘 ×「古」	182	11画	ネン ねば-る	粘着テープ／紙粘土・粘液／最後まで粘る	3級
塞	182	13画	サイ・ソク ふさ-ぐ ふさ-がる	要塞・閉塞／入り口を塞ぐ／穴が塞がる	2級
飢 ×「凡」	182	10画	キ う-える	飢餓（きが）に苦しむ／飢えをしのぐ	準2級
銘	182	14画	メイ	肝に銘じる／高価な銘柄（めいがら）米／正真正銘	準2級
耗 ×「未」	182	10画	モウ ＊コウ	電力を消耗する／部品が摩耗（まもう）する／心神耗弱（しんしんこうじゃく）の状態	準2級
尽 ×「冫」	182	6画	ジン つ-くす つ-きる つ-かす	ご尽力を頂く／両親に尽くす／精も根も尽きる	4級
縁 ×「ヨ」	182	15画	エン ふち	無縁・縁側に座る／縁の方に座る／額縁	4級

注 同音異義語に注意しよう。

「銘じる」は「心に刻みこむ」、「命じる」は「命令する」という違いがあるよ。

182ページ **紋** 10画
モン
波紋を描く
指紋を採取する
紋様・斑紋(はんもん)
4級

182 **齢** 17画
レイ
高齢者
樹齢二千年
月齢
4級

182 **倒** 10画
トウ
たお-れる
たお-す
圧倒・倒置
大木が倒れる
前倒し
4級

182 **諾** 15画
ダク
承諾を得る
諾否・肯諾
依頼を快諾する
3級

182 **絡** 12画
ラク
*から-む
*から-まる
*から-める
連絡・短絡的
脈絡のない話
感情が絡む
4級

182 **綱** 14画 ×「岡」
コウ
つな
実施要綱に基づく
綱引きに出場する
頼みの綱
3級

新出音訓の確認

ページ	漢字	読み	用例
182	黄	コウ こ	黄金虫
182	園	その	花園
182	研	と-ぐ	包丁を研ぐ
182	熟	う-れる	熟れる
182	鋼	はがね	鋼の強さ
182	敵	かたき	商売敵
182	民	たみ	民の声
182	精	ショウ	筆無精
182	兄	ケイ	長兄

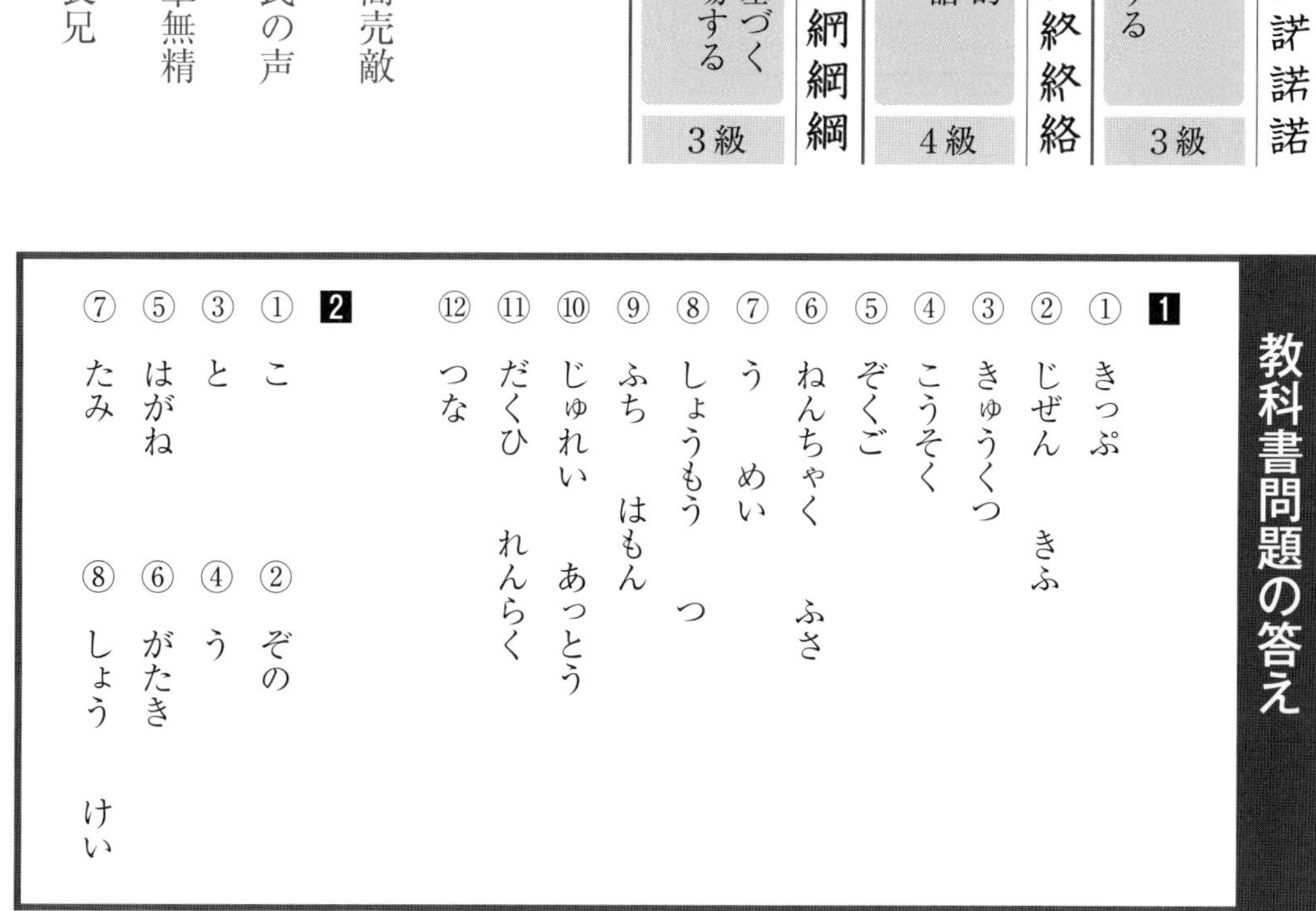

教科書問題の答え

1
① きっぷ
② じぜん　きふ
③ きゅうくつ
④ こうそく
⑤ ぞくご
⑥ ねんちゃく　ふさ
⑦ う　めい
⑧ しょうもう　つ
⑨ ふち　はもん
⑩ じゅれい　あっとう
⑪ だくひ　れんらく
⑫ つな

2
① こ　② その
③ と　④ う
⑤ はがね　⑥ がたき
⑦ たみ　⑧ しょう　けい

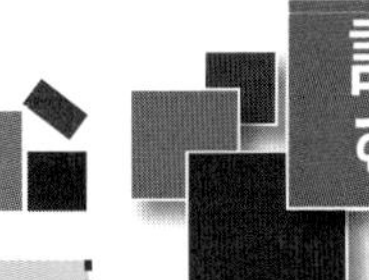

視野を広げる　説明

意味と意図——コミュニケーションを考える

教科書 P.184～192

川添　愛

内容を確認して、整理しよう

言葉によるコミュニケーションを成立させるためには、言葉の辞書的な意味を知っているというだけでは十分ではない。なぜなら、言葉の「意味」と「意図」とは異なるからである。

言葉の「意味」とは、「単語や文そのものが表す内容」「言葉の辞書的な内容」のことである。それに対して言葉の「意図」とは、「言葉を発する人が、その言葉によって表している（表したいと考えている）内容」「話す人がこういうつもりで言った内容」のことである。意味が同じ言葉でも、異なる状況で発せられると、その言葉にこめられた意図は異なるものになる。

話し手の意図を理解するには、その時の状況、文脈、相手との関係、一般常識などを手がかりにする必要がある。その手がかりがあれば、私たちは「他人の知識や思考、感情を推測する能力」を発揮して、相手の発言の「言外の意図」をも正しく理解することができるのである。一方、文字のみによるコミュニケーションでは、その手がかりがないため、意図の推測が難しくなる。

このように、言葉によるコミュニケーションは、自分と相手が「言葉の辞書的な意味」のみならず、その他の多くの知識を共有していることを土台にして成立するものなのである。

「意味」と「意図」の違いについて整理しよう

【意味】
・単語や文そのものが表す内容
・言葉の辞書的な内容

⇕

【意図】
・言葉を発する人が、その言葉によって表している（表したいと考えている）内容
・話す人がこういうつもりで言った内容

例 「ジャガイモを持ってきて。」

① 野菜の出荷場で野菜を出荷しようとしている人の言葉の意図
〝段ボールごと持ってきて〟

② 家の台所で料理をしようとしている人の言葉の意図
〝料理に必要な分だけ持ってきて〟

⇩

☆言葉によるコミュニケーションにおいて重要なのは《意図の理解》

ここでは、必要な情報に着目して文章を要約し、内容を捉える練習をしていくよ。

まとまりごとの展開を確認しよう

1 「意味」と「意図」の違い　教 P.184・1行め〜P.185・6行め

専門外の人

〝言葉の辞書的な意味を知っていればコミュニケーションは成立する〟

⇩

筆者＝言語学者・機械に人間の言葉を理解させる研究に関わる

反論

〝辞書的な意味を知っているだけで、言葉によるコミュニケーションは成立しない〟

理由

〝言葉の「意味」と言葉の「意図」は違う〟

《説明》

【意味】〝単語や文そのものが表す内容〟〝言葉の辞書的な内容〟

【意図】〝言葉を発する人が、その言葉によって表している（あるいは、表したいと考えている）内容〟〝話す人がこういうつもりで言った内容〟

⇩

〝言葉によるコミュニケーションにおいて重要なのは「意味の理解」ではなく、「意図の理解」のほう〟

⇩

〝「意図」を伝えるには、言葉の意味以外の要素が必要〟

ポイントを確認しよう

① 筆者がこのように考えるのは、どういう理由からだろうか。

例 言葉には「意味」と「意図」の違いがあり、言葉によるコミュニケーションにおいて重要なのは「意味の理解」ではなく「意図の理解」のほうだから。

「専門外の人」は、コミュニケーションには言葉の辞書的な意味を知っているだけで十分と考えるが、言語学者として機械に人間の言葉を理解させる研究に関わったことのある筆者は、言葉の「意味」と言葉の「意図」は違うものであり、言葉によるコミュニケーションにおいて重要なのは「意味の理解」ではなく「意図の理解」のほうだと考えている。

② 「意味」と「意図」は、それぞれどのようなものだと説明されているか、抜き出して整理しよう。

例・「意味」＝「単語や文そのものが表す内容」
「言葉の辞書的な内容」

・「意図」＝「言葉を発する人が、その言葉によって表している（あるいは、表したいと考えている）内容」
「話す人がこういうつもりで言った内容」

言い換えの部分もきちんと捉えよう。

2 「ジャガイモ」の例

教 P.185・7行め〜P.186・10行め

具体例

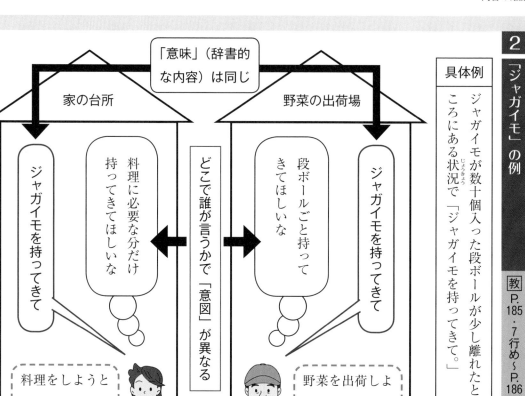

ジャガイモが数十個入った段ボールが少し離れたところにある状況で「ジャガイモを持ってきて。」

「意味」(辞書的な内容)は同じ

家の台所

ジャガイモを持ってきて

料理に必要な分だけ持ってきてほしいな

料理をしようとしている人

どこで誰が言うかで「意図」が異なる

野菜の出荷場

ジャガイモを持ってきて

段ボールごと持ってきてほしいな

野菜を出荷しようとしている人

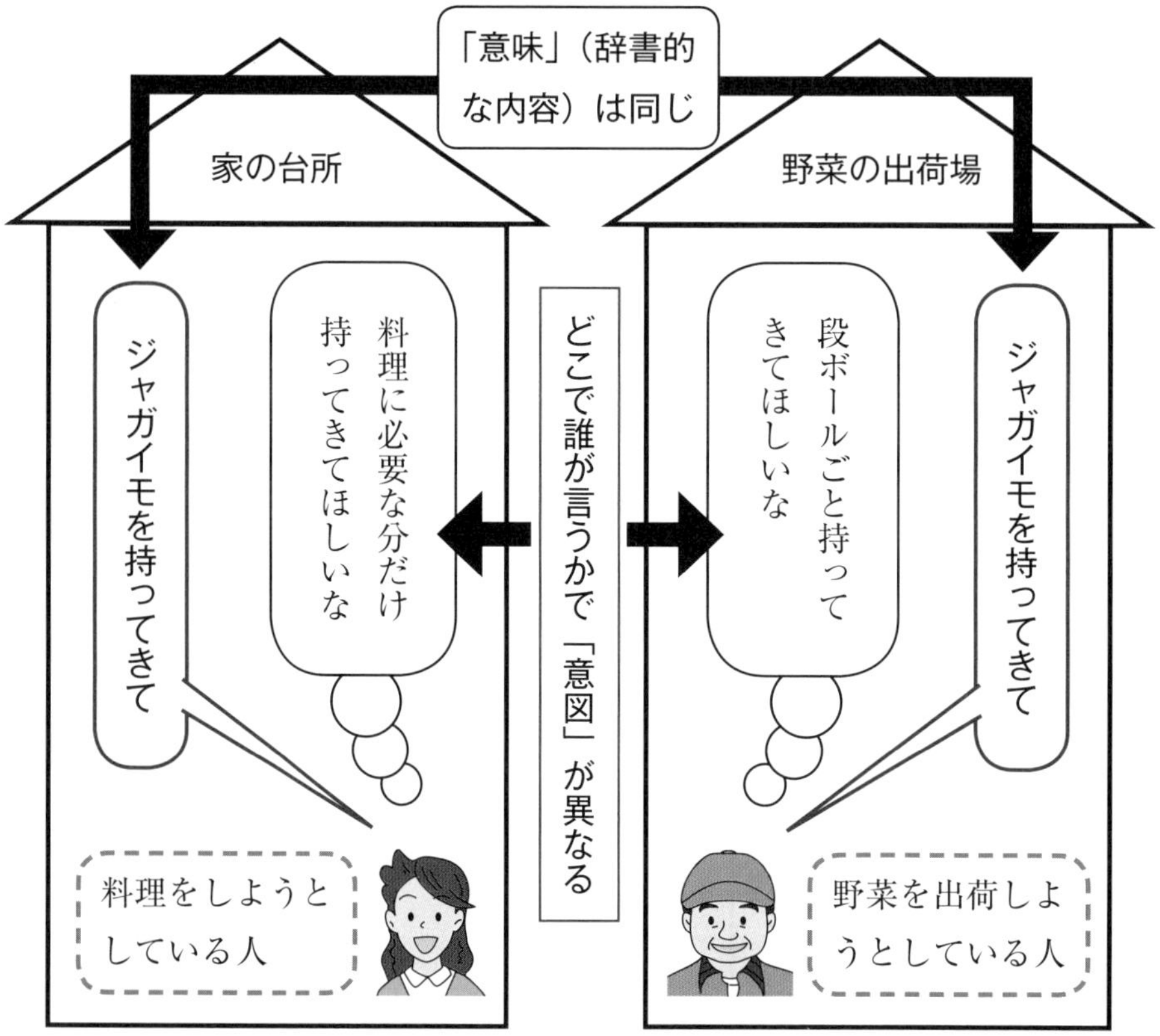

① 「ジャガイモを持ってきて。」と言う場面の例は、どういうことを説明するために用いられているのだろうか。

例 同じ「意味」の言葉でも、どこで誰が言うかによって「意図」が変わるということを説明するため。

この前の段落で筆者は、〝言葉によるコミュニケーションにおいて重要なのは「意図の理解」のほう〟〝「意図」は言葉の意味以外のさまざまな要素によって担われている〟と述べていた。その「さまざまな要素」の説明として、その言葉が発せられる場所、話し手の立場(どういう人物か)が取り上げられている。

② 「ジャガイモを持ってきて。」という言葉の意図が変わる二つのパターンを具体的にまとめよう。

例 ・野菜の出荷場で野菜を出荷しようとしている人が「ジャガイモを持ってきて。」と言った場合、「ジャガイモを段ボールごと持ってきてほしい」という意図で言っている。

・家の台所で料理をしようとしている人が「ジャガイモを持ってきて。」と言った場合、「ジャガイモを料理に必要な分だけ持ってきてほしい」という意図で言っている。

「意味」つまり「単語や文そのものが表す内容」が同じ言葉でも、どこでどういう人がその言葉を発しているかによって、その話し手がどういうつもりでその言葉を言っているか、つまり「意図」が違ってくることを的確に把握しよう。

まとめ

《単純な文》「ジャガイモを持ってきて。」

《さまざまな意図》

・「段ボールごと持ってきてほしい」

・「料理に必要な分だけ持ってきてほしい」
← どんな料理をどれくらい作るかで変わる
「○人分の××を作るから△個持ってきてほしい」

⇦ どれが話し手の意図か？
言葉の辞書的な意味だけからはわからない

⇦ 話し手の意図を理解するには？

言葉の辞書的な意味 ＋ その時の状況、文脈、相手と自分との関係、その他の一般常識 ＝ 手がかり

↓ 推測

複数の可能性

↓ しぼり込み

話し手の意図として適切な解釈

①このとき、さらに「持ってきてほしい量」が変わるのは、どういう条件においてだろうか。

例 どんな料理をどれほどの量作ろうとしているか、という条件。ジャガイモを使う料理はたくさんあるが、料理によってジャガイモの必要な量が異なる。さらに、一人分作るか、五人分作るかで、当然ジャガイモを使う量も異なるはずである。

②聞き手が話し手の意図を理解するプロセスをまとめよう。

例 言葉の辞書的な意味に加え、そのときの状況、文脈、相手と自分との関係、その他の一般常識などを手がかりにして複数の可能性を推測し、その中から「話し手の意図として適切な解釈」をしぼり込んで理解する。

第二段落の最後のほうで、筆者は〝「意図」は言葉の意味以外のさまざまな要素によって担われている〟と述べていた。その「さまざまな要素」がどういうものか、ここで説明されている。

私たちは多くの場合、この「しぼり込み」を無意識に行っているよ。

3 「窓」の例

教 P.186・11行め～P.187・7行め

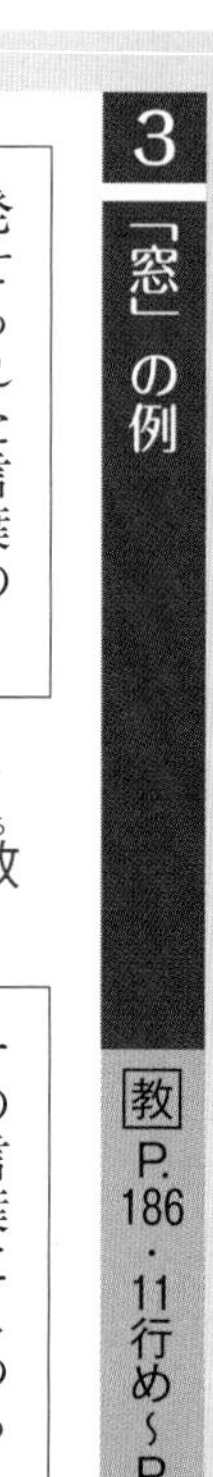
発せられた言葉の「字面どおりの意味」
不一致
その言葉にこめられた「意図」

不一致を問題にせず、相手の意図を正しく理解できる

例

すみません、そこの窓、開けられますか？
相手
窓を開けてほしいんだろうな
窓に手の届く場所に立っている自分
誤 字面どおりの「質問」と解釈
正 相手の意図を「依頼」と解釈
「他人の知識や思考、感情を推測する能力」が「言外の意図」に気づかせた
＝
意図の推測

①この言葉を字面どおりに解釈すると、どういう意味になるだろうか。

例 自分が窓を開けることができるかどうか、という意味。

「られる」は「〜できる」という意味。つまり、この言葉を字面どおりに解釈すると、自分に窓を開ける能力があるかどうかということを、相手が尋ねているという意味になってしまう。

②このような解釈ができるのはなぜだろうか。

例 他人の知識や思考、感情を推測する能力が、相手の発言の言外の意図に気づかせてくれるから。

相手が発言の意図をくわしく説明しなくても、どういう意図でそのように言っているのかを推測する能力が、私たちにはもともと備わっているのである。

③この「窓」の例とその前に挙げられていた「ジャガイモ」の例とでは、どういう点が共通しているだろうか。

例 どちらも、発せられた言葉の字面どおりの意味で捉えるだけではなく、そのときの状況や文脈、相手と自分との関係、その他の一般常識などを考慮して、無意識のうちに相手の意図を理解しているという点が共通している。

前ページ・ポイント②でまとめた内容に着目しよう。

4 「意図の推測」の失敗

教 P.187・8行め～P.188・16行め

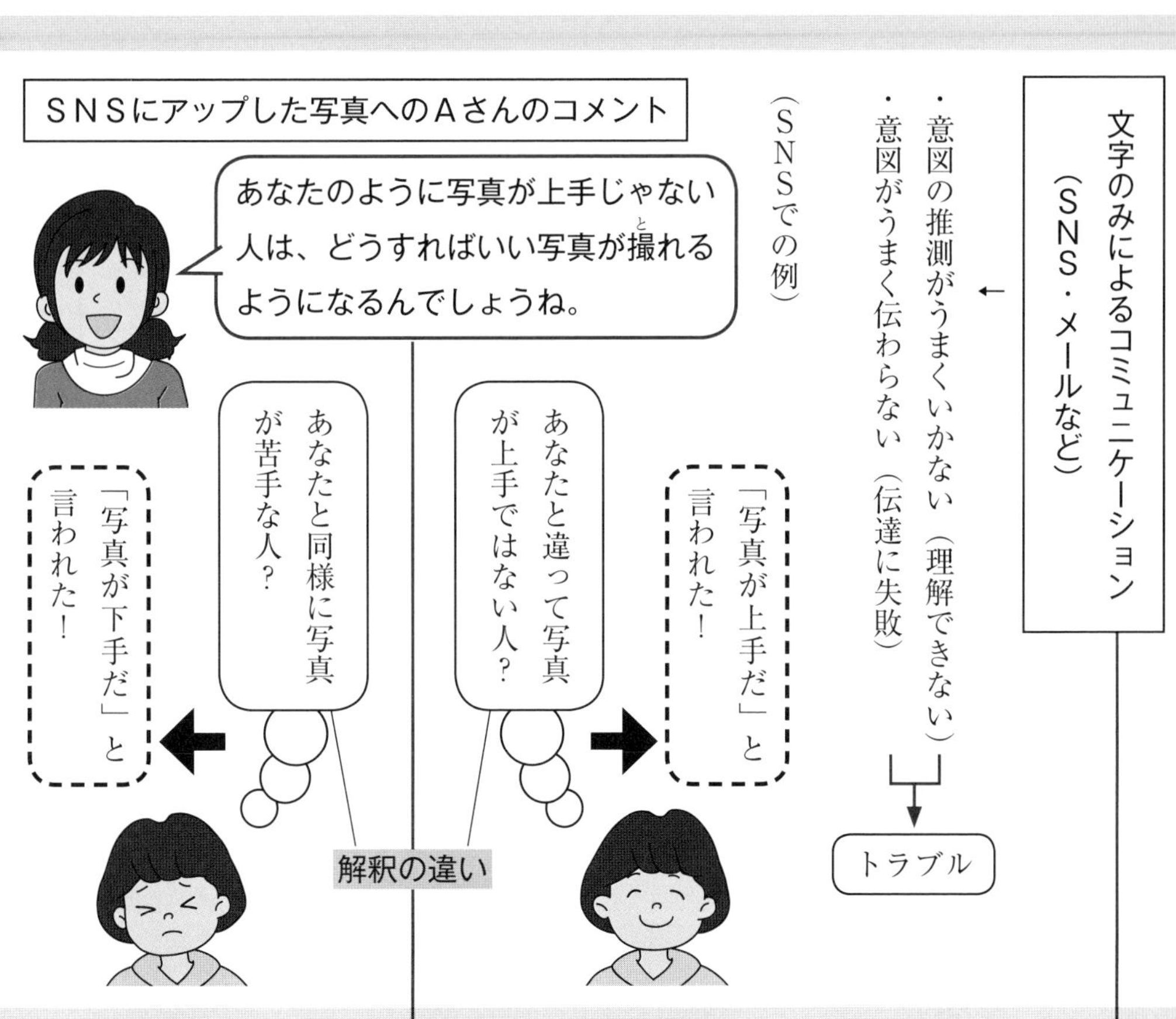

文字のみによるコミュニケーション（SNS・メールなど）
・意図の推測がうまくいかない（理解できない）
・意図がうまく伝わらない（伝達に失敗）
トラブル
（SNSでの例）
SNSにアップした写真へのAさんのコメント
あなたのように写真が上手じゃない人は、どうすればいい写真が撮れるようになるんでしょうね。
あなたと違って写真が上手ではない人？
「写真が上手だ」と言われた！
解釈の違い
あなたと同様に写真が苦手な人？
「写真が下手だ」と言われた！

①文字のみによるコミュニケーションで生じるトラブルの原因として、どういうことが考えられるだろうか。

例 相手がどういう意図でその言葉を言っているのかきちんと推測できなかったり、こちらがどういう意図でこの言葉を言っているのか十分に伝えることができなかったりすること。

151ページ②で捉えたように、話し手の意図を理解または推測するためには、言葉の辞書的な意味だけでなく、その言葉が発せられたときの状況、文脈、相手と自分との関係、その他の一般常識などの手がかりが必要だった。しかし、文字のみによるコミュニケーションでは、そのような手がかりを相手から得ることができないし、相手に与えることもできないのである。

②「あなたのように写真が上手じゃない人」という言葉に対する二つの解釈について、わかりやすくまとめてみよう。

例 ・「あなたと違って写真が上手ではない人」と解釈すると、「あなたは写真が上手だ」という意味になる。

・「あなたと同様に写真が苦手な人」と解釈すると、「あなたは写真が下手だ」という意味になる。

この言葉は、「あなたは写真が上手」という前提か「あなたは写真が上手ではない」という前提のどちらで言われたかによって、正反対の意味になってしまうのである。文字のみで伝えられたこの言葉だけでは、どちらの前提か判断できない。

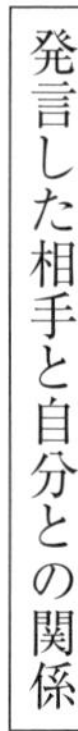

発言した相手と自分との関係

Aさんは小4からの友だち。この前、写真の撮り方教えてって言ってた。写真が上手って褒めてくれてるんだな

Aさんって誰？　知らない人だ。これしか書いてない。もしかして私、けなされているの？

もしAさんが褒めているつもりだったら

→ **ひどい誤解が生じる危険性**

☆文字によるコミュニケーションで意図が間違って伝わる原因

- イントネーションなどの音声的な情報がない
- 発言者の表情や状況が見えない

→ **相手の意図を推測するのが難しい**

- 個人的に知らない相手
- それまで会話に参加していなかった相手

→ **その発言に至るまでの経緯が十分に共有できない**

①文字のみで伝えられた言葉でも、発言者の意図を解釈するときにあまり迷うことがないのはどんな場合だろうか。

例　発言者が自分のよく知っている人で、なおかつ会話の流れが明らかな場合。

発言者が誰でどういう人かがわかっていれば、この人は自分にそんなことは言わないだろうとか、こういうつもりで言ったはずだ、ということがわかるのである。また、会話の流れ、つまり文脈も、意図を推測するための手がかりになる。

②SNSの例をあげていることにはどのような効果があるのだろうか。

例　SNSの利用があたりまえになっている現在、文字によるコミュニケーションに潜む危険な面を具体的に示すことで、読者が課題を身近に捉えられ、自分の問題として考えられるようにする効果がある。

昔は文字によるコミュニケーションというと手紙だったが、現代では「LINE」や「Twitter」など、さまざまなSNSが身近なコミュニケーションツールとして利用されている。画像や動画などの発信も可能だが、やはり文字によるコミュニケーションがメインとなっている。文字で情報を発信するときは、相手に誤解を与えるような書き方になっていないか注意したり、情報を受け取るときは、発信者の意図を十分に推測したりすることが大切である。

5 まとめ

教 P.188・17行め～P.189・2行め

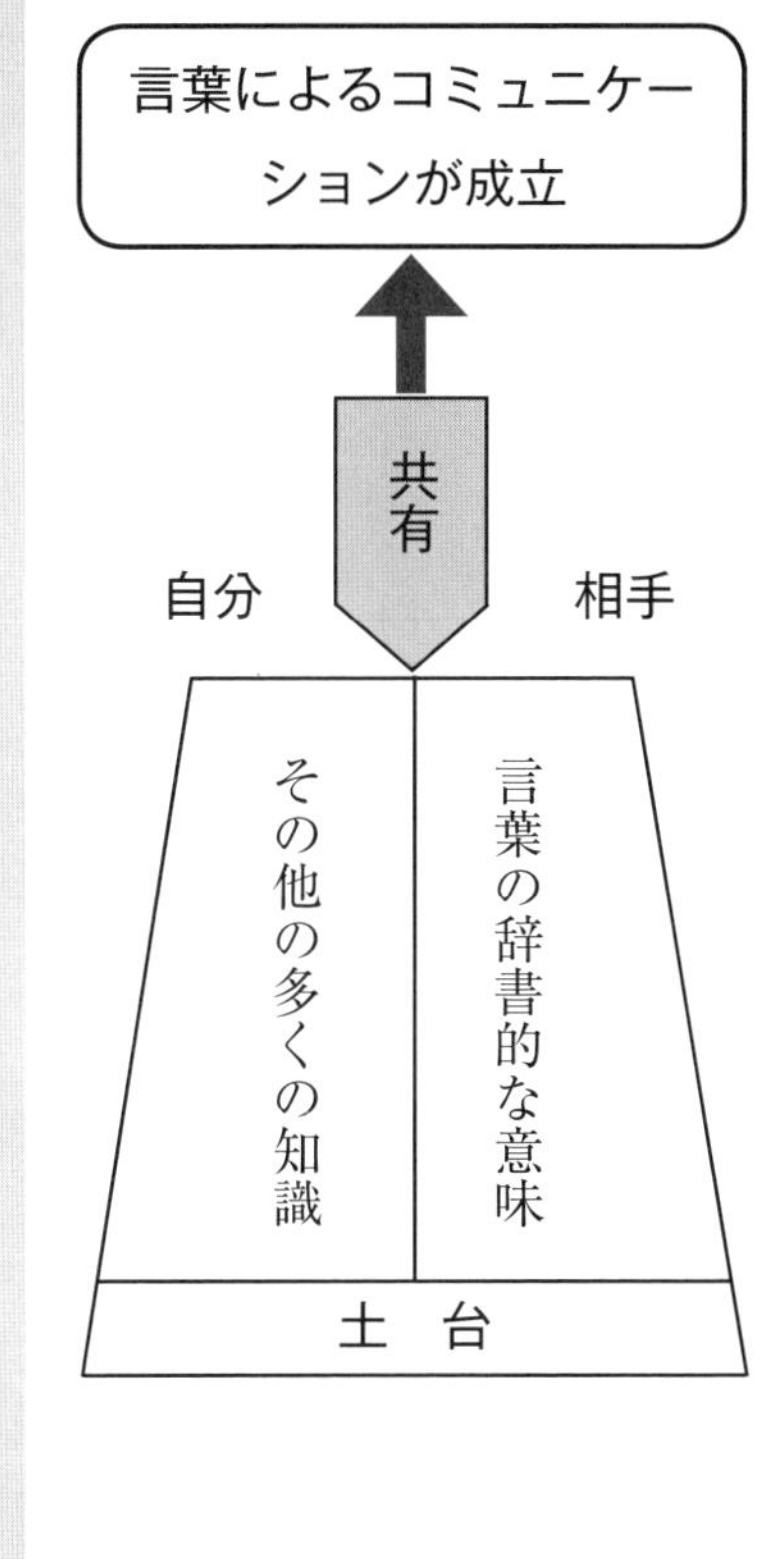

①言葉によるコミュニケーションについて、筆者は「実に危(あや)ういもの」と述べているが、それはなぜだろうか。

例　言葉によるコミュニケーションは、自分と相手が「言葉の辞書的な意味」だけでなく、その他の多くの知識を共有しているという土台が不足したり崩(くず)れたりすると成立しなくなってしまうから。

この文章の最初のほうでも、言葉によるコミュニケーションにおいて重要なのは「意図の理解」だと述べられていた。その「意図の理解」のために必要なものが「その他の多くの知識」なのである。

学びの道しるべ

▼教科書 P.190～191

1　「意味」と「意図」は、それぞれどのようなものだと説明されているか、抜き出して整理しよう。 →P.149②

2　「ジャガイモ」と「窓」の例に共通していることは何か、比べて見つけよう。 →P.152③

3　「言葉によるコミュニケーションにおいて重要なのは、実は『意味の理解』ではなく、『意図の理解』のほう」（185ページ・1行め）とあるが、それはなぜか。187ページ・7行めまでの内容に即して説明しよう。

■解答例■

「ジャガイモを持ってきて。」という単純な文も、その場所や状況(じょうきょう)によって持ってきてほしい量が変わってくるし、「そこの窓、開けられますか?」という文は「質問」ではなく「依頼」として解釈できる。このように、言葉の「意味」によって担われているのは私たちの「意図」の一部でしかなく、残りの部分は言葉の意味以外のさまざまな要素によって担われており、複数の可能性の中から「話し手の意図として適切な解釈」をしぼり込む必要があるから。

4 SNSの例をあげていることにはどのような効果があるか、考えよう。 →P.154②

■解答例■

これまでは、さまざまな要素を考慮して相手の発言の意図をくむ必要性を述べていたが、SNSのような文字だけのコミュニケーションの例を示すことで、意図を推測する難しさをより具体的にわかりやすく伝えており、最後の主張に説得力をもたせる効果がある。

5 筆者は、言葉によるコミュニケーションについて、「実に危ういものでもあるのです。」（189ページ・1行め）と述べている。このことについて、自分の考えを文章にまとめよう。

■解答例■

私は、言葉によるコミュニケーションが危ういものだとは思わない。誤解が生じないように意識して言葉を選んだり、疑問に思ったことは相手に聞いてどのような意図なのかを明確にしたりすれば、意図の理解や伝達に失敗することはないはずだ。そういったことを一人一人が常に心がけることで、コミュニケーションをきちんと成立させることができると思う。

重要語句の確認

▼185ページ▼

5 担う　役割として受け持つ。

▼186ページ

7 【意】文脈　文章の意味の続き具合。

10 【意】無意識　自分で自分のやっていることに気づかないこと。

11 字面　文字が表す表面的な意味。

12 頻繁　何度も。ひっきりなしに。

▼187ページ

4 【意】あえて　無理を押し切って。わざわざ。【類】しいて

6 【意】推測する　今までに知っていることを元にして、たぶんこうだろうと考える。【類】推察する

6 【意】言外　言葉で直接表されていない内容。

14 【意】トラブル　いざこざ。好ましくない問題。【類】もめごと

16 アップ　「アップロード」の略。SNSのページに写真や動画などを載せること。

▼188ページ

9 とまどう　どうしていいかわからなくなる。

11 【意】けなす　悪く言う。【類】そしる【対】褒める

11 【意】誤解　人がしたり言ったりしたことを間違って受け取ること。【類】思い違い

15 【意】経緯　物事がそうなった事情、流れ。【類】いきさつ

15 【意】共有　二人以上の人が同じものをいっしょに持っていること。【対】専有

新出漢字のチェック✓

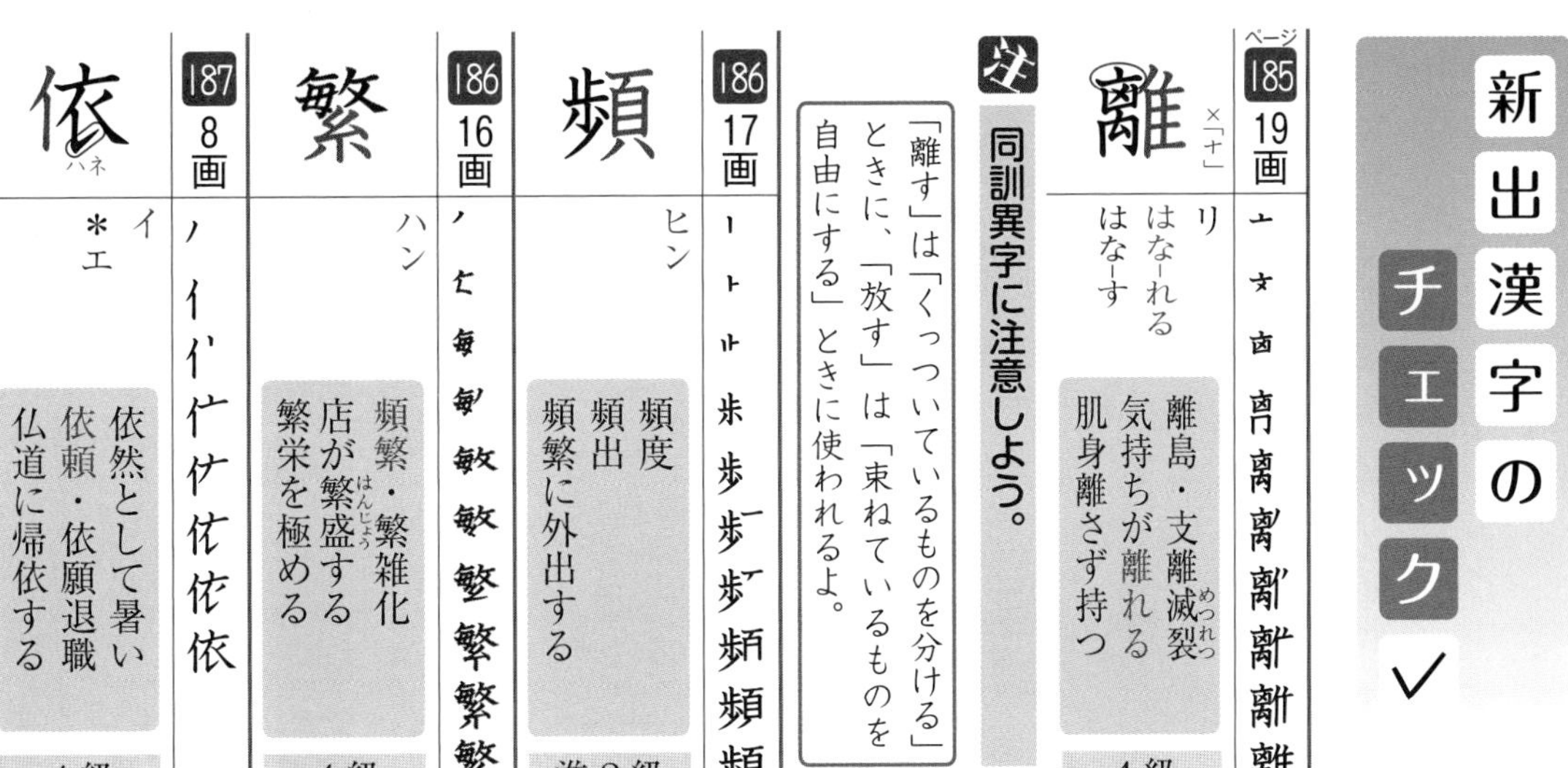

ページ	画数	漢字	読み	用例	級
185	19画	離（×「十」）	リ／はなれる／はなす	離島・支離滅裂（めつれつ）／気持ちが離れる／肌身離さず持つ	4級
186	17画	頻	ヒン	頻度／頻出／頻繁に外出する	準2級
186	16画	繁	ハン	頻繁・繁雑化／店が繁盛（はんじょう）する／繁栄を極める	4級
187	8画	依（ハネ）	イ／＊エ	依然として暑い／依頼・依願退職／仏道に帰依する	4級

同訓異字に注意しよう。

「離す」は「くっついているものを分ける」ときに、「放す」は「束ねているものを自由にする」ときに使われるよ。

読み方を学ぼう　要約　教P.192

【要約とは？】

●文章や話の要点を短くまとめること。

【要約のしかた】

① 文章を読み、構成をつかむ。

《構成パターン例1》（論説文に多い）

序論＝この文章が何について書かれたものか、なぜこの文章を書くに至ったのかなど、考えをおおまかに述べた前置きの部分。

本論＝そのテーマについて自分（筆者）がどのように考えるのかという主張や、その裏付けとなる根拠、具体例などを述べた部分。

結論＝最後に意見や主張をまとめた部分。

《構成パターン例2》（論説文に多い）

問いA → 問いAに対する答え → 問いB → 問いBに対する答え

《構成パターン例3》（物語に多い）

起＝物語の設定となる背景や登場人物の紹介などを述べた部分。

承＝物語が動き出し、話が進んでいく部分。

転＝話の流れが変わったり、盛り上がったりするできごとが起こる部分。

結＝最後にどうなったか、という結末の部分。

② 「結論」や「答え」などにつながる大事な言葉や文を抜き出して並べ、まとまりごとの要点を見つける。

③ 要点どうしの関係を考えながらつなぎ合わせ、文章にまとめる。

・要約の目的や字数、伝える相手などについても考える。

・必要に応じて、言葉を書き換えたり、書き足したり、順序を入れ替（か）えるなど工夫をする。

④ 書き終えたら読み返して文章を整える。

要約する力をつけると、文章や話の中心的な内容がつかめるようになるよ。

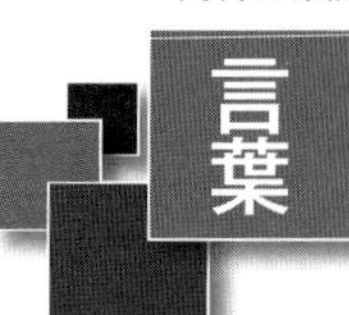

視野を広げる

言葉発見⑤ 方言と共通語

教科書 P.193〜195

1 地域による言葉の違い

ア このご飯はこわい。→ 固い
イ ずっと走ってきたからこわい。→ 疲れた
（東北地方など）

ウ 背中をかじる。→ 掻（か）く
エ 時計がやぶれた。→ 壊れた
（中部地方など）

オ 本屋で本をこうてきた。→ 買ってきた
カ 図書館で本をかってきた。→ 借りてきた
（近畿（きんき）地方など）

方言……それぞれの地域の人々の間で使われる言葉。単語そのものや発音、文法、表現などの違いがある。

共通語……どこでも、誰とでも通じる言葉。東京の言葉をもとにしている。

◆その他の例

捨てる…なげる（東北地方）　ほかす（北陸地方）
ほかる（中部地方）　ほうる（中国地方）

*同じ地方であっても、違いがある場合がある。
愛知県…ほかる　三重県…ほる
静岡県…うっちゃる

2 方言とアクセント

・方言と共通語では、同じ単語でもアクセントが違うことがある。
・アクセントのきまりは、方言によって異なる。

例 「雨」と「飴（あめ）」／「橋」と「箸（はし）」

	京都方言	共通語
雨	ア ↗ メ	ア ↘ メ
飴（あめ）	ア → メ	ア ↗ メ
橋	ハ ↘ シ	ハ ↗ シ
箸（はし）	ハ ↗ シ	ハ ↘ シ

3 方言と共通語の使い分け

方言と共通語…使い分けて生活している。
→どのような基準で使い分けるのだろうか。

方言を使う
・家族と話すとき
・親しい友人と話すとき
・気軽な会話をするとき
・日常的な場面
→**プライベート(私的)な場面に多い**

共通語を使う
・自分と異なる地域の人と話すとき
・初対面の人と話すとき
・あまり親しくない人と話すとき
・不特定多数の人と話すとき
・面接などの改まった場面
・講演会などの公の場面
→**オフィシャル(公的)な場面に多い**

確かめよう

1　次の言葉について、自分の地域の方言に共通語と違う点はないか、考えよう。

①かたつむり……(例)なめくじ、なめくじら、だいろ、まいまい、でんでんむし　など

②とうもろこし…(例)もろこし、きび、とうきび、きみ、とうむぎ、まめきび　など

③大きい…………(例)でかい、いかい、ふとい、ふとか、うぷ、ごっつい　など

④書かない………(例)書かん、書かへん、書かひん、書かじ、書かい、書きなか　など

2　自分の地域の方言では、次の言葉をどのようなアクセントで発音しているか、確かめよう。

省略

「おはよう」「おはよう」など、同じ言葉でも地域によってアクセントが違うものがあるんだね。

3　自分のふだんの話し言葉で、「方言」と「共通語」とをどのように使い分けているか考えよう。

＊例として、沖縄の場合を示す。

(例)朝の挨拶をするとき、職場訪問の際や改まった場面では「おはようございます」を多く用いるが、家族や地域の友人の場合は「うきみそうちぃ」や「はいさい」を多く用いる。

4　省略

書く

視野を広げる

意見文　根拠を明確にして考えを述べる

教科書 P.196〜199

内容を確認して、整理しよう

【意見文とは？】

●自分の考えを述べた文章のこと。

●読み手が理解し納得できるように、根拠を明らかにして書くことが大切。

【意見文の書き方】

1 交流をとおして意見を作る

① 体験を思い起こす。

・身のまわりのできごと

｛そのとおりだなと思ったことは？
それは少し変だなと思ったことは？｝

② 体験から一つ選び、交流する。

・二人組やグループになって互いに質問し合う

｛それは具体的にどういう体験？
なぜそう思ったの（感じたの）？｝

⇩

体験とそのときの思いや感覚が明確になる

③ 自分の意見を一文か二文で書き出し、さらに事実や理由づけを整理して三角ロジックの形で書き出す。

◆三角ロジック例

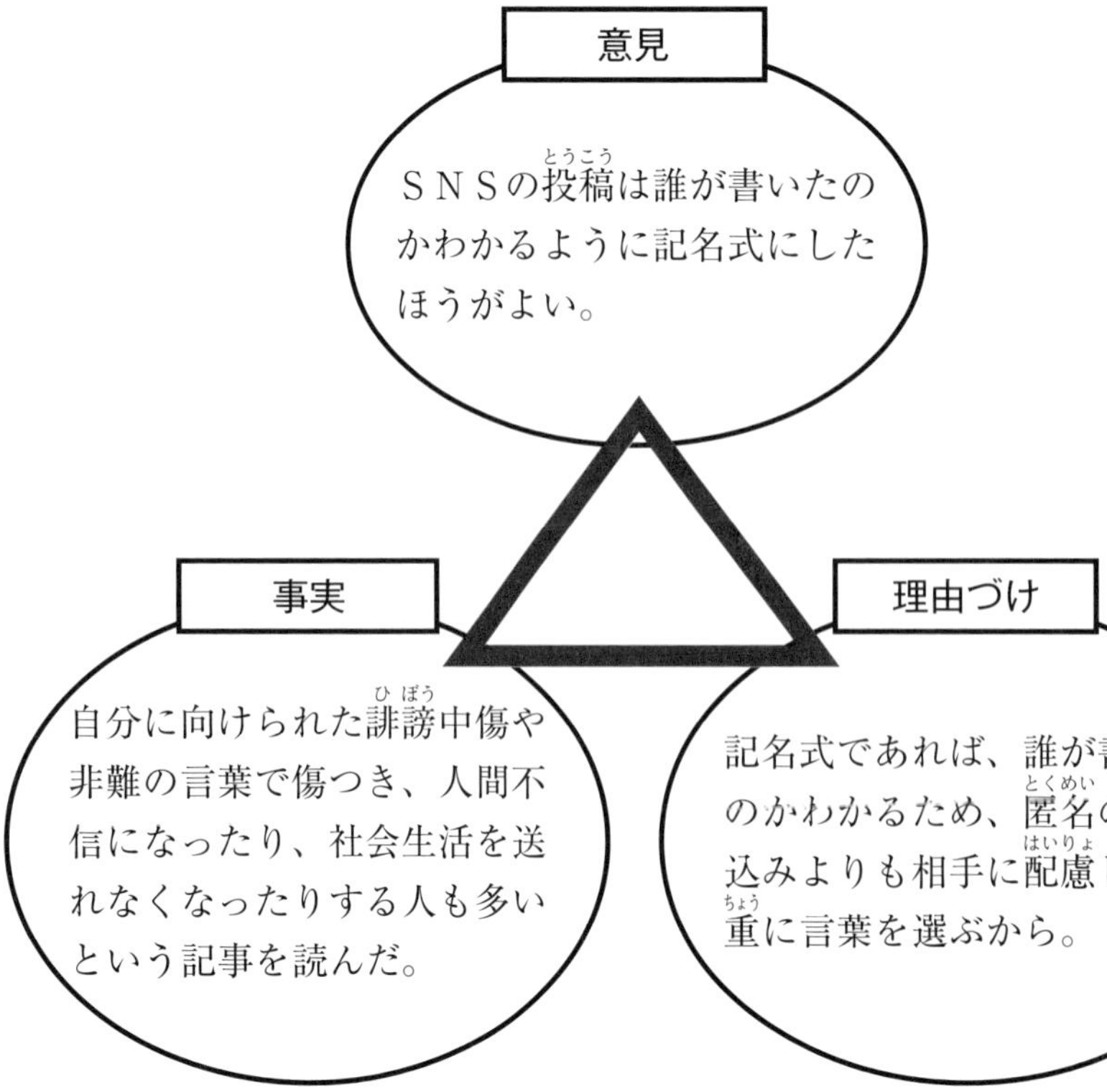

意見
ＳＮＳの投稿（とうこう）は誰が書いたのかわかるように記名式にしたほうがよい。
事実
自分に向けられた誹謗（ひぼう）中傷や非難の言葉で傷つき、人間不信になったり、社会生活を送れなくなったりする人も多いという記事を読んだ。
理由づけ
記名式であれば、誰が書いたのかわかるため、匿名（とくめい）の書き込みよりも相手に配慮（はいりょ）して慎重（しんちょう）に言葉を選ぶから。

2 意見文を組み立てる

○三角ロジックでまとめた内容を文章として組み立てる。

○「事実」や「理由づけ」を用いて、意見の根拠が明確になるように心がける。

◆組み立て例

事実（自分自身が実際に体験したことや、新聞やニュースなどで知った事実を書く。）

↓

理由づけ（なぜそういう事態が起こるのか、自分なりに考えた理由を書く。）

↓

意見（その問題を解決するにはどうしたらよいと思うか、自分の意見を書く。）

3 タイトルを考える

○完成した意見文を読み、タイトルをつける。

○読む人がタイトルだけを見て、文章の内容を推測できるように工夫をする。

・結論部分や意見を述べた文を短くしていき、それをもとにタイトルを考える。

・どんな問題を取り上げているかをわかりやすく示す。

・文章中に多く出てくる単語を使う。

◆タイトル例

〈内容を端的に示したもの〉

・ＳＮＳは記名式に

・ＳＮＳの問題点

・名無しの攻撃（こうげき）

〈問題を提起したもの〉

・ＳＮＳの匿名（とくめい）は適切か？

・どうする、ＳＮＳでの誹謗（ひぼう）中傷

・ＳＮＳの正しい使い方とは？

4 意見文を読み合う

○完成した意見文をお互いに読み合い、意見や感想を伝え合う。

・よかったところはどこか

・納得できたかどうか

・根拠は明確か

・自分はこう考える

いろいろな体験をもとに、意見文を書いてみよう。新聞の投書欄（らん）を読んでみるのも参考になるよ。自分で投書してみるのも、いい勉強になるね。

言葉

視野を広げる

漢字を身につけよう❽

教科書 P.200

漢字	ページ	画数	読み	用例	級
旦	200	5画	タン ダン	家族と過ごす元旦／一旦停止／若旦那（だんな）	2級
蚊	200	10画	か	蚊が飛ぶ季節／蚊帳（かや）／蚊の鳴くような声	準2級
刺（ハネ）	200	8画	シ さ-す さ-さる	刺殺・風刺／針を刺す／刃（は）が刺さる	4級
曇	200	16画	ドン くも-る	曇天の日曜日／曇り時々晴れ／薄曇り	4級
傘（×「仐」）	200	12画	＊サン かさ	傘下の労働者／傘を借りる／蛇の目傘	準2級
璧（×「土」）	200	18画	ヘキ	完璧な演技／双璧（そうへき）をなす	2級
脅	200	10画	キョウ ＊おびや-かす おど-す おど-かす	脅威にさらされる／生命を脅かす／金品を脅し奪う	3級
瑠（×「刀」）	200	14画	ル	澄んだ瑠璃色／人形浄瑠璃／浄瑠璃を語る	2級
璃（×「十」、ハネ）	200	15画	リ	澄んだ瑠璃色／人形浄瑠璃／瑠璃の杯	2級
如	200	6画	ジョ ＊ニョ	突如立ち上がる／責任感の欠如／不如意な結末	3級
蛇（ハネ）	200	11画	ジャ ダ へび	蛇口・大蛇の出現／その話は蛇足だ／毒蛇・蛇の生殺し	準2級
堀	200	11画	ほり	総堀・堀端／内堀・外堀／釣り堀へ行く	準2級
柳（×「卯」）	200	9画	リュウ やなぎ	川柳の作者／柳の枝／柳に風	準2級
勃	200	9画	ボツ	新勢力の勃興／戦争が勃発する／勃然と怒りを発する	2級
怒	200	9画	ド いか-る おこ-る	激怒して飛び出す／怒りの形相／怒りっぽい人	4級

憎 200ページ 14画
ゾウ にく-む・にく-い にく-らしい にく-しみ
丶 忄 忄 忄 忄 忄 忄 忄 憎 憎 憎 憎 憎 憎
愛憎が混じる
憎めない・憎い
憎らしい・憎しみ
3級

朽 200 6画（一画で）
キュウ く-ちる
一 十 才 木 木 朽
老朽化・腐朽（ふきゅう）
不朽の名作
柱が朽ちる
4級

鈍 200 12画（ハネ）
ドン にぶ-い にぶ-る
丿 人 亼 今 令 金 金 釒 釒 鈍 鈍 鈍
鈍角・鈍化
感覚が鈍い（⇔鋭い）
腕が鈍る
4級

遵 200 15画
ジュン
丶 丷 䒑 丷 酋 酋 酋 尊 尊 尊 遵
ルールを遵守する
法令遵守
遵法精神
3級

撲 200 15画（ハネ）
ボク
一 扌 扌 扌 扌 扌 扌 扌 撲 撲 撲
害虫を撲滅する
全身打撲
準2級

注 形の似た漢字に注意しよう。

「鈍」と字形の似た漢字には「純」がある。「鈍」には「にぶい。のろい」という意味があるよ。

新出音訓の確認

ページ	漢字	読み	例
200	初	そ-める	書き初め
200	革	かわ	革製
200	神	かん	神主
200	岐	キ	多岐
200	上	のぼ-せる のぼ-す	上せる
200	背	そ-む-く そむ-ける	目を背ける
200	目	ボク	面目
200	舌	ゼツ	筆舌
200	手	た	手綱

教科書問題の答え

1
① がんたん
② か　さ
③ くも　かさ
④ かんぺき
⑤ きょうい
⑥ るり
⑦ とつじょ　へび
⑧ ほりばた　やなぎ
⑨ ぼっこう
⑩ いか　にく
⑪ ろうきゅう　にぶ
⑫ じゅんしゅ　ぼくめつ

2
① ぞ
② かわ
③ かん
④ き　のぼ
⑤ そむ
⑥ ぼく
⑦ ぜつ
⑧ た

振り返って見つめる　小説

少年の日の思い出

ヘルマン＝ヘッセ　［訳］高橋健二

教科書 P.202〜216

内容を確認して、整理しよう

「私」が客にチョウの収集を見せると、彼はチョウ集めにまつわる思い出を語り始めた。

「僕」（＝客）は、八つか九つのとき、チョウ集めを始め、十歳ぐらいになった二度目の夏には、全くとりこになっていた。隣の子供（＝エーミール）も収集をしていたが、あらゆる点で模範少年だった彼を、「僕」は妬み、嘆賞しながら憎んでいた。

二年後、エーミールがクジャクヤママユをさなぎからかえしたと聞いた「僕」は、一刻も早く見たくなって、彼の家に忍び込んだ。そして、誘惑に負け、ついにはチョウを盗んでしまった。その後すぐ、「僕」は良心に目覚め、盗んだ獲物を返そうとしたが、それはもうポケットの中で潰れてしまっていた。

いったんは家に帰った「僕」だが、母の言葉にしたがい、エーミールに自分のしたことを打ち明けた。だが、彼は冷然と「僕」を眺め、軽蔑するだけだった。一度起きたことは、もう償いのできないものだ。そう悟った「僕」は、自分の収集したチョウを指でこなごなに押し潰した。

登場人物の心情の変化を捉え、作品の構成の工夫を読み取ろう。

登場人物の関係を整理しよう

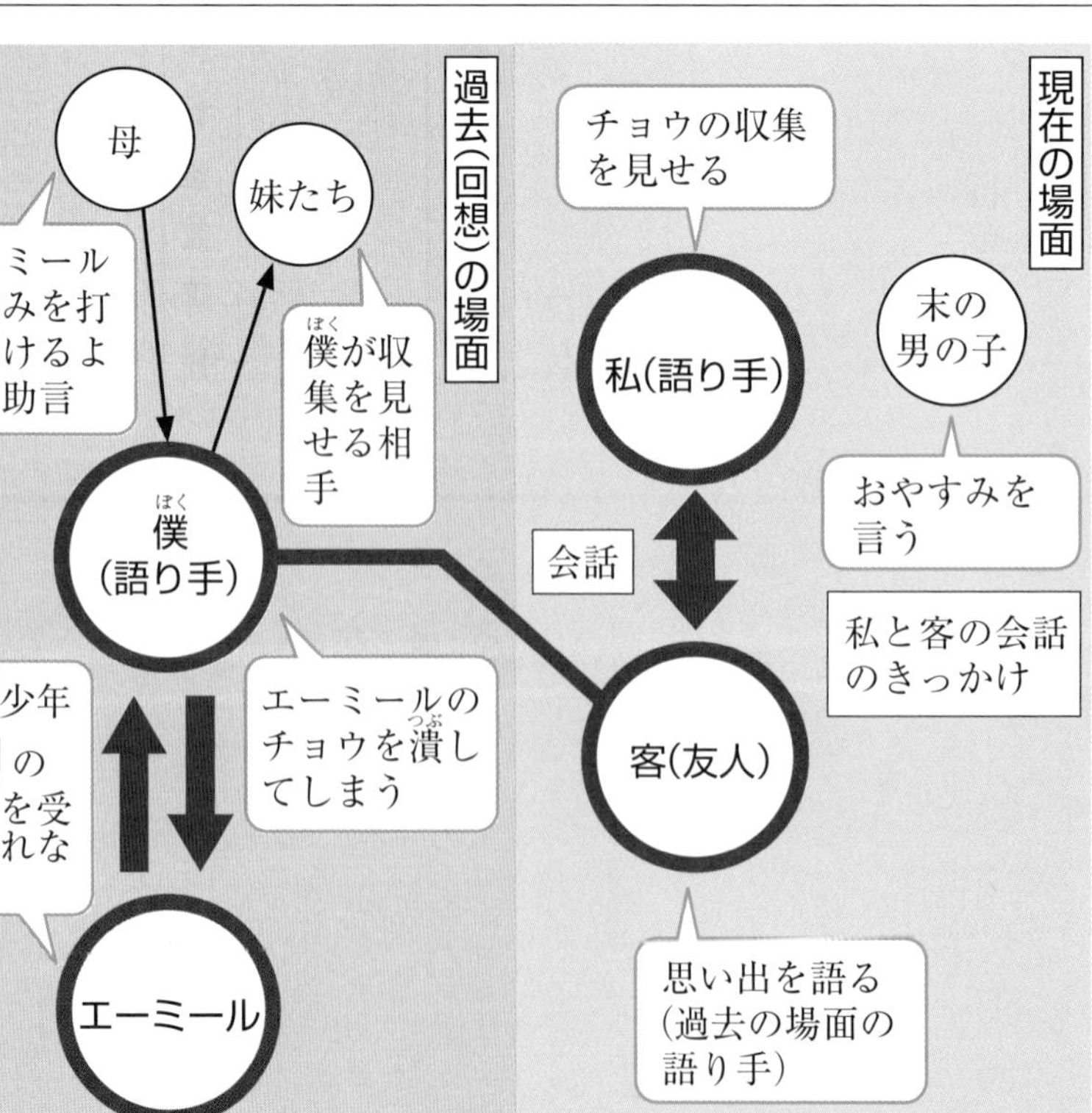

まとまりごとの展開を確認しよう

1 「私」と客との会話（現在の場面） 教 P.202・1行め～P.204・7行め

◆「私」（この場面の語り手）が客（＝友人＝回想の語り手）にチョウの収集を見せる

僕はまた、チョウ集めをやっているよ。お目にかけようか。

ピンのついたまま用心深く取り出し、羽の裏側を見た。

客がチョウの収集に詳しいことが読み取れる。

もう、けっこう。

その思い出が不愉快ででもあるかのように

これから語られる思い出の内容の暗示。「話すのも恥ずかしいことだが……」

◆客の反応

緑色のかさをランプに載せた。

「明るいままでは話しにくい」「恥ずかしい」という気持ち。

外では、カエルが遠くから甲高く、闇一面に鳴いていた。

視覚と聴覚に訴える情景描写。回想へと導く。

ポイントを確認しよう

①客がチョウの収集に詳しいことが、彼のどんな動作から読み取れるだろうか。

例 一つのチョウを、ピンのついたまま、箱の中から用心深く取り出し、羽の裏側を見たという動作。

不用意にピンをはずさないことや、羽の表側だけではなく、裏側まで見たことに、客がチョウの収集に詳しいことが表れている。

②客がかさをランプに載せ、辺りを暗くしてしまったことから、客のどんな気持ちが読み取れるだろうか。

例 これから自分が語る思い出に関して、明るいままでは語りにくい、恥ずかしいと思う気持ち。

「自分でその思い出をけがしてしまった」「話すのも恥ずかしいこと」などの客の言葉にも、同じ気持ちが表れている。

③「外では、カエルが遠くから甲高く、闇一面に鳴いていた。」という一文は、どのような効果を持っているだろうか。

例 読者の視覚と聴覚に訴えて、闇の世界の静けさを強調することで、次の回想場面へと読者を導くという効果。

遠くのカエルの鳴き声が甲高く響くという聴覚的表現は、それだけ辺りが静かなことを表している。「闇」は、視覚的表現にあたる。

2 チョウ集めへの熱情（回想❶） 教 P.204・8行め〜P.206・17行め

◆「僕」（＝前場面での「客」・回想の語り手）のチョウ集めへの熱情

- 子供だけが感じることのできる、あのなんともいえぬ、貪るような、うっとりした感じ
- 緊張と歓喜
- 微妙な喜びと、激しい欲望

◆収集の設備

- 幼稚な設備→引け目→
  - 自慢できない
  - 収集は妹たちだけに見せる

◆隣の子供（＝先生の息子＝エーミール）

○エーミールの人物像

非の打ちどころがないという悪徳
＝
あらゆる点で模範少年

↑「僕」
- 気味悪い性質
- 妬み、嘆賞しながら、憎んでいた

○一度だけ珍しい青いコムラサキを見せた

- エーミールの反応
  - 二十ペニヒぐらいの値うちはある
    - お金に換算する
      ↓現実的・冷静な反応
    - 熱情的な「僕」とは対照的
  - こっぴどい批評
    ↓二度と獲物を見せなかった

① 「僕」が、チョウの収集を自分の妹たちだけに見せる習慣になったのはなぜだろうか。

例 自分の収集の設備が友人たちのものに比べて幼稚だったため、引け目を感じていたから。

チョウをしまっておく箱などの設備に自信がなかったのである。集めたチョウ自体には、「重大で、評判になるような発見物や獲物」とあるように、自分なりの自信を持っていたと考えられる。

② 「僕」は、エーミールのことをどう思っていたのだろうか。

例 非の打ちどころがないという悪徳をもった、子供としては二倍も気味悪い性質の、あらゆる点で模範少年であり、妬み、嘆賞しながらも憎んでいた。

「非の打ちどころがない」というよいことを「悪徳」と呼んだのは、あまりにも模範的なので気味悪かったからだと考えられる。

③ 「二十ペニヒぐらいの現金の値うちはある」という言葉から、エーミールの収集に対するどんな態度が読み取れるだろうか。「僕」との違いがわかるように答えなさい。

例 熱情的な「僕」とは対照的な、現実的で冷静な態度。

「二十ペニヒ」というお金に換算しているところに着目する。チョウの現実的な値うちを冷静に判断している。

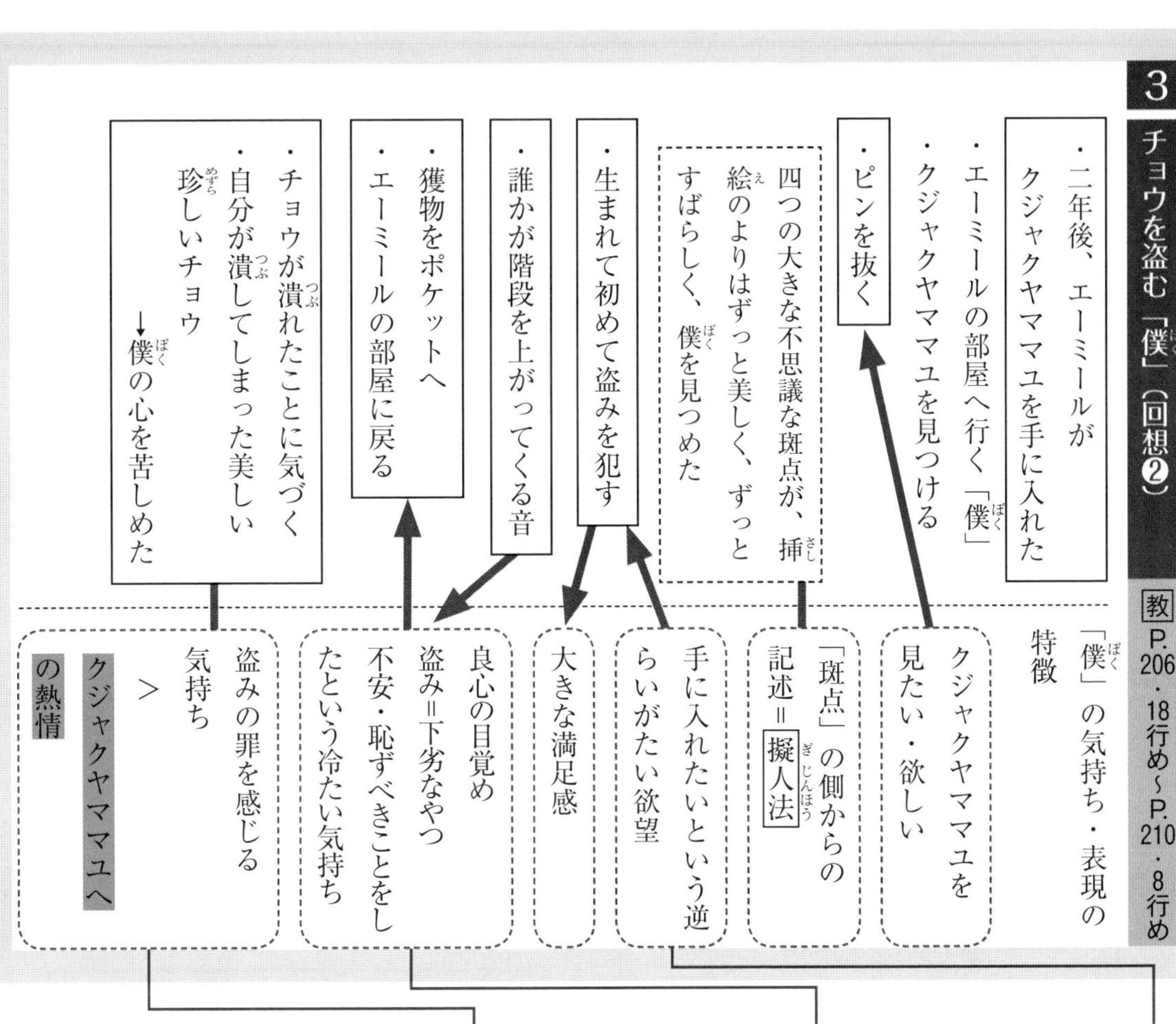

3
チョウを盗む「僕」（回想❷）
教 P.206・18行め～P.210・8行め
・二年後、エーミールがクジャクヤママユを手に入れた
・エーミールの部屋へ行く「僕」
・クジャクヤママユを見つける
・ピンを抜く
四つの大きな不思議な斑点が、挿絵のよりはずっと美しく、ずっとすばらしく、僕を見つめた
・生まれて初めて盗みを犯す
・誰かが階段を上がってくる音
・獲物をポケットへ
・エーミールの部屋に戻る
・チョウが潰れたことに気づく
・自分が潰してしまった美しい珍しいチョウ
↓僕の心を苦しめた
「僕」の気持ち・表現の特徴
クジャクヤママユを見たい・欲しい
「斑点」の側からの記述＝擬人法
手に入れたいという逆らいがたい欲望
大きな満足感
良心の目覚め
盗み＝下劣なやつ
不安・恥ずべきことをしたという冷たい気持ち
盗みの罪を感じる気持ち
＜
クジャクヤママユへの熱情

① 「僕」がチョウを盗んだのは、どんな気持ちからだっただろうか。

例 クジャクヤママユを手に入れたいという逆らいがたい欲望。

「この宝を手に入れたいという逆らいがたい欲望」の「この宝」とは、クジャクヤママユのことをたとえた表現である。

② 「僕」が良心に目覚めたきっかけはどんなことだっただろうか。

例 下の方から誰か僕の方に上がってくるのが聞こえたこと。

下の方から誰かが上がってくるのがわかった瞬間に、自分は盗みをした下劣なやつだと気づいたのである。

③ 「自分が潰してしまった美しい珍しいチョウを見ているほうが、僕の心を苦しめた。」から、「僕」のどんな気持ちが読み取れるだろうか。

例 クジャクヤママユへの強い熱情。

「だいそれた恥ずべきことをしたという、冷たい気持ち」とあるように、「僕」は盗みの罪を感じている。しかし、それ以上にクジャクヤママユへの熱情のあまり、それを失ってしまった苦しみが強いのである。

4 盗みの償い（回想③） 教 P.210・9行め〜P.212・8行め

◆母の助言と「僕（ぼく）」の迷い

・「僕（ぼく）」は自分の盗みを母にうち明けた

息子に罪を償う勇気を与（あた）える

母：おまえは、エーミールのところに、行かねばなりません。自分でそう言わなくてはなりません。許してもらうように頼まねばなりません。

僕（ぼく）：あの模範（もはん）少年（＝エーミール）でなくて、他の友達だったら、すぐにそうする気になれただろう。

＝「チョウへの熱情」「悪意で盗んだのではないこと」「チョウを潰（つぶ）すつもりはなかったこと」など

迷い：理由 彼は、僕（ぼく）の言うことをわかってくれないし、信じようともしないだろう。

母：今日のうちでなければなりません。さあ、行きなさい！

と、小声で言った 「小声」＝「僕（ぼく）」への優しさ

①母の助言を聞いた「僕（ぼく）」が、「他の友達だったら、すぐにそうする気になれただろう」と考えたのは、なぜだろうか。

例 エーミールは、自分の言うことをわかってくれないし、信じようともしないだろうということを、はっきり感じていたから。

「僕（ぼく）」がこう感じていた背景には、二年前にエーミールにコムラサキを見せた体験があると考えられる。

②「僕（ぼく）」がエーミールにわかってほしかったこととは、どんなことだろうか。

例 チョウへの熱情や、自分に悪意はなかったこと、盗みはしたが、すぐに返す気になったこと、チョウを潰（つぶ）すつもりはなかったこと。

「僕（ぼく）」がチョウを盗んだのは、エーミールを困らせようなどという悪意からではなく、チョウへの熱情からだった点をおさえる。

③「小声で言った」から、母のどんな気持ちが読み取れるだろうか。

例 これからつらい謝罪をしなければならない息子（むすこ）への優しい気持ち。

「さあ、行きなさい！」という厳しい言葉は、息子（むすこ）に正しいことをしてほしいという優しさから生まれている。

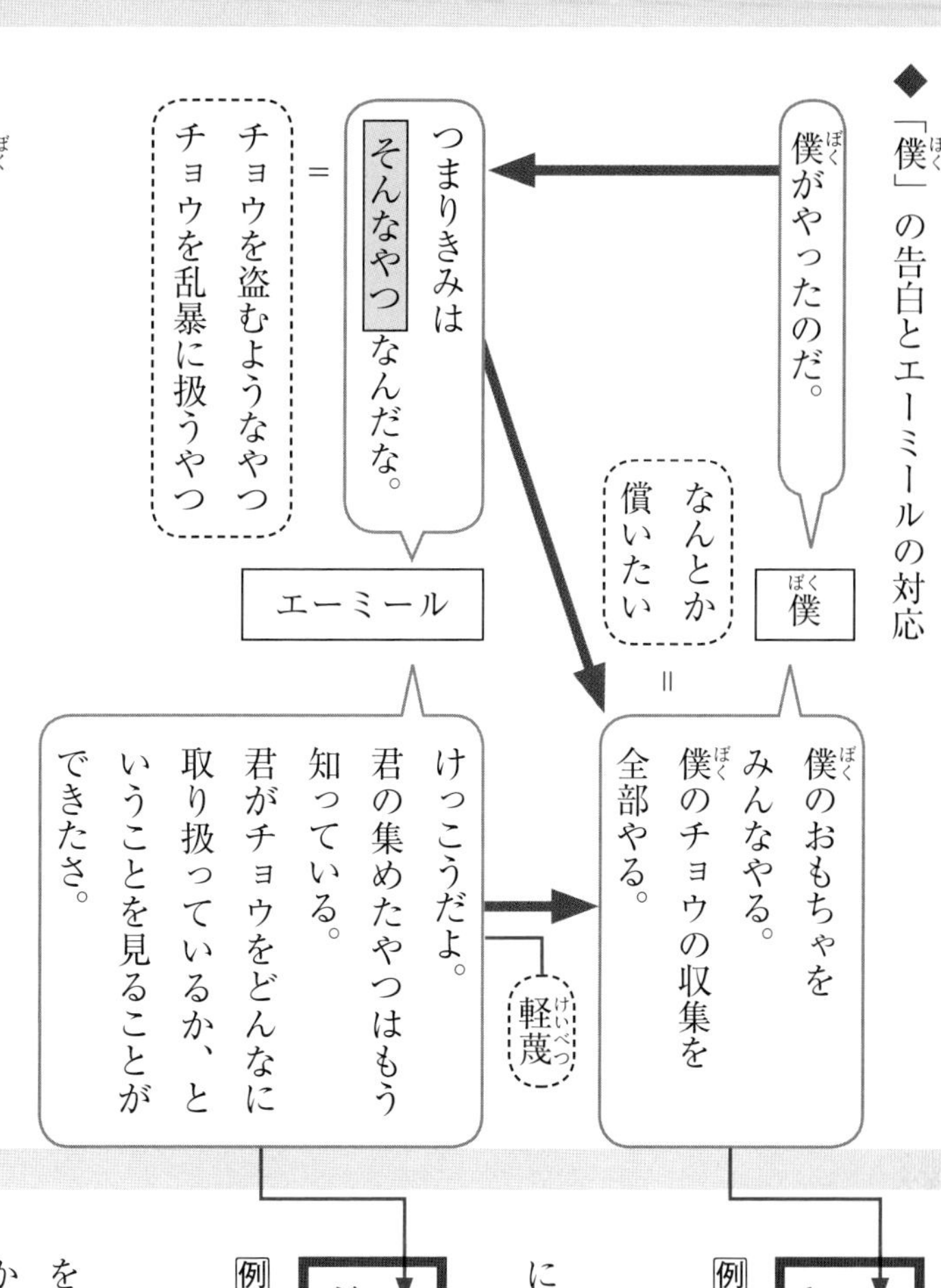
◆「僕」の告白とエーミールの対応
僕がやったのだ。
僕
なんとか償いたい
＝
僕のおもちゃをみんなやる。僕のチョウの収集を全部やる。
つまりきみはそんなやつなんだな。
＝
チョウを盗むようなやつ
チョウを乱暴に扱うやつ
エーミール
けっこうだよ。君の集めたやつはもう知っている。君がチョウをどんなに取り扱っているか、ということを見ることができたさ。
軽蔑

○「僕」…「一度起きたことは、もう償いのできないものだ」

ということを悟った。

○チョウを一つ一つ取り出し、指でこなごなに押し潰した。

複雑な気持ち

- 自分を罰しよう
- やり場のない怒りや悲しみをぶつけよう
- チョウを集めることへの熱情に別れを告げよう　など

① 「僕」がエーミールにおもちゃやチョウの収集を全部やると言ったのは、どんな気持ちからだろうか。

例 エーミールのチョウを潰してしまったことに対して、なんとか自分なりの償いをしたいという気持ち。

このあとにある「一度起きたことは、もう償いのできないものだ」にも着目して考える。

② 「つまり君はそんなやつなんだな」とエーミールは言ったが、「そんなやつ」にどんな意味をこめたのだろうか。

例 「他人のチョウを盗んだり、乱暴に扱ったりするやつ」という意味。

エーミールは「僕」がチョウを盗んだこと、チョウを潰したことを知ったが、「僕」のチョウに対する熱情などは理解しようとしなかったと想像される。

③ 「チョウを一つ一つ取り出し、指でこなごなに押し潰してしまった」とき、「僕」はどんな気持ちだったのだろうか。箇条書きで答えなさい。

例
- 自分を罰しようという気持ち。
- やり場のない怒りや悲しみをぶつける気持ち。
- チョウを集めることへの熱情に別れを告げようとする気持ち。

「僕」になったつもりで想像してみよう。

学びの道しるべ

▼教科書 P.214～215

1 現在の場面（はじめ～204ページ・7行め）、過去の場面（204ページ・8行め～終わり）について、それぞれ登場人物を書き出し、その関係を整理しよう。

↓P.164

2 「二年たって」（206ページ・18行め）の前までの過去の場面（204ページ・8行め～206ページ・17行め）から、「僕（ぼく）」が「エーミール」について語っている言葉を抜き出し、「僕（ぼく）」が「エーミール」をどう思っているか、まとめよう。

↓P.166②

3 「二年たって」から終わりまでの、「僕（ぼく）」の心情が語られている表現に着目して、「僕（ぼく）」の心情の変化を捉えよう。

↓P.167

4 「そしてチョウを一つ一つ取り出し、指でこなごなに押し潰（つぶ）してしまった」（212ページ・7行め）ことは、「僕（ぼく）」にとってどのような意味をもつ行為だろうか。考えを発表し合おう。

↓P.169③

5 あなたは、「エーミール」についてどのように思うか、まとめよう。

■解答例■

私は、エーミールは模範（もはん）少年を装った悪漢だと思う。「僕（ぼく）」がエーミールへ謝罪をし、自分のチョウの収集を全部やると言ったのに対し、「僕（ぼく）は君の集めたやつはもう知っている」と言った。「僕（ぼく）」は二年前にコムラサキを見せたきり、エーミールには一度も収集を見せていない。その間に収集は増えているはずなのに、「全部知っている」と言うのは、「僕（ぼく）」を正当に評価しようとせず、はじめから自分より劣っていると決めつけているからである。謝罪を受け入れず、「僕（ぼく）」をただ軽蔑（けいべつ）し続けるエーミールこそが悪漢だと思う。

6 現在の場面は、この作品においてどのような役割を果たしているだろうか。考えたことを話し合おう。

■解答例■

現在は大人になった「客」が、チョウを見て不愉快でもあるかのような態度をとり、「話すのも恥ずかしい」と言っている。このような記述によって、少年の日の思い出が単なる過去の話ではなく、長い年月を経た現在でも心に暗い影を残しているできごとだということがわかる。

重要語句の確認

▼202ページ

2 意 色あせる　以前の魅力がなくなる。

10 意 たちまち　すぐ。急。

▼203ページ

2 意 きらびやか　きらめいて美しい様子。

10 そそられる　意識や欲求が駆り立てられる様子。

11 意 熱情的　激しく感情が燃え立つ様子。

▼204ページ

10 意 とりこになる　あることに心を奪われる。魅力に取りつかれる。

11 意 すっぽかす　（自分がすべきことをせずに）投げやりにする。放っておく。

15 意 身にしみる　しみじみと深く感じる。

16 意 貪る　欲深く物を欲しがる。

▼205ページ

2 意 神秘的　人間の知恵では計り知れない不思議な様子。

▼206ページ

5 意 せめて　十分ではないが、やむを得なければこれだけでも。

6 意 非の打ちどころがない　非難するところがない。完璧である。

7 意 悪徳　人の道にそむく不正な行為。
対 美徳

11 意 嘆賞　感心してほめること。

▼207ページ

10 意 呈する　あらわす。差し出す。

▼208ページ

5 意 優雅　上品で美しいこと。

▼209ページ

4 意 さしずめ　今のところ。

7 意 下劣　考えなどが下品で卑しいこと。

▼210ページ

2 意 繕う　ととのえる。修繕する。

11 意 忍ぶ　我慢する。耐える。

▼211ページ

7 意 丹念　心をこめ、念入りにすること。

14 意 軽蔑　さげすむこと。ばかにすること。

17 意 すんでのところで　もう少しで。

▼212ページ

1 意 あなどる　人を軽くみてばかにする。

読み方を学ぼう　語り手・視点　教P.216

物語を語る人のことを「語り手」（話者）という。小説の作者と語り手は、同じではない。また、一つの小説の中で、語り手が交代することがある。「少年の日の思い出」では、現在の場面では「私」が語り手であり、「回想」の場面では、私の客である「僕」が語り手となっている。この「僕」は、「現在の場面」で「客」（友人）と呼ばれていた人物である。語り手が誰であるかに注意して読むと、小説のしくみがはっきり理解できる。

「少年の日の思い出」では、読み手は、「僕」の視点でエーミールを見ていることになります。

後半がエーミールの視点で描かれていたら、物語のイメージはどのように変わるでしょうか。

新出漢字のチェック

漢字	ページ	画数	筆順	読み	用例	級
斎	202	11画	亠 ナ 文 产 斉 斉 斉 斉 斎 斎 斎	サイ	書斎・斎場 斎宮・潔斎	準2級
透	202	10画	ノ 二 千 禾 禾 秀 秀 秀 透 透	トウ すーく すーかす すーける	不透明な液体 透き通った肌 障子を透かす	4級
濃	203	16画	氵 氵 氵 浬 浬 浬 浬 浬 濃 濃	ノウ こーい	濃密・濃縮 味が濃い	4級
愉	203	12画	丶 丶 忄 忄 忄 怜 怜 怜 愉 愉 愉	ユ	不愉快 この世の愉楽 愉悦（ゆえつ）を感じる	準2級

形の似た漢字に注意しよう。
「輸入」「輸送」などと用いる「輸」とは、左の偏（へん）が異なるよ。注意しよう。

漢字	ページ	画数	筆順	読み	用例	級
載（忘れない）	204	13画	一 土 士 吉 吉 査 車 載 載 載	サイ のーせる のーる	掲載・過積載 資料を載せる 雑誌に載る	4級
甲	204	5画	丨 冂 日 日 甲	コウ カン	甲乙なし 亀甲（きっこう）模様 甲高い声	3級
暇	204	13画	丨 日 日 日 旪 旪 旪 暇 暇 暇	カ ひま	休暇をもらう 余暇を楽しむ 貧乏暇なし	4級
忍	204	7画	フ 刀 刃 刃 忍 忍 忍	ニン しのーぶ しのーばせる	忍術に精通する そっと忍び寄る 小刀を忍ばせる	準2級
荒	205	9画	一 十 艹 艹 芒 芒 芒 荒 荒	コウ あらーい あーれる・あーらす	荒野が広がる 金遣いが荒い 荒れた土地	4級
涼	205	11画	丶 氵 氵 汁 汁 泞 泞 涼 涼 涼	リョウ すずーしい すずーむ	清涼・納涼大会 涼しい季節 木陰で涼む	準2級
斑	205	12画	一 丁 王 玎 玎 玟 玟 玟 斑 斑 斑	ハン	チョウの斑点 白斑 斑紋	2級

形の似た漢字に注意しよう。

「斑」と字形の似た漢字には「班」がある。「斑」は「まだら模様」という意味があるよ。

漢字	ページ	画数	筆順	読み	用例	級
稚	206	13画	ノ 禾 禾 禾 秆 秆 稚 稚 稚 稚	チ	幼稚な方法 幼稚園 稚貝を放流する	3級
壊	206	16画	土 圹 圹 垆 垆 埣 埣 壊 壊	カイ こわーす こわーれる	すさまじい破壊力 機械を壊す 関係が壊れる	4級
鑑	206	23画	ノ 金 金 金 釒 鉀 鉀 鋻 鑑 鑑	カン ＊かんがーみる	鑑定・印鑑 鑑賞眼を養う 歴史に鑑みる	4級
烈	207	10画	一 ア ろ 歹 列 列 列 烈 烈 烈	レツ	熱烈な応援団 激烈な争い 鮮烈	4級

ページ207 攻 7画 ×「王」 一 丅 工 工' 功 攻 攻
コウ せ-める
攻撃をかわす 攻略・先攻 攻め合う
4級

207 撃 15画 ゲキ う-つ
攻撃をかわす 撃退・撃破 敵に撃たれる
4級

207 途 10画 ト
途中で止める 途端・開発途上国 前途多難
4級

208 雅 13画 ガ（ハネ）
優雅な動き 雅楽を聞く 博雅
4級

208 惑 12画 ×「戸」 ワク まど-う
誘惑（ゆうわく）に負ける 惑星・当惑する 思い惑う
4級

新出音訓の確認

ページ202 閉 と-ざす 閉ざす

206 貧 ヒン 貧弱

206 傷 いた-む いた-める 傷む

209 犯 おか-す 犯す

210 切 サイ 一切

209 盗 11画 トウ ぬす-む
窃盗・盗賊・盗作 情報を盗む 盗みを犯す
4級

209 劣 6画 ×「刀」 レツ おと-る
下劣・劣悪な環境 劣等（⇔優越（ゆうえつ））感 性能が劣る
4級

209 悟 10画 ゴ さと-る（トメ）
覚悟を決める 悟道 死期を悟る
3級

210 既 10画 キ すで-に
既成・既決・既往 皆既（かいき）日食を報じる 既に到達している
3級

211 猫 11画 ×「手」 *ビョウ ねこ
愛猫家 飼い猫・三毛猫 猫に小判
準2級

211 丹 4画 ×「舟」 タン
丹念に点検する 丹精をつくす
4級

211 詳 13画 ショウ くわ-しい
詳細 詳述（⇔略述） 詳しい説明
4級

211 喉 12画 ×「候」 コウ のど
喉頭炎（こうとうえん）に苦しむ 喉笛に飛びかかる 喉から手が出る
2級

212 償 17画 ×「⺌」 ショウ つぐな-う
弁償・災害補償 無償（⇔有償） 罪の償い
準2級

同音異義語に注意しよう。

「償」を使った「補償」は「損害などを補う」、「保障」は「損害のないように守る」という意味だよ。

言葉

振り返って見つめる

漢字を身につけよう❾

教科書 P.217

ページ	漢字	画数	読み	用例	級
217	賓	15画	ヒン	来賓の祝辞 迎賓館 賓客を招く	準2級
217	僕	14画	ボク	僕は学生だ 下僕・忠僕 従僕として仕えた	準2級
217	俺 ×「电」	10画	おれ	俺 俺たちの公園	2級
217	漸	14画	ゼン	漸減（⇔漸増） 漸次進展する 漸進的な改革	準2級

注 形の似た漢字に注意しよう。

「撲滅」「打撲」などと用いる「撲」とは、左の偏が異なるよ。注意しよう。

ページ	漢字	画数	読み	用例	級
217	寿（忘れない）	7画	ジュ ことぶき	寿命を全うする 不老長寿・米寿 寿を保つ	3級
217	韻	19画	イン	韻文の種類 韻を踏む 余韻が残る	準2級
217	仙	5画	セン	六歌仙の一人 水仙が咲く 仙界	準2級
217	庶 ×「廿」	11画	ショ	庶民の芸能 庶務課 庶事・庶民的	準2級
217	享 ×「十」	8画	キョウ	自由を享受する 基本的人権の享受 享楽的な生活	準2級
217	舞（トメル）	15画	ブ ま-う まい	舞台・歌舞伎役者 花びらが舞い散る 伝統の舞を覚える	4級
217	伎	6画	キ	歌舞伎を見物する 歌舞伎役者	2級
217	襲 ×「巳」	22画	シュウ おそ-う	空襲・急襲 世襲制・襲名披露 熊に襲われる	4級
217	唄 ×「日」	10画	うた	長唄を稽古する 江戸端唄	2級
217	謡 ×「缶」	16画	ヨウ *うたい *うた-う	民謡を伝承する 謡曲を習う 謡本	準2級

217 錦 16画
ノ 𠂉 𠆢 亼 全 余 金 金' 釕 鉑 鉑 鉑 鉑 錦 錦 錦
キン にしき
錦衣
錦絵を鑑賞する
故郷に錦を飾る
2級

217 魅 15画
ノ 亻 白 由 由 甶 鬼 鬼 鬼 魅
ミ
魅惑
魅力
演技に魅了される
3級

217 了 2画
フ 了
リョウ
魅了・了解した
終了時刻が迫る
点検が完了する
3級

217 桑 10画
フ ヌ 叒 叒 叒 叒 桑 桑 桑 桑
＊ソウ くわ
桑園
桑の葉
桑摘み
3級

217 繭 18画
艹 𦫳 芇 芇 莔 莔 莔 莔 繭
＊ケン まゆ
繭糸
繭をとる
繭玉の飾り
準2級

217 寧 14画
宀 宀 宀 宀 宓 宓 宓 寍 寍 寧
ネイ
丁寧＝丁重
安寧秩序
準2級

新出音訓の確認

217 承 うけたまわ-る 承る
217 媛 エン 才媛
217 損 そこ-なう そこ-ねる 損なう
217 穴 ケツ 墓穴
217 拾 シュウ ジュウ 収拾

217 文 ふみ 恋文（こいぶみ）
217 機 はた 機織り
217 生 お-う き 生地
217 裁 た-つ 裁つ

教科書問題の答え

1
① ひんきゃく
② ぼく おれ
③ ぜんげん
④ べいじゅ
⑤ いんぶん
⑥ かせん
⑦ しょみん きょうじゅ
⑧ かぶき しゅうめい
⑨ ながうた ようきょく
⑩ にしきえ みりょう
⑪ くわ まゆ
⑫ ていねい

2
① うけたまわ
② えん
③ そこ
④ けつ
⑤ しゅう
⑥ ぶみ
⑦ はた
⑧ き た

振り返って見つめる

グループ新聞 一年間の自分とクラスを振り返って

教科書 P.218〜223

内容を確認して、整理しよう

【新聞とは?】

●ニュースなどの情報を多数の人々にわかりやすく伝える印刷物のこと。

【グループ新聞を作る目的】

●中学校に入学してから身のまわりに起こったいろいろなできごとを振り返る。

●校内で掲示することを想定して、読み手にわかりやすく伝えるための工夫を学ぶ。

【グループ新聞の作り方】

1 編集会議を開き、記事の内容を決める

① 中学校に入学してから今までに、自分やクラスに起こったできごとを振り返り、記事にしたいものを選ぶ。

※記事にしたいものはカード一枚に一つずつ書き出すとよい。

〈できごとの例〉

・クラス全員での研修旅行

・遠足で起こった事件

・体育祭などクラスがまとまったイベント

② 四、五人のグループで編集部を作る。

③ ①で作ったカードをもとに、編集部内で話し合い、次のことを決める。

・どのような特徴をもつ新聞にするのか。

・新聞の名前は何にするか。

・記事の候補としてどれを選ぶか。

④ 記事の候補を三〜五本にしぼったら取材や編集会議を重ねる。

↓内容をより詳しく正確にし、自分の意見や考えを深める。

※取材は次のような方法で情報を探すとよい。

・インターネットで探す(情報が常に更新されているので、最新の情報が手に入る)

・図書館で探す(書籍・百科事典・図鑑をはじめとして、新聞や雑誌、DVD・CDなどさまざまな情報源がある)

・アンケートをとる(対象となる集団全体の傾向を捉えることができる)

取材して集めた情報は、編集会議で検討したり整理したりして、考えをまとめよう。

※編集会議では、話題や展開にそって話し合いをつなげる四つのことに注意する。

提案　アイデアを出す
「だったら、○○はどうかな」

確認　発言内容を確かめる
「××ってどういうこと?」

質問　理由を問いかける
「どうして?」

促し　相手の発言を促す
「△△さんはどう?」

2 レイアウトを決めて、記事を書く

① それぞれの記事の場所を割り振り、字数・紙面の形と大きさ・見出し・写真や図表の有無を確認する。

② それぞれの記事の執筆担当者を決め、レイアウトに基づいた用紙を使って、文章を書き、図表やイラストを作成する。

※記事を書くときのポイント

・「5W1H」を正確に、わかりやすくまとめる。

〈5W〉
When（いつ）
Where（どこで）
Who（誰が）
What（何を）
Why（なぜ）
〈1H〉
How（どのように）

・結果や結論などの最も伝えたい情報を、はじめに簡潔に提示する。そのあとに、経緯の説明、関連情報など、重要度の高い順に並べる。

3 記事を推敲し、紙面を作る

① 記事を持ち寄り、みんなで読み合って次の点について確認する。

・事実が正確に書かれているか。
・文字や表記に間違いがないか。
・漢字と仮名の使い分けや語句の選び方は適切か。
・文や段落の長さ、段落の順序、語順などは適切か。

※「推敲」とは、文章を書き終えたあと、読み返して、さらによい文章にするために手直しをすること。

※推敲の際には、伝えようとすることがきちんと伝わるか、読み手の立場に立って確かめながら読み返すようにする。

② レイアウトにそって構成し、紙面を完成させる。

※「レイアウト」とは、紙面の仕上がりの形を考えて、文字や写真などを配置すること。

4 新聞を読み合う

① 完成した新聞を掲示したり配布したりして読み合う。

② 作る際に特に工夫したことや、新聞を読んで新たに気づいたことや感じたことについて、感想を交流する。

情報を発信する立場になって、さまざまな新聞を読んでみよう。

読書の広場

電車は走る

重松清

教科書 P.244～249

内容を確認して、整理しよう

カズオの前には二人のおばあさんが立つ。できれば二人に席を譲りたいが、譲れるのは一人分だけ。一人しか座れないのは不公平だと思うカズオは席を譲らず、じっと目をつぶって眠ったふりをする。

タケシの前にはつり革につかまったおじいさん。タケシは自分も切符を買って乗っているのだから座る権利はあると思い、席を譲らない。周りの人が責めているようにも思えて、タケシは唇をかみしめたまま、本を読み始める。

ヒナコの前には赤ちゃんを抱っこして小さな子供の手をひくお母さん。ヒナコは席を譲りたいと思うが、体調が悪くて立ち上がれない。代わりに席を譲った隣のおじさんが小さく舌打ち。怒られているように感じたヒナコは涙をこぼし、次の駅で降りようと思う。

サユリの前には松葉づえをついたお姉さん。サユリは立ち上がってお姉さんに席を譲る。しかしお姉さんはそっけない反応で席に座る。サユリは褒めてくれた隣のおばさんに「かわいそうな人を助けるのは当然です」と答える。おばさんの顔がこわばり、周りの人も目をそらす。サユリは理由がわからず、つり革を強く握りしめる。

僕たちは「世の中」という名前の電車に乗り合わせた乗客だ。「私の正しさ」は乗っている人の数だけある。あなたの「正しさ」はどこにある？

登場人物の置かれた状況、心情・行動についてまとめよう

	状況	心情と行動
カズオ	二人のおばあさん 席を譲っても一人分だけ	一人だけが座れるのは不公平だ 二人とも座れないほうがすっきりする 二人と目が合うのが怖い 【じっと目をつぶって眠ったふり】
タケシ	つり革につかまっているおじいさん 席を譲ってくれるのを待っている？ 席を譲らないからムッとしている？ 気になる周りの人の視線	自分も切符を買って乗っている 座る権利はある 誰かが譲ればいい みんな身勝手だ 【唇をかみしめたまま本を読み始める】
ヒナコ	赤ちゃんを抱っこし、小さなお兄ちゃんも連れたお母さん つり革につかまることができない 代わりに席を譲った隣のおじさんが 小さく舌打ち	席を譲ってあげたい 今日は体調が悪いので譲れない お願い、許してください 自分のことを怒っている？ 【次の駅で降りよう／涙が落ちる】
サユリ	松葉づえをついたお姉さん お姉さんは小さく会釈 「あ、どーも。」 隣に座るおばさんの褒め言葉 おばさんの顔がこわばる 周りの人も目をそらす	席を譲ろう 「助け合いの心」を発揮するチャンス それだけ？ 胸を張って「当然のことです！」 どうして？ 自分のほうがみんなに叱られている？ 【つり革を強く握りしめる】

学びの道しるべ

▼教科書 P.249

●登場人物の中で、最も共感できる人物を選んで交流しよう。

■解答例1■

私はサユリに共感した。サユリが「助け合いの心」を教わったように、私も学校で「困っている人は助けるように。」と言われ、電車で席を譲ったことがある。しかし、「大丈夫です。」と断られたり、「年寄り扱いするな。」と怒られたりしたことがある。親切のつもりで声をかけても本当に助けを必要としていない人であることもあり、人を助けようと思って声をかけるのは難しいと感じる。

■解答例2■

私は、乗り物に弱く酔いやすい。電車に乗るときもなるべく座っていたいのだが、あとからお年寄りや身体の不自由な方が乗ってくることがある。そのときに席を譲ることができず、とても申し訳ない気持ちになる。譲りたくても譲れないヒナコの気持ちが自分と全く同じでとても共感できた。

●カズオの「ただじっと目をつぶって、眠ったふりをする。」（245ページ・上10行め）と同じような行動描写を探して、そのときの人物の心情について考えよう。

■解答例■

タケシの「唇をかみしめたまま、本を読み始めた。」という行動描写から、タケシが自分の気持ちを押し殺していることがわかる。目の前に立ったお年寄りや周りの乗客が、タケシが席を譲るのを当然のことと思っているような気がして悔しい気持ちを抱き、その悔しさをまぎらわすために本を読み始めたのだと思う。

●松葉づえをついたお姉さんは、感謝していなかったのだろうか。読んで考えたことを交流しよう。

■解答例1■

松葉づえをついたお姉さんは、感謝していたと思う。感謝はしていたけれど、急に声をかけられて驚きとまどったのだと思う。イヤホンで音楽を聴いたり、雑誌を読んだりする行為は、親切にされたことへの照れ隠しではないだろうか。

■解答例2■

私は、このお姉さんは感謝していなかったと思う。「真新しいギブスをつけて」とあるように、お姉さんはつい最近けがをしたばかりなのだろう。もしかすると、そのせいで何かの大会への出場を断念しなければならなくて、その現実を受けとめきれず苦しんでいる最中かもしれない。だから、サユリへの感謝の気持ちをもつ余裕はなかったのではないだろうか。

こうだと決めなくてもいい。自由にいろんな意見を交換し合おう。

読書の広場

紅鯉（べんごい）

丘修三（おかしゅうぞう）

教科書 P.250〜259

内容を確認して、整理しよう

五年生の秋、魚捕り（と）に夢中だった「僕」は町を流れる川の支流でコイを見つけたが、捕（つか）まえるのに失敗する。麦わら帽子をかぶったわし鼻のおじさんに「何かいるのか」と問われ、「僕」は「コイみたいなのがいた」と答える。それを聞いたおじさんはコイを探すが見つからず、「僕」をにらんで去っていった。その後、本流に合流する辺りで、「僕」はまたコイを目にするが、再び捕（つか）まえるのに失敗する。その場にいた顔見知りの中学生や半ズボン姿のおじさん、あとから来た同級生のひろしに、「僕」は大物の紅鯉（べんごい）がいたことを告げる。そのうち十四、五人の大人や子供が集まってきて、大人たちはコイが潜（ひそ）んでいそうなところを探し始めるが、コイの姿は見えない。そこにさっきのわし鼻のおじさんがやってきて、「コイなんかいない」と言う。このひと言で「僕」はみんなからほら吹きと思われてしまう。「僕」はうろたえるが、どう説明しても信じてもらえないだろうと思い、唇（くちびる）をかんでおじさんをにらみつけるよりほかなかった。するとそのとき、手拭（ぬぐ）いをかぶったおばさんが助け船を出してくれる。その言葉で青年がコイを探してみるが何もかからない。しかし、その後にやってきたひげ面（づら）のおじさんが投網（とあみ）で大きな黒いコイと紅鯉（べんごい）を捕（つか）まえる。「僕」は、うそつきにならなくてよかったという満足感と紅鯉（べんごい）を手に入れられなかった悔（くや）しさを感じるのであった。

登場人物のかかわりを整理しよう

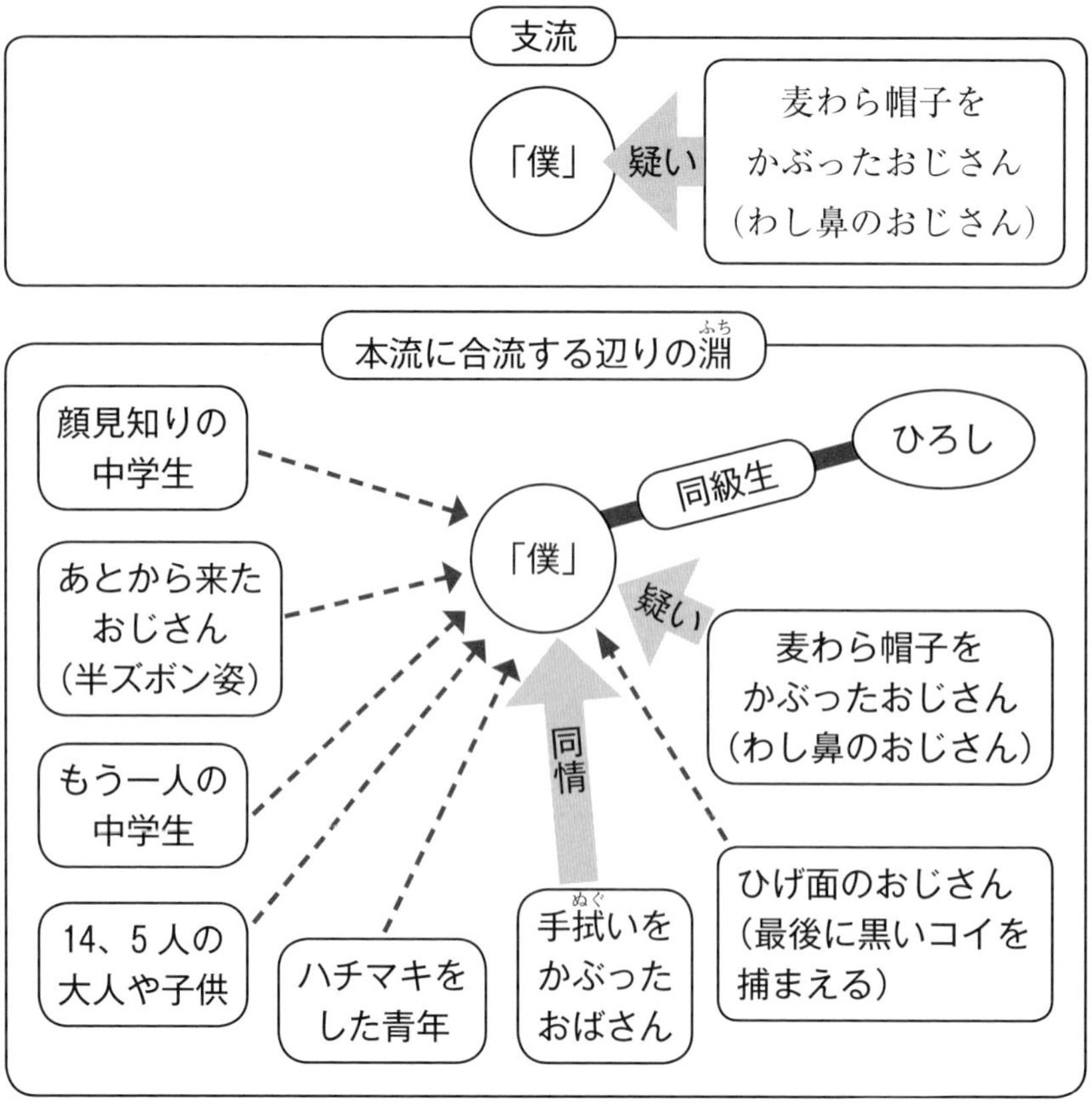

支流

- 麦わら帽子をかぶったおじさん（わし鼻のおじさん） →疑い→ 「僕」

本流に合流する辺りの淵（ふち）

- 顔見知りの中学生 → 「僕」
- あとから来たおじさん（半ズボン姿） → 「僕」
- もう一人の中学生 → 「僕」
- 14、5人の大人や子供 → 「僕」
- ハチマキをした青年 → 「僕」
- 手拭（ぬぐ）いをかぶったおばさん →同情→ 「僕」
- ひげ面のおじさん（最後に黒いコイを捕まえる） → 「僕」
- 麦わら帽子をかぶったおじさん（わし鼻のおじさん） →疑い→ 「僕」
- 「僕」 —同級生— ひろし

学びの道しるべ

●この作品を読んだ印象を話し合おう。

■解答例1■

コイがいたことを周りの人に信じてもらえず、「僕」が悔しくて辛い思いをしたまま話が終わってしまうかもしれないと心配したけれど、最後に紅鯉も大きな黒いコイも見つかって、うそつきにならなくてよかった。土手の上のおばさんの「よかった、よかった。あんた、よかったね。」という言葉に、危うく泣きだしそうになった「僕」の気持ちはよくわかった。

■解答例2■

最初から最後まで「僕」のことを疑っていたわし鼻のおじさんのような人は実際にいると思う。私も前に自分がやっていないことを、私がやったのではないかと疑われ、とてもいやな思いをした。紅鯉では、最後に「僕」が正しかったことが明らかになって、わし鼻のおじさんが気まずい思いをしたので、すっきりした。

■解答例3■

「僕は唇をかんで、おじさんをにらみつけるよりほかなかった。」という部分が最も印象的だった。紅鯉を見たのは自分一人であり、証拠も示せないので、何を言っても信じてもらえないという「僕」の悔しさが伝わってきた。誰一人自分の言うことを信じてくれる人がいない中で孤立するのはとても辛いと思う。

▼教科書 P.259

●それぞれの登場人物の役割を整理しよう。 →P.180

●「日は高く、暑かった。」（250ページ・上11行め）などの情景を表す描写から、どのような心情が想像できるか考えよう。

■解答例1■

「日は高く、暑かった」という表現は、秋に入ったけれど、まだ夏のような強い日差しが照りつけていることを表しているのだろう。夏休みに感じるわくわくするような感覚で、魚を捕まえられることを期待している「僕」の心情が想像できる。

■解答例2■

「かんかん照りの太陽の下で、よどんだ水もぬるく、辺りは時間が止まったように静かだった。」から、夏のような暑い日差しによって体は疲れ、「よどんだ水もぬるく」という表現にあるように、気持ちの晴れないよくないことが起こりそうな不安な気持ちが感じられる。

■解答例3■

「かんかん照りの太陽の下で、よどんだ水もぬるく、辺りは時間が止まったように静かだった。」は、あたりは真昼の静けさで、自分も音をたてないようにし、コイやウナギのような大物が現れるのではないかという、高まる緊張の中での僕の期待を表している。

読書の広場

古事記

教科書 P.260～265

内容を確認して、整理しよう

■大国主神と因幡の白兎

オオクニヌシの兄弟のおおぜいの神々は、因幡の国のヤカミヒメに求婚しようと、オオアナムチ（＝オオクニヌシ）を従者のようにして出かけて行った。神々は、ケタの岬で出会った、皮を剝がれて倒れていたウサギに、「海水を浴びて、風に当たり、高い山の頂上に伏していなさい。」と教えた。ウサギは言われたとおりにしてみたが、かえって皮膚がひび割れ、痛くてたまらない。最後にやってきたオオアナムチが泣いているわけを尋ねると、ウサギは、ワニをだました仕返しに皮を剝がれてしまったこと、神々の言うとおりにしたら、かえって全身が傷だらけになったことを打ち明けた。オオアナムチは、「河口の真水で体を洗い、ガマを敷きつめてその上に寝転がれば、おまえの体は治るだろう。」とウサギに教えた。その通りにすると、ウサギの体はもとどおりになった。ウサギはオオアナムチに、「あのおおぜいの神々は、ヤカミヒメを得ることはできないでしょう。あなた様がめとるでしょう。」と予言した。

古典に親しみ、そのおもしろさを味わおう。

◆登場人物の関係を整理しよう

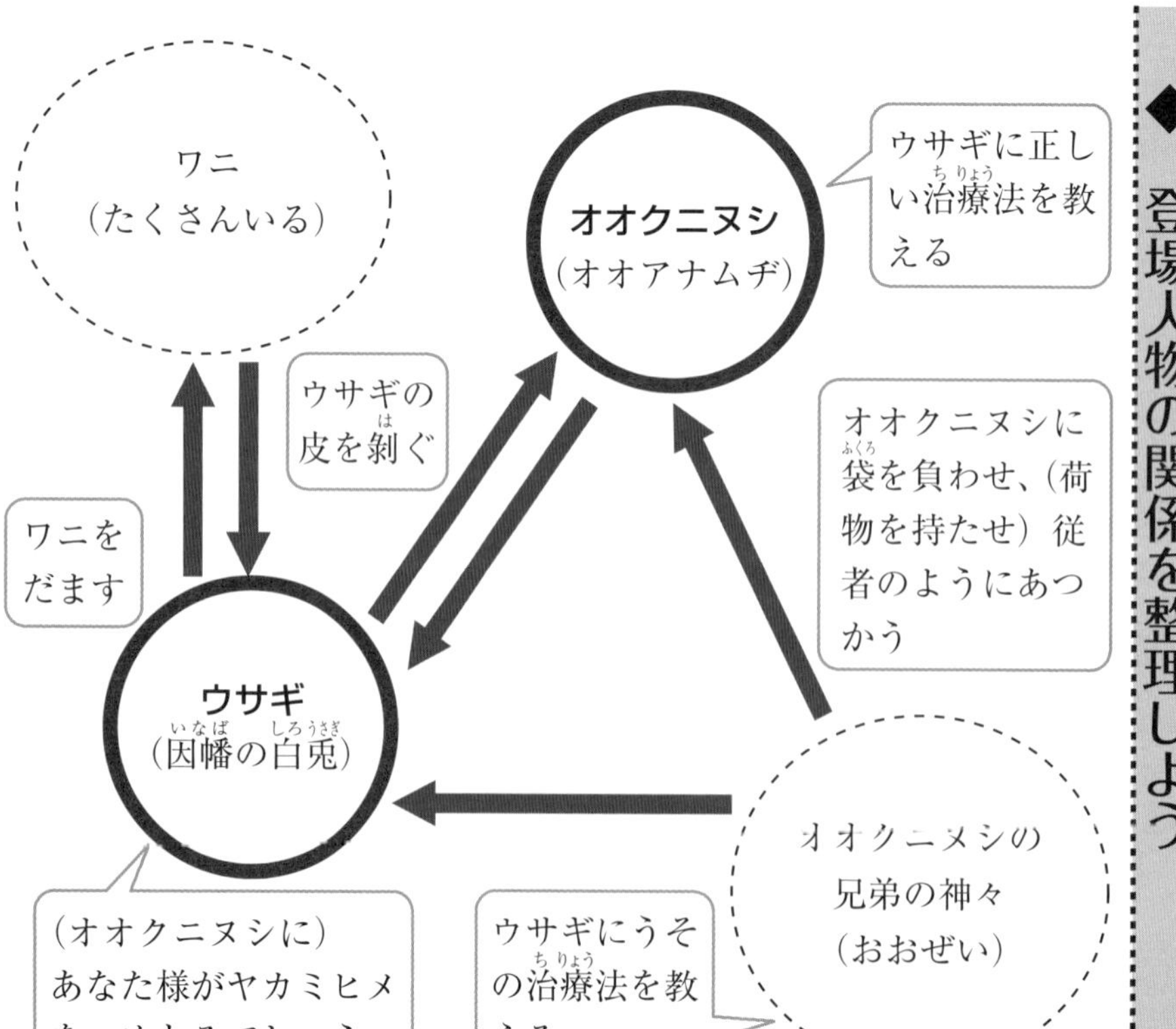
オオクニヌシ
（オオアナムチ）
ウサギに正しい治療法を教える
ワニ
（たくさんいる）
ウサギの皮を剝ぐ
ワニをだます
オオクニヌシに袋を負わせ、（荷物を持たせ）従者のようにあつかう
ウサギ
（因幡の白兎）
オオクニヌシの兄弟の神々
（おおぜい）
ウサギにうその治療法を教える
（オオクニヌシに）
あなた様がヤカミヒメを、めとるでしょう

■倭建命の望郷の歌

内容を確認して、整理しよう

（倭建命は父の景行天皇の御命令で、日本各地を平定なさっていた。）

三重村に着いたときに、倭建命は、足が三重に折れるような、ひどい疲れを感じた。それで、その地を三重と名づけたのである。そこからさらに進んでいらっしゃって、能煩野に着いたときに、故郷を思って、二首の歌をお歌いになった。

・大和は国の中でも最もよいところだ。重なりあった青い垣根の山、その中に籠っている大和は、美しい。

・命の無事な人は、（畳薦）平群の山の大きな樫の木の葉をかんざしに挿せ。おまえたちよ。

この二首の歌は、ふるさとをなつかしむ歌である。

また、片歌（三句からなる短い歌）もお歌いになった。

・なつかしい、わが家の方から、雲がこちらへ湧き起こってくるよ。

このときに、ご病気が急変して危篤になった。そうしてお歌いになっていうには、

乙女の床のあたりに、私が置いてきた大刀。ああ、その大刀よ。

歌い終わると、倭建命はそのままお亡くなりになってしまった。そこで、人々は早馬の使者を送って報告申しあげた。

◆それぞれの歌をくわしく見てみよう

・倭は　国の真秀ろば（最もよいところ）　たたなづく（重なりあった）　青垣（青い垣根）
山籠れる（山に籠っている）　倭し麗し（美しい）

リズム＝「四七五四六八」の六句から成る。

・命の　全けむ人は（無事な人）　畳薦※　平群の山の
熊白檮が葉を（大きな樫の木の葉）　髻華に挿せ（かんざし）　その子（おまえたちよ）

リズム＝「四七五七七五三」の七句から成る。

※「畳薦」＝「平群」を導く枕詞。一種の決まり文句。

・愛しけやし（なつかしい）　我家の方よ　雲居立ち来も（雲が湧き起こってくるよ）

リズム＝「五七七」の三句から成る。＝片歌

・嬢子の　床の辺に（あたり）　我が置きし（置いてきた）　剣の大刀
その大刀はや

リズム＝「四五五六六」の五句から成る。

読書の広場

この小さな地球の上で

手塚治虫

教科書 P.266〜271

内容を確認して、整理しよう

南米ペルーのナスカ高原で、幾何学的な線条で描かれた巨大地上絵を見たとき、人間が最初から偉大で驚異的な賢さをもっていたということがわかった。しかし、人間は、一方で、限りなく愚かしく悲しむべき存在でもある。例えば、千体もの石の巨人像で知られるイースター島。この島の島民は、食糧不足と、その結果としての殺し合い、さらに疫病のために大部分が死んでしまった。この島は、地球と人間の未来の姿を暗示しているように思える。

地球というものは、実はもろく壊れやすいのだ。この地球にどう対処するかの選択は、ここ百年ぐらいで決まるが、それは、やり直しのきかない、一度きりの選択になる。僕は、人間も他の動物も生命の存在という点では平等だということを作品の中で描いてきた。人間は、運命共同体としての生き物の一員にすぎないのである。それなのに、人間は他の生き物を、殺し合いの巻きぞえにしたり、その生存の権利を奪ったりしてきた。だが、同時に自然保護や愛護の活動が続いていることは、人間のすばらしさを感じさせる。

これからは、地球という運命共同体の中で、生き物と人間との温かい触れ合い、助け合いの運動を進めていくことが大切だ。

全体の構成を捉えよう

大段落1

【主張１】

人間は、偉大で驚異的な賢さをもつ一方で、限りなく愚かしく悲しむべき存在でもある。

教 P.266・上1行め〜P.268・上3行め

❶ ナスカ高原の巨大地上絵
❷ イースター島の巨人像

大段落2

【主張２】

地球はもろく壊れやすい。その上に住む生命の重さは、全て同じだ。

教 P.268・上4行め〜P.270・下2行め

❶ 宇宙飛行士Aさんの話
❷ 筆者の作品「火の鳥」
❸ 筆者の戦争体験
❹ 動物の薬殺や餓死と自然保護や愛護の運動

大段落3

【まとめ】

地球という運命共同体の中で、他の生き物との触れ合い、助け合いの運動を進めることが大切だ。

教 P.270・下3行め〜下7行め

学びの道しるべ

▼教科書 P.271

●「次にやるべき大いなる仕事」（270ページ・下7行め）の具体例を考え、地球や人間の未来について話し合おう。

■解答例1■

人間が次にやるべき大いなる仕事は、人間も他の生物と同じように運命共同体の一員であることを自覚し、行動することだと思う。人間以外の生物はこれまで、人間本位の、人間に牛耳（ぎゅうじ）られた世界において犠牲（ぎせい）になってきた。しかし、筆者の言うように、人間も他の生物も生命の存在という点においては平等であると私も思う。今こそ、私たち一人一人が運命共同体の一員としての責任を果たしていくべきだ。

■解答例2■

私は、壊れやすい地球に対してどう対処するか、一度きりの選択を決めることが、次にやるべき大いなる仕事だと思う。人間は長い歴史の中で、目先の利益を追求した結果、自然破壊や殺し合いを繰（く）り返してきた。現在、地球上の人間は、かつてのイースター島に住んでいたポリネシア人と同じような、自滅に至る人類史を歩もうとしている。自滅という悲劇を避けるために賢明な選択をすることが必要だと思う。

地球や人間に対する筆者の考え方を読み取り、自分のものの見方や考え方を広げよう。

●「人間って、全くもってすばらしい生き物だ！」（266ページ・上1行め）と、「人間は、一方で、限りなく愚（おろ）かしく悲しむべき存在なのだ」（267ページ・上10行め）について、それぞれ、筆者が示す事実を捉（とら）え、その理由づけを考えて、三角ロジックの形に整理しよう。

■解答例■

	ナスカ高原	イースター島
主張	人間はすばらしい生き物だ。	人間は限りなく愚かしく悲しむべき存在だ。
事実	幾何学的な線条による巨大（きょだい）な地上絵は三千年前に描かれたものである。	何百年の間に島民の大部分が死んでしまって、巨人（きょじん）像だけが立ち、動くもののない景色が広がっている。
理由づけ	現代のレベルと変わらない高度の技術がなければ描けないものだから。	この島の歴史が、自滅に至る人類史を暗示しているようだから。

（二つの主張は⟷で対比されている）

読書の広場　教科書 P.272〜274

食感のオノマトペ

早川(はやかわ)文代(ふみよ)

内容を確認して、整理しよう

テレビを見ていると、女子高生が言った、「マッタリ」や「シュワーッ」という食感を表現する言葉が、実感をもって私に迫ってきた。おいしいものを食べたときにオノマトペを用いると、リアルに伝わるし、情感に訴(うった)える働きをする。

食感に関する日本語のオノマトペの数は、例えば英語に比べると非常に多い。その数を辞典や論文などからピックアップすると、三百十二語にも及(およ)ぶ。

また、オノマトペには、世代間の相違がある。その相違は、オノマトペを使う人の食べ物に関する経験や言葉のリズム、響(ひび)きの好みから生まれると考えられる。

食べ物の科学的な測定が進歩しても、感覚の世界は依然として残る。食感のオノマトペは、食べ物の性質や特色、個人や世代の食の好みを知る手がかりになり、客観的には捉えにくい人間の微妙(びみょう)な感覚を、実感をもって伝えてくれる。

図表と文章の関係に着目し、事実と筆者の考えを読み分けよう。

構成を捉え、段落構成図をつくろう

【序論】
食感のオノマトペの力
リアルに伝える・情感に訴(うった)える
↑ 1 2

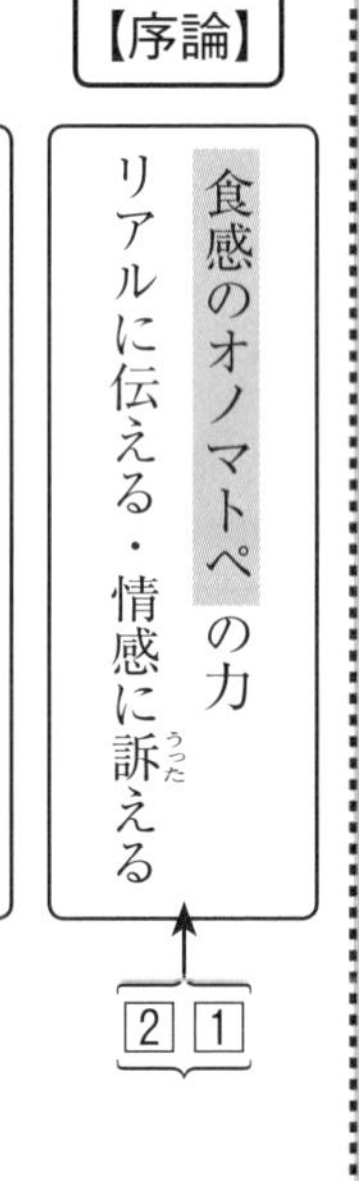

【本論】
・筆者の立場
↑ 3

わかったこと1
・数が多い
英語と比較すると?
↑ 4
・実際に使われる数は?
↑ 5

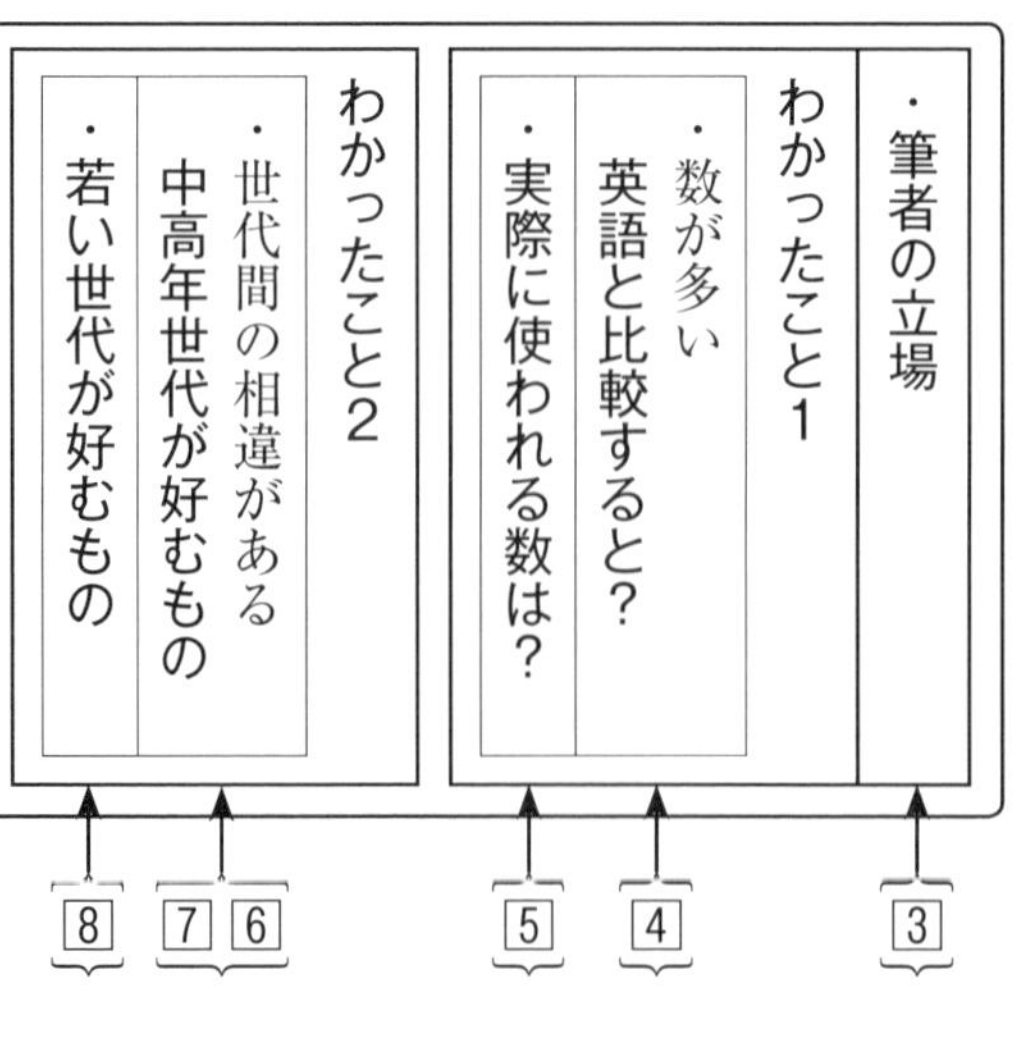

わかったこと2
・世代間の相違がある
中高年世代が好むもの
↑ 6 7
・若い世代が好むもの
↑ 8

【結論】
食感のオノマトペは微妙(びみょう)な感覚を、実感をもって伝える
↑ 9 10

まとまりごとの展開を確認しよう

1【序論】食感のオノマトペの力　教 P.272・上1行め～下1行め

卵かけご飯を食べながらコーラを飲む女子高生の言葉

卵で口がマッタリしたところを、シュワーッとコーラが流れていく

・彼女の言葉が実感をもって迫ってきた ⇩ 驚き

これが食感のオノマトペの力である

「しゃきしゃき」「ぱりぱり」「しっとり」などの言葉

2【本論】食感のオノマトペを調べてわかったこと　教 P.272・下2行め～274・上6行め

◆わかったこと1

○「食感に関する日本語のオノマトペの数が非常に多い」ということ。

・英語との比較

食感に関する日本語のオノマトペの数が多いか少ないかを明らかにするため、英語を例に比較する。

ポイントを確認しよう

① 「食感のオノマトペの力」とは、どんな力だろうか。筆者の考えを二つ答えなさい。

例
・おいしさを、実感をもって迫るように伝える力。
・おいしさを、ただ「おいしい」というよりも、よりリアルに伝え、情感に訴える力。

「これが食感のオノマトペの力である」の「これ」が指しているのは、直前の文中の「彼女の言葉が実感をもって私に迫ってきた」である。したがって、この直前の文の内容をもとに一つの答えができる。

また、筆者は、「実感をもって迫る」ことを、「何かおいしいものを……情感に訴えるものがある。」の一文で「よりリアルに伝わる」、「情感に訴える」といった言葉を使って説明し直している。そこで、この一文をもとに、もう一つの答えができる。

② 「例えば英語では」とあるが、日本語のオノマトペを英語のオノマトペと比べるにあたって、筆者はどのような調査方法をとったのだろうか。

例　英語と日本語で、歯応えの感覚を表現するオノマトペの数を比べるという方法。

やみくもにオノマトペの数を比べるのではなく、「歯応えの感覚を表現するオノマトペ」に着目した点を捉えよう。

◆わかったこと2

○「日常生活で使っているオノマトペに世代間の相違がある」ということ。

・世代間でどのような相違があるのかを明らかにする。

調査方法

「この言葉は食べるときの感覚を表すか。」というアンケートを行う

3 【結論】食感のオノマトペの役割 教 P.274・上7行め～下9行め

◆食べ物に対する感覚

・食物や調理について研究する分野 …科学的な測定に基づく

・食べ物に対する感覚の調査・研究 …感覚の世界に基づく

◆食感のオノマトペの役割

・食べ物に含まれている物質…客観的要素

・食感 …主観的要素

食感のオノマトペは……

・食べ物の性質や特色 個人や世代の食の好み を知るための手がかり

・客観的に捉えにくい人間の微妙な感覚 を、実感をもって伝える

①食感に関する日本語のオノマトペを調べた結果、二つめにわかったこととして、どんなことが挙げられているだろうか。

例 日常生活で使っている食感のオノマトペには、世代間の相違があるということ。

教 P.273・上9行め「二つめは」という言葉に着目する。このような「順番を表す言葉」に着目すると、文章の内容が整理しやすい。

②「食べ物に対する感覚の調査・研究」が「ますます活用されていくと思われる」のは、なぜだろうか。

例 食べ物を食べるのが人間である以上、科学的な測定がどんなに進歩しても、感覚の世界が残るから。

「食べるのは人間」→「感覚の世界が残る」→「感覚の調査・研究が活用される」という流れをおさえる。

③筆者は、「食感のオノマトペ」は、どんな役割を果たすと考えているのだろうか。二つに分けて答えなさい。

例 ・食べ物の性質や特色、個人や世代の食の好みを知る有力な手がかりとしての役割。

・客観的に捉えにくい人間の微妙な感覚を、実感をもって伝える役割。

食感は「客観的に測定しにくいもの」であり、それゆえに食感のオノマトペが「食べ物の性質や特色、また個人や世代の食の好みを知る有力な手がかりになる」と述べている。

学びの道しるべ

▼教科書 P.274

● 最近食べたものについて、食感をオノマトペで表現してみよう。

■解答例■

・ほくほく（芋や栗の食感）
・くちゃくちゃ（ガムを食べる音）
・サラサラ（お茶漬けをかきこむ様子）
・しゃりしゃり（果物やシャーベットを食べたときの食感）
・ふわふわ（オムライスやパン、わあためなどの食感）
・とろとろ（溶けたチーズや煮込み料理の食感）
・もちもち（うどんやパスタ、餅などの食感）
・ずるずる（麺をすすった様子）
・かぶっ（いきおいよくかじりついた様子）
・きーん（冷たくて頭が痛い様子）
・はふ〜っ、はふ〜っ（冷まそうと息を吹きかける音）

「どこに目をつけたのか」「どんな様子を表そうとしたのか」を説明してみよう。

● 「食感のオノマトペ」についての筆者の意見を、六〇字程度・一二〇字程度、それぞれの字数で要約しよう。

■解答例■

（六〇字程度）

食感のオノマトペは個人の食の好みを知る手がかりであり、客観的に捉えにくい人間の微妙な感覚を、実感をもって伝えてくれる。

（一二〇字程度）

食感のオノマトペは食べ物の性質や特色、個人や世代の食の好みを知る有力な手がかりであり、客観的に捉えにくい人間の微妙な感覚を、実感をもって伝えてくれるものである。こうした感覚の調査・研究は、今後、おいしい食事や食品作りに活用されていくと思われる。

感覚、手がかり、世代、実感などのキーワードになる言葉を確認し、これらの言葉を用いて要約をしよう。

資料編

落語　桃太郎

もとした いづみ・文

教科書 P.286〜289

内容を確認して、整理しよう

なかなか寝ない金坊を寝かしつけようと、お父つぁんが桃太郎の話を始めた。話が始まるとすぐに、金坊がいろいろと質問をするのだが、お父つぁんの答えは、かなりいいかげん。「黙って聞きなよ。」と、話をどんどん進めて語り終えてしまった。ところが、金坊がまだ起きているので、お父つぁんは不思議がる。

「ふつうはここで『おや、もう寝ちまったのか。ははは、子供なんて罪のないものだねえ。』っていうことになるんだがねえ。」金坊は、桃太郎の話には「もっと深い意味があるんだよ。」と言って、さっきお父つぁんが答えられなかった問題に、すらすらと答えを出してしまう。はじめのうちは「へえ、なるほど。」と聞いていたお父つぁんだが、いつのまにか寝てしまった。それに気づいた金坊が言う。

「あれっ？　お父つぁん寝ちゃったよ。へえ、大人なんて罪のないもんだ。」

落語のおもしろさを味わい、人物の気持ちを考えながら、読み方を工夫しよう。

◆「落語」について、整理しよう

○落語とは？

江戸時代に成立した伝統的な話芸。一人の話し手が、ふつう座ったまま、さまざまな人を演じ分けながら話をする。落語の話し手のことを「落語家」または「噺家」という。

○落語の種類は？

落語で語られる「噺」のうち、江戸時代や明治時代から受け継がれてきたものは「古典落語」と呼ばれ、大正時代よりあとにできたものは「新作落語」と呼ばれる。新作落語は、今でも多くの落語家によって新しくつくられている。

○扇子や手拭いの役割は？

落語家がいろいろな人の動作を演じ分けるときに役立つのが、扇子や手拭いである。扇子は箸や筆、釣竿などに見立てて、手拭いは本や財布などに見立てて使われることが多い。

○どこで上演されるのか？

「寄席」と呼ばれる演芸場で上演される。「寄席」では、落語のほかに漫才や曲芸、手品なども上演される。

まとまりごとの展開を確認しよう

1 お父つぁんの話　教P.286・1行め～P.287・12行め

◆金坊の質問→お父つぁんの答え
❶むかしむかし、って何年ぐらい前？　→ずっと昔
❷あるところって、どこ？　→あるところ
❸おじいさんとおばあさんの名前は？　→ない
◆寝ない金坊に向かって…

ふつうはここで「おや、もう寝ちまったのか。ははは、**子供なんて罪のないものだ**ねえ。」っていうことになるんだがねえ。　お父つぁん

2 金坊の話　教P.287・13行め～P.289・10行め

◆金坊の話とお父つぁんの反応
○むかしむかしあるところ（1の❶・❷）
　→日本中の子供が想像しやすいようにぼかしてある
○おじいさんとおばあさん（1の❸）→本当はお父さんとお母さん
○山→父の恩　○川→母の恩
○そのほか、いろいろな解釈

へえ、そうだったのかい。　お父つぁん　（驚き）

へえ、なるほど。　お父つぁん　（感心）

お父つぁん寝ちゃったよ。へえ、**大人なんて罪のないもんだ。**　金坊　（お父つぁんが言うつもりだった言葉）

ポイントを確認しよう

①お父つぁんに対する金坊の質問に、金坊自身はどんな答えを出しているだろうか。

例　「むかしむかしあるところに」というのは、日本中の子供が想像しやすいようにぼかした表現で、「おじいさんとおばあさん」というのは、お父さんとお母さんのことを、やわらかみを出して言ったものだと答えている。
「山→父の恩」、「川→母の恩」の話は、お父つぁんへの質問の答えではなく、さらに発展した解釈である。

②声に出して読むとき、教P.288・5行め「へえ、そうだったのかい。」と教P.288・11行め「へえ、なるほど。」は、それぞれどのように読むのがよいだろうか。

例　「へえ、そうだったのかい。」は驚いたように、「へえ、なるほど。」は感心したように読む。
自分なりに、お父つぁんの気持ちを想像して読もう。

③「へえ、大人なんて罪のないもんだ。」という金坊の言葉は、どんな点でおもしろいのだろうか。

例　お父つぁんが言うつもりだった言葉を、金坊が言っているという点。
大人と子供の立場が入れかわっている点に着目する。

編集協力／株式会社　エディット

三省堂　現代の国語　完全準拠　教科書ガイド１

15　三省堂　国語　702　準拠

編者　三省堂編修所
発行者　株式会社 三省堂　代表者　瀧本多加志
印刷者　三省堂印刷株式会社
発行所　株式会社 三省堂
〒101-8371 東京都千代田区神田三崎町二丁目 22 番 14 号
電話　編集 (03)3230-9411　営業 (03)3230-9412
FAX　(03)3230-9569
https://www.sanseido.co.jp/

ISBN 978-4-385-58966-4　<03 中国ガイド１> ①